海都物語

威尼斯共和國的一千年

上

THE STORY OF THE CITY ON THE SEA

A THOUSAND YEARS OF THE VENETIAN REPUBLIC

塩野七生——著

彭士晃——譯

三民書局

作者介紹

塩野七生

一九三七年七月生於東京，畢業於學習院大學文學部哲學系，一九六三～一九六八年間遊學義大利。一九六八年開始寫作，於《中央公論》發表〈文藝復興的女性〉。一九七〇年，首部長篇作品《凱撒波吉耳抑或優雅的冷酷》獲頒每日出版文化賞，之後長住義大利。一九八二年以《海都物語》得到三多利學藝賞。一九八三年，獲頒菊池寬賞。自一九九二年起，以羅馬帝國千年興亡為題，著手寫作《羅馬人的故事》系列，並以每年一部作品的速度發表。一九九三年《羅馬人的故事Ⅰ》獲頒新潮學藝賞。一九九九年再獲司馬遼太郎賞。二〇〇一年發行《塩野七生文藝復興著作集》共七冊。二〇〇二年榮獲義大利政府頒授國家功勞勳章。二〇〇五年獲日本政府頒贈紫綬褒章，二〇〇七年再獲文部科學省評選為文化功勞者。

《海都物語》暢銷經典紀念版序

致臺灣讀者

這部《海都物語》內容講述的是中世紀和文藝復興時期的威尼斯共和國，即其從建國到滅亡，一千三百多年間的歷史。撰寫此書的確切年份我已想不起來，應該是在三、四十年前吧。不過時至今日，我還清楚記得為什麼想要寫這一部威尼斯共和國的通史。

相較於同時期強盛的大國，人口數僅有十分之一的威尼斯，不過是個蕞爾小國。但它為何能夠長期保持政治上的獨立，並維持經濟強國的地位？而且一直以來，從言論到宗教各層面，威尼斯人始終享有「自由」。威尼斯的社會一點也不封閉，因此甚至能創造出足以「輸出」到其他國家的強勢文化。

威尼斯共和國之所以能締造繁盛榮景，應該歸功於他們每一位統治者（元首），成功打造出一個人盡其才的社會，讓每個人都能在各自擅長的領域裡有所發揮。《海都物語》即按照時代、人物，詳細描述這段歷史。而且撰寫此書的同時，我很確信：就是上述「人盡其才」的原因，讓這個人口不多且領土狹小的國家，得以抬頭挺胸、驕傲地存續千年以上。

過去我的讀者群大部分是政府官員與醫界人士，不過自從這部《海都物語》上下二冊上市之後，閱讀層也擴大到了關心經濟的商務人士，會這麼說是因為在三、四十年前，《海都物語》在日本經濟界得到很大的迴響。

此書獻給臺灣讀者，期許各位在閱讀威尼斯歷史的同時，也會激起「國家規模是小，但又怎樣？」的思維與體悟。

二〇二二年秋
塩野七生

修訂三版說明

威尼斯共和國——一個建立在水中央的國度，儘管土地資源缺乏，四周強敵環伺，他們仍藉由高超的航海與造船技術，成為地中海世界的海上霸主。在商貿上，壟斷來自東方的奢侈品，以高昂的價格賣到歐洲賺取大量利潤；在外交上，憑藉其海軍實力，縱橫於各大國之間，長期不受外部勢力左右，並在國際場合中謀取自身的最大利益。

隨著大西洋航線的開闢，以及國際局勢的變化，威尼斯共和國喪失了其在海上貿易的絕對優勢，在國際間的地位也不若以往重要，但它並不因此放棄，而是嘗試轉型，手工業跟農業都快速發展，外交政策也較以往更有彈性。不過，威尼斯共和國最終還是不敵歷史的洪流，臣服於拿破崙的軍威之下，隨後在法國、奧地利之間幾次易手，最後成為義大利王國的一部分，永久喪失其獨立國的地位。

在本書中，塩野七生用其細膩、生動，富有文學性的筆調，讓您彷彿搭乘威尼斯的「貢多拉」，徜徉於威尼斯共和國一千年的歷史長河。而在您享受這趟旅程的同時，不妨思考與威尼斯同樣位於汪洋之中的臺灣，在這國際局勢丕變的時代，如何借鏡威尼斯的歷史，運用自己的優勢面對現今的挑戰，進而開創屬於臺灣的未來。

編輯部謹識

獻給天上的墑嘉彥

目次

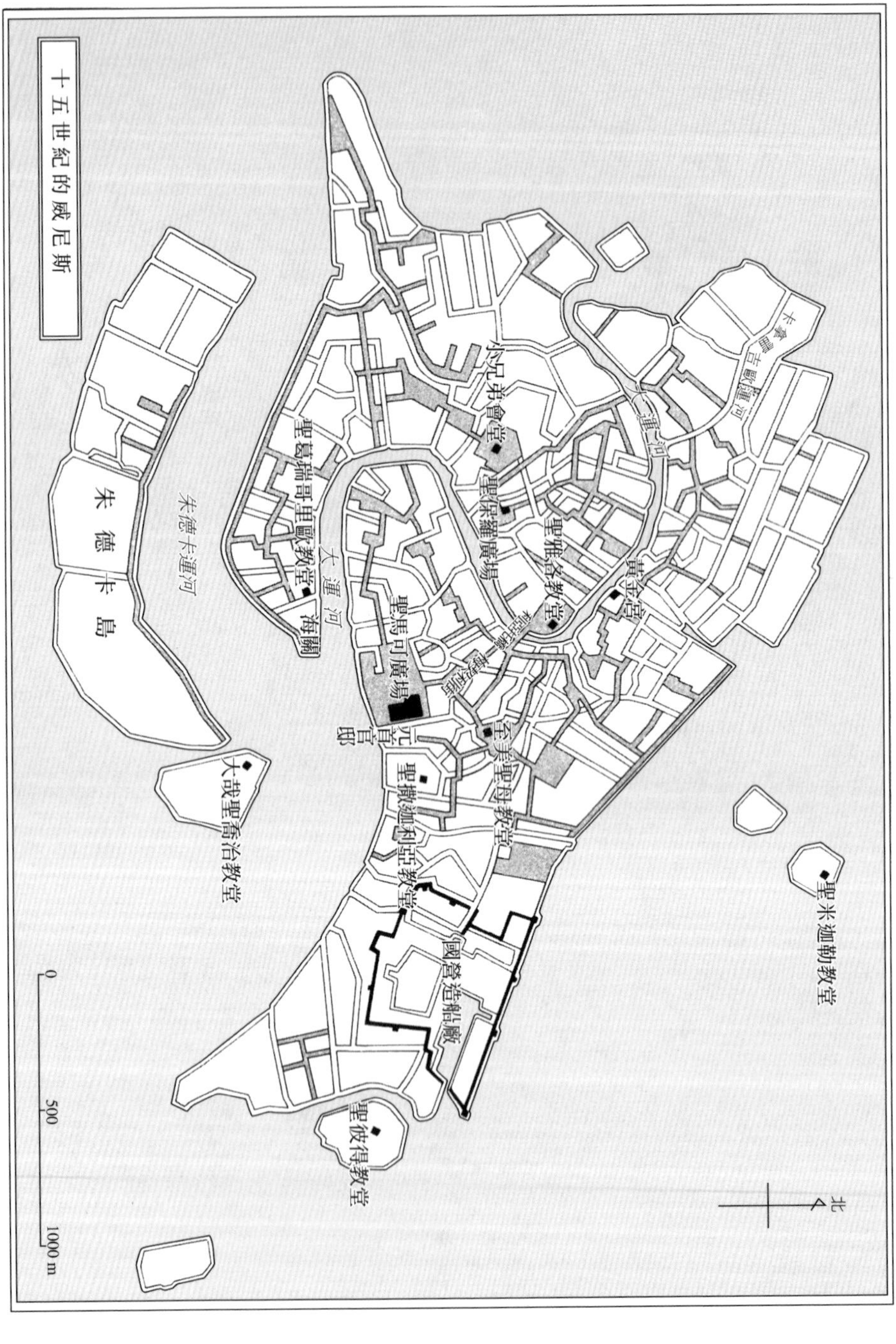
十五世紀的威尼斯
朱德卡島
朱德卡運河
大運河
海關
聖葛瑞哥里歐教堂
小兄弟會堂
聖保羅廣場
聖雅洛教堂
運河
卡拿雷吉歐運河
卡拿
黃金宮
聖馬可廣場
總督官邸
聖撒迦利亞教堂
至美聖母教堂
國營造船廠
大哉聖喬治教堂
聖彼得教堂
聖米迦勒教堂
北
0
500
1000 m

第一章

威尼斯的誕生

威尼斯的居民，人格勢必變得非常獨特，就像威尼斯是其他城市無法比擬一般。

歌德

忘了是愛索·史坦德或是歐利比提中的哪家公司了，總之我看過其中之一製作的紀錄片——「鳥瞰義大利」之威尼斯篇。通常這類影片一開頭，整個畫面映出的多是現代威尼斯浮現於水面的美麗街景，就像我們經常在旅遊導覽中看到的圖片一樣，但是拍攝這部紀錄片的福爾哥·奎利奇導演的手法卻大異其趣。

紀錄片序幕一拉開，首先是晨霧中一望無際的潟湖（*laguna*）映入眼簾。星羅棋布露出水面的地表上但見一片蘆草隨風搖曳，絲毫不見樹木的蹤影。

不過就一眨眼，這個畫面出現了一、兩秒鐘消逝了。晨霧慢慢散去，視野愈來愈清晰。原本沉浸在晨霧中，只見蘆草擺動的潟湖，此時逐漸改變容貌，彷彿仙女棒輕輕一揮，在早晨清澈的空氣中，整個威尼斯街景猶如改頭換面般浮現於陽光燦爛的碧海上。

沒有背景音樂，也沒有解說，這是一幕無言的容顏轉換。不，應該說，這容顏的轉換彷佛一首氣勢磅礴的交響樂章，本身已經伴隨著樂聲。

在看過這部紀錄片之前，我原是打算把即將下筆的威尼斯共和國通史，定名為「水都物語」。——威尼斯和佛羅倫斯這兩個同為代表義大利文藝復興的都市國家，向來一稱水都一稱花都。但在看過這部紀錄片之後，我開始覺得水都這個書名不太合適。

水，這個字給人的印象是靜態的，它的動感只能說是朝著同一方向靜靜流動而已。但是威尼斯共和國的歷史卻完全不同，它複雜而多元，充滿了動盪，震撼人心。

如果單只是要說水都，歐洲比比皆是，連日本也有松江、大阪等都市堪稱其中代表。但我想寫的，是那一群向海上發展、維生，而非只是單純在水上建設城市的人物故事。這些人不只住在水上，更是住在海上。

所以，這本書的書名不能叫做「水都物語」，應該稱做「海都物語」。

「阿提拉攻過來了！」

「匈奴人殺過來了！」

「亞奎雷亞 (Aquileia) 聽說也遭焚城了，連婦孺都無一倖免。」

蠻族真是恐怖！無論是否抵抗，同樣都遭誅戮，就算獻上財寶也毫不留情；所有被他們肆虐過的地方，據說只能用寸草不生形容……。種種傳言蔓延的速度，比風還快速。害怕的人們圍住了神父，異口同聲訴說著心中的恐懼。

時值羅馬帝國末期，蠻族的入侵，將原本沉溺於「羅馬和平」的歐洲人推入恐懼的深淵，其中又以阿提拉所率領的匈奴人最為狂戾，到了令人聞風喪膽的地步。義大利東北部維內多 (Veneto) 地區的百姓一聽說主教座堂所在地亞奎雷亞已遭恐怖的阿提拉攻擊，人心開始惶惶不安。

「要逃到哪裡呢？」

沒有人想到要逃到山裡。這一帶是由幾條流往大海的河川匯集成的平原，若是真往遠方的山裡逃，大家都清楚，恐怕在抵達山區之前就會被追上，才半途就喪了命。所以還是沿著海岸往南逃，逃到帕多瓦(Padova)，或是更南邊的拉芬納(Ravenna)去好了。

只是，作這種主張的人沒多久就得把自己的話給吞回去，因為蠻族已經朝著帝國的首都羅馬挺進了。要想搶先一步逃在他們的路線之前，就算沒有婦孺拖累也是難上加難。望著眼前這群期盼自己給予指示的人們，神父實在無言以對。只見他朝天高舉著雙手，與其說是在向神禱告，更像是在訴說絕望的無奈。

就在此時，天上傳來一個聲音。

「爬到塔上去，從塔上往海的方向望去，你們看見的地方就是將來你們的居處。」

人們爬上了教堂的高塔，時值退潮，從塔上可以望見四處裸露的沼澤地帶，沙洲上除了長滿了茂盛的蘆草外，連棵樹木的影子都沒有。

但既是神的指示，眾人也就以神父為首，無論貧富貴賤、男女老少，紛紛往那片土地遷移。這群威尼斯人與一般帶著全部家當、財寶遷徙的人們最大的不同是，他們得先帶著建造房屋用的木材。因為在他們的新天地裡，除了魚類，還是魚類，但至少命是得救了。

以上的敘述其實是來自威尼斯的初期年代記，也就是所謂的傳說。神明事實上應該沒說過什麼吧！傳說對於把歷史當門科學研究的人而言或許不值一顧，但看在希望藉由貼近當時民眾心情，從中獲得切身感受的人們眼裡，卻是輕忽不得。

有些人或許會說，住在現今美麗的威尼斯沒什麼不好哇。但是對於距今一千五百年前，不得不遷徙到蘆草叢生的沼地，尤其又已具備相當文明的人們來說，即使面臨的是非比尋常的處境，勢必也要下極大的決心才行。若不說服自己相信這是神的指示，此次的遷徙恐怕很難實現，畢竟當時只剩下這種不利人類居住的地方能夠保障他們的生命安全。根據年代記中的描述，這是四五二年的事。二十三年後，西羅馬帝國滅亡。

搬到潟湖上居住的人們在這之後，渡過了約一個世紀還算平穩的日子。蠻族的入侵雖然在帝國滅亡後仍舊不斷，但由於這片土地實在不宜人居，所以攻擊不易，不過其實真正的理由是，當時的威尼斯人所擁有的財富還不足以引起蠻族入侵的欲望吧。因為就連哥德人，也沒去碰這一小撮住在沼澤地帶的百姓。

有份公認是了解當時百姓生活的最重要史料，是由卡西奧多魯斯 (Cassiodorus) 所撰的記錄文。這位出身南義大利卡拉布里亞 (Calabria) 地區，當時在東羅馬帝國（在拉芬納設有總督）皇室中服侍皇帝的官員，在這份文章中採取一種命令式的口吻，既不同於一般記錄文，也與統治者下達給被統治者的命令文有些不同。這份他在五三八年手書的史料是這麼寫的：

依照我給你們的命令，將今年豐收的伊斯特利亞 (Istria) 葡萄酒和橄欖油安排一下，送到拉芬納。你們在海岸邊擁有許多船隻，應該能夠採取必要的措施，將伊斯特利亞居民交給你們的貨品順利運送出去。這件工作的利潤就由你們和他們平分，因為這件事需要你們彼此合作，才能順利完成。

這趟短暫的船舶之旅，你們立即啟程。再長的船舶之旅你們都已習慣，這一次就像在自己國內航行，或許也可以說，簡直就像在街坊間穿梭吧。

我不指定你們走哪一條航線。如果海上驚濤駭浪，可以換走河流。你們依照你們覺得比較安全、確實的方式去做就行了。……

回想你們的房子是如何蓋起來的，是我的一件樂事。

威尼斯南邊與拉芬納及波河 (Po) 銜接，東鄰愛奧尼亞海 (Ionia)（註：亞德里亞海，Adriatic）沿岸的地形又理想，向來（註：羅馬帝國時代）就以才華洋溢、高貴人士輩出聞名。在威尼斯，土地因潮水的漲退，時而封閉時而開放。

隨著潮水的漲退，你們座落其中的住家也彷彿水鳥般，時而漂浮水面，時而像是斂起翅膀在地面休息。

而這些，全是人類努力的結果，不是大自然的造化。

住在那塊土地上的人們所擁有的豐虞無缺的食糧，不過魚類罷了，窮人也好，富人也罷，大家平等共享；幾乎如出一轍的建築，也在在讓你們能遠離羨慕他人的世間醜惡心態。

鹽田的開發是你們的主要產業。當其他地方的人們在田裡揮動鋤頭、鐮刀，你們則是轉動石臼將海鹽磨細。沒有黃金，人們還是活得下去，但讓食物更美味的鹽，卻是人人都想得到的。所以你們才能把鹽賣了，買回其他必要的東西。

好了，備好船隻吧！如同你們把家畜繫在家中一般，將船隻繫在房子旁待命。我已經派了最熟稔此事的羅倫佐到伊斯特利亞，只要他工作一結束，就讓他加入你們的行列。千萬別讓任何障礙或是經費問題延誤了運送，盡快安排讓貨品早一點到達拉芬納。

但是，這樣和平的生活持續不到三十年，倫巴底人攻來了。

雖說當初威尼斯人是為了保命，才被迫遷徙到這塊潟湖上，但內心希望盡量住得離陸地近一點，乃人之常情。不過這回，倫巴底人徹底摧毀了他們主教座堂所在地格拉多(Grado)和赫拉克雷亞(Heracleia)，原先以為逃到沼地就能安心的人們，這會兒又開始覺得性命受到威脅。尤其是這一次，倫巴底人一路從帕多瓦襲擊到伊斯特利亞，從亞德里亞海沿岸到鄰近城鎮由西到東的半圓形區域內，全都遭到了破壞，逃亡到潟湖的人數也因此遠遠超出了上一回。

不過這次大概不需要神蹟了，因為已經有人證明，以往大家認為不能居住的地方，其實是可以住人的。只是人們現在也必須認清一件事實：即使是沼澤地，只要是接近陸地就算不上安全。

剛逃到這裡的人們和原本已經在此定居的居民，開始往沼澤地的中央，也就是盡量遷往離陸地較遠的地方。北邊來的人，就住在陀切羅島 (Torcello) 或布拉諾島 (Burano)；從西邊逃過來的人，則選擇住在阻隔外海和威尼斯沼澤地帶的佩雷斯特里那 (Pellestrina) 或馬拉摩可 (Malamocco)。今日威尼斯市座落的地點利亞托 (Rialto) 成為發展重心，則要再等上兩百五十年某椿事件發生之後。

在這段期間，這個剛剛誕生的小國便以東羅馬帝國（當時以拉芬納為據點支配義大利）形式上屬國的身份，享受著實質上的獨立。這是因為以當時威尼斯所擁有的船隻和船員，不論就質與量，均有獨自承攬他國托運貨物的能力。

隨著歲月流逝，船隻的噸位與數目有了進展，船員不僅更熟練，人數也想必更多。生意多半由一開始的鹽與生活必需品的交換，逐漸買賣一些自己並不一定需要的貨品。慢慢地，威尼斯人變成了義大利內河貿易的重要角色。

後來又有幾次從本土過來的遷徙，所以這裡的人口想必也有所增加。原先以司祭（編按：神父的正式位階名稱）為中心分成數個教區 (*parrocchia*) 集中居住的人們，此時開始察覺他們需要一個領導者來整合各教區，以帶領這個生命共同體。

六九七年，威尼斯人首度以居民投票的方式選出元首 (doge)。這是這個國家依據選舉決定當選人，當選人為終身職制度的濫觴，後來並一直持續到一七九七年威尼斯共和國滅亡為止。當初由一群難民組成的小國，一點一滴形塑出自己國家的面貌，就在篳路藍縷地過了將近一個世紀後，這個新生小國終於首次面臨到它的存亡關頭。

八〇〇年，羅馬教皇加冕法蘭克國王查理曼為神聖羅馬帝國皇帝。神聖羅馬帝國被視為古羅馬帝國的繼承者，照理說整個義大利應該都在它的管轄下。查理曼的兒子丕平 (Pepin of Italy) 於是要求威尼斯必須脫離拜占庭帝國，納入自己的統治，甚至祭出要把從事河川貿易的威尼斯商人趕出去的計策。這根本就是項威脅。不過，威尼斯拒絕了。

倒不是威尼斯人講道義，就以稍早的聖像崇拜事件來說，威尼斯人當時就曾完全無視拜占庭帝國內的騷動，依舊我行我素地朝拜聖像。說穿了，這只是揚名後世的威尼斯人的生意頭腦，事情的後果如何，他們早就冷靜計算好了。對他們而言，不會侵犯到他們的通商自由，而只是形式上的支配就滿足的拜占庭帝國，當然最符合他們的利益。

但丕平可不是省油的燈，他開始在拉芬納附近打造船隻，準備進攻這塊連哥德人、倫巴底人，甚至拜占庭帝國都沒有侵略過的沼澤地帶。威尼斯人這下子只有挺身抗戰了。因為就算拜占庭帝國願意派兵前來救援，從君士坦丁堡 (Constantinople) 到此的路程實在太過遙遠，更何況當初就是認為這片土地最安全，才會逃到這裡，如今已經沒有其他地方可供藏身，所以這一次他們不再逃跑，準備奮起捍衛自己的家園。

沒有一個人是閒著的。當時威尼斯的中樞馬拉摩可聚集了從鄰近島嶼前來支援的人們，因為任誰都知道，這裡將是敵人勢在必得的地方。眾人認真地做著防禦工作，即使本土的吉奧佳 (Chioggia) 陷入一片火海，也只更振奮了他們的鬥志。

然而，幾乎就在吉奧佳大火延燒的同時，法蘭克的大型船也靠近了佩雷斯特里那的岸邊。從馬拉摩可教堂的塔上，可以非常清楚地看見法蘭克士兵們逐一登陸的景象。

這時有名男子建議，與其做無謂的犧牲，不如撤退的好。

「還能撤到哪裡去呢？」眾人不禁詢問。

這個男子似乎有了盤算，在他身邊附和的幾名男子也一副充滿信心的模樣，大夥兒於是決定聽從他的提議。二十四個小時後，馬拉摩可城裡半個威尼斯人也沒留下。法蘭克士兵們趁機將這個無人的城市徹底破壞，化為灰燼。

當時的威尼斯人在做什麼呢？他們正忙著把海中到處設立用來標示船隻可通行區域的木樁全數拔除。因為這裡是沼澤地帶，即使遇到漲潮，若沒有足夠純熟的技巧，船隻很快就會擱淺；退潮時更慘，就連小船也承擔不起搞錯航路的後果。

與此同時，法蘭克人在輕易摧毀了威尼斯人的首都馬拉摩可後，意氣風發地準備乘勝追擊，打算將逃往沼澤地帶深處的威尼斯人一網打盡。他們開動船隊，往潟湖的中央駛去，視國家存亡於此一役的威尼斯人此時也組成了船隊迎面而來。但是就在雙方船隊拉近到弓箭的射程時，威尼斯船忽然開始向後退，法蘭克方面見狀立刻緊追。威尼斯人左右閃躲，四處逃竄，經過幾次來回後，所有船隻開始同時拉開和敵方船隻的距離。

法蘭克的船隊繼續作勢欲追，但就在這時，

「船動不了啦！」

驚呼聲飄散開來。船隻擱淺在淺灘上了！情勢的演變令人措手不及，潮水開始退去。到處散在退潮後沙洲上的那些船，船底全陷在沙土裡無法動彈，景象看來無比悽涼。

啞口無言的法蘭克士兵，下一秒只見威尼斯人乘著無數的小艇朝他們駛來。早就算計好退潮時刻的威尼斯人，這會兒改採小艇戰術，一支支點著的火箭從淺海上來往自如的小艇射向無法動彈的法蘭克大船。不消許久，船帆全成了火團，火勢迅速蔓延，吞噬了甲板。

找不到水可以救火的法蘭克士兵，手足無措地一個個從著了火的船上往下跳，無奈腳下泥沼由不得他們，只見威尼斯人好整以暇地有如射擊練習，將眼前搖搖晃晃的敵人逐一射死。有幾艘走在船隊最後頭，當發覺潮水開始退去便急忙折返外海的法蘭克部隊雖然順利地逃過此劫，但數目僅寥寥可數。不過，在大海退潮的淘洗下，那些絕大多數留在退潮後沙洲上依舊冒著黑煙的焦黑船骸，以及數以千計倒在泥沼中的法蘭克士兵屍體，也只需一天或甚至數天便可順利淘向外海。

威尼斯人的首次戰役，就這樣在大獲全勝之後結束了。

不過，對威尼斯人而言，真正的勝利其實是在一年後才到來。西方的皇帝，也就是神聖羅馬帝國的皇帝查理曼，與東方的拜占庭帝國皇帝之間簽訂了條約：查理曼不僅宣布放棄威尼斯的所有權，承認威尼斯隸屬拜占庭帝國管轄，同時還允許威尼斯人可以在神聖羅馬帝國境內自由進行貿易。這對原先就在拜占庭帝國內自由進行買賣的威尼斯商人，以及早就預見國家的未來存繫於貿易的威尼斯國而言，當然是項空前的勝利。

很快地，威尼斯商人溯著波河而上，出現在法蘭克王國首都帕維亞(Pavia)的市集，人數急速增加，而且什麼都賣。據說只要到帕維亞的市集裡，甚至可以從威尼斯商人手裡，買到君士坦丁堡的君士坦丁皇帝御用工廠織來作為賞賜用的名貴紅綢呢。

海外的同胞愈來愈活躍，威尼斯國內的居民可也沒閒著，他們開始著手建設永久而正式的國家。

首先是將首都從馬拉摩可遷到利亞托。這是由於在法蘭克軍來襲時，充份證明了馬拉摩可在國防上有致命缺陷的緣故。

第一，馬拉摩可正對亞德里亞海。當敵人組成艦隊來襲時，這裡絕對無法支撐太久，旋即會被攻下。

第二個原因則是擔心敵軍一旦攻陷吉奧佳，有可能會沿著陸路進行攻擊。兩地之間在漲潮時雖會出現水路，但如果運用古羅馬以來的方法，把船隻繫在一塊，上頭再擺上木板搭成臨時橋樑的話，要想運輸大量的軍隊並非難事。

從強敵法蘭克人手中取得的勝利，並沒有矇蔽威尼斯人。雖然戰勝了，他們仍舊選擇盡量退往潟湖中央，遠離陸地。

當時的利亞托是個只有漁民居住，僅由幾個小島組成，位置比其他島嶼偏僻，漲潮時只有小部份會露出水面的地區。換言之，一切的一切都得從零開始。不過，利亞托也有兩個優點。

首先，它位於潟湖中央，離陸地最遠。

其次，由於位居沼澤地帶，不直接接連外海，是塊安全之地。若是再把通往里度 (Lido) 的水路整頓為港口，有些地方甚至可以停泊大型船隻。如此一來，只要海軍的實力再強過其他國家，不僅可以防禦外侮，又可憑藉代步的船舶往來經商，拓展未來。跟當初只為尋找安全的棲身地、四處逃竄的老祖宗們相比，九世紀初的威尼斯人已經完全脫胎換骨。

第十代元首阿格內洛·帕爾提西帕里歐 (Agnello Partecipazio)，率領著威尼斯人做了最後一次全國大遷徙。在這片潟湖中，再也沒有比利亞托條件更好的所在了。所謂背水一戰，大概指的就是這種情形吧！這也正是我們今日看到的威尼斯的建設基礎。從這時起，直到二十世紀威尼斯鋪設鐵路連接本土之前，它一直都是座到哪兒都必須仰賴船隻行動的海上城市。

接下來，我想將焦點鎖定在威尼斯建國時的土木建築。關於這方面的討論，歷史學家們往往輕描淡寫帶過，或許是他們認為解說政治經濟、社會結構和戰爭等題材才是重頭戲，在我認為卻並非如此。我們如果去調查古羅馬的街道是如何鋪設、養護，便可清楚了解古羅馬人的個性；君士坦丁堡現名伊斯坦堡，了解這座城市在被土耳其征服後有著什麼變化，對於認識這個在十五世紀後成為威尼斯宿敵的民族的性格，相信一樣大有助益。

國家的民族性會反映在建國的方式上，由於建國並非一個時期便可完備，其進程如何推動，也就等於告訴我們該國的民族性如何涓滴成形。

> 威尼斯的居民，人格勢必變得非常獨特，就像威尼斯是其他城市無法比擬一般。（歌德）

歌德在一七九七年，也就是拿破崙攻陷威尼斯共和國的前十年，造訪了威尼斯。此時威尼斯的建國工作與人口增加早已結束，國家正一步步邁向衰亡，但歌德卻認為，評鑑威尼斯應該用知性的眼睛觀察，而不是用肉眼。他還留下了這樣一段話：

> 包圍我的所有事物都充滿高貴的氣息，這全是透過人們齊心努力而來的偉大且值得尊敬的作品。這座宏偉的紀念碑不是為某一位君主的，而是全民族的紀念碑。

的確，威尼斯是共和國全體國民努力之下的結晶。我不知道還有哪個國家像威尼斯這樣徹底反英雄主義的。

但話說回來，果真是每位百姓都能了解自己身處的環境，不僅改善，甚至懂得加以運用嗎？我想就連歌德也不這麼想。了解與行動之間，不是輕易能夠畫上等號。要想團結百姓，「契機」必不可少，輕視人們需要契機去開展行動的人才是大錯特錯。能夠看清楚這一點，相信也會是位有為的主政者。

六世紀當人們為了逃避阿提拉，遷徙到蘆草叢生的沼地居住時，有神的指示作為契機。九世紀時讓威尼斯人從零開始，重新經歷一場需要驚人能量，無止無盡的國家建設的契機又是什麼呢？

根據年代記中的記載，這是發生在八二八年的事情。

有兩名叫布奧諾(Buono)和魯斯提克(Rustico)的威尼斯商人，將船隻停靠在埃及的亞歷山卓(Alexandria)大港。這兩人當然是為了做生意而來。不過當時的羅馬教皇下令禁止任何人與異教徒薩拉森人（Saracen，編按：阿拉伯人）貿易，所以很顯然地，這兩名威尼斯人違反了規定。

他們看見的亞歷山卓城，街上因不時的騷動始終鬧哄哄的。城裡的基督徒不知是否都躲在家裡了，路上只見薩拉森人口中狂嘯、手裡拿著武器亂揮，想必又是哈里發（編按：阿拉的代理人，伊斯蘭教執掌政教大權的領袖）不時發起的反基督教行動。每到這時，即使向來被默許存在的基督教教會，照樣難逃遭暴徒襲擊的命運。

兩人雖早已習慣這種暴動，仍是小心翼翼地帶著貨物來到指定的送貨地點——一家以供奉福音書作者聖馬可(St. Mark)遺骸而聲名遠播的修道院。

一名修士怯怯地打開門讓他倆進入，他顯然已經嚇壞了，其他修士們也是不住地直打哆嗦，因為他們聽說穆斯林下次的攻擊目標就是這裡。

「萬一聖馬可的聖體有個三長兩短，那要如何是好？」

兩名威尼斯商人建議不如讓他們將聖體移往威尼斯，那邊比較安全。但是，「那怎麼成？」修士們搖了搖頭。正因為有聖體在修道院裡，整個埃及的基督徒才會巡禮到此，捐獻也多。

就在這時，外頭的騷動愈鬧愈凶，突然間有人猛力敲門。一位修士趕忙奔上前，門才剛開，哈里發的部下馬上衝了進來，差點把前去開門的修士給撞倒在地。據說是哈里發吩咐他們前來取修道院裡用來支撐迴廊的大理石柱，說是要拿來擺在自己的浴室，這些人說傍晚前會過來拿。強勢的穆斯林走後，修士們的恐懼不減反增。因為只要一經哈里發掠奪過，無異是默許百姓們也可效仿。聖馬可遺骸的安全，這下愈來愈令人擔憂了。威尼斯商人此時再次提出希望修士把聖體賣給他們的要求。躊躇了好一陣子後，修士們終於點頭。

兩人隨即朝外頭走去，不一會兒推著兩部推車進來，車上載著兩只原來用來裝麵包，這會兒卻裝滿豬肉的大籠子。

不知他們到底花了多少錢，但生意是成交了。聖馬可的遺骸被裝在籠子的最底層，上頭還壓著塞得密密麻麻的豬肉塊，不留絲毫縫隙。在修士們的淚眼相送下，兩名商人推著推車走出修道院大門。

正巧這時，剛才那名哈里發的部下也率領著拆柱子的工人往這邊走來，後頭還跟著一群已經開始在幻想待會兒的收獲而興奮不已的薩拉森百姓。

兩名威尼斯商人用阿拉伯文大聲叫嚷著：「豬！豬！」穆斯林們滿臉嫌惡地自動讓開路。穆斯林光是聽到豬就頭痛，甚至想嘔吐，尤其是在麵包籠子的最頂端還擺了個豬頭，當中果然就有人吐了起來。

兩名商人就這樣在輪番吆喝豬呀豬呀的情況下，安全地穿過寬敞的亞歷山卓街道，抵達他們的船隻。

不過事情可沒這麼輕易結束。按照規定，出港的船隻必須先經過海關人員檢查合格後，才能揚帆而去。官員們登上威尼斯商人的船，兩名威尼斯商人心裡清楚，這將是最後的難關。如果被官員們發現聖遺物，勢必會以這是基督徒最想要的東西為由而漫天要價，屆時如果不從，很可能會遭沒收。不得已，他們只好再請聖者遺骸委屈地與豬肉共處，裝在麵包籠裡，一同放到船艙下層。果不其然，海關的穆斯林官員在還沒聽完這兩個威尼斯商人說明那是水手的糧食之前，便掩鼻回到了甲板。想當然耳，這也讓魯斯提克和布奧諾大大地鬆了口氣。

船隻平安地離開埃及的港口，但卻在接近希臘外海時遇上暴風雨的襲擊。整艘船像是片被波濤翻弄的樹葉，船桅嘎嘎作響，彷彿快被折斷般，幸好是終於脫離了與豬肉共處的聖馬可遺骸在經過一番梳洗、撒滿香料後，首次帶來了聖蹟：第二天一早，昨晚的暴風雨竟如一場幻夢般，不見蹤影。望著眼前這片希臘夏日的平靜海洋時，兩名商人心中想必早已忘記自己用錢買來聖體這回事，而一心只記得感謝聖者的守護吧。也不曉得是否真是安置在船艙中聖遺物的庇護，往後一直到威尼斯的海路上，還真是一路順風呢。

根據年代記的記載，人們是這麼迎接這兩位商人帶回來的聖者遺骸：

全城狂喜。大街小巷裡，人們一見面便互道聖者必定守護威尼斯國之繁榮與光耀。

聖遺物登陸威尼斯時，上自元首下至庶民，所有威尼斯人民齊聲高唱讚美歌，夾道相迎。元首捐出自己大部份的財產，作為興建供奉聖遺物的聖馬可教堂的經費。當然，布奧諾和魯斯提克這兩名觸犯規定的商人也沒被追究，反而被視為對共和國有莫大功績的人物，在歷史中留下名字。

說起來，威尼斯人的信仰與同時代其他國家的人民相比，並非特別虔誠。想想看，連教皇的禁令都能毫無顧忌地打破了，其他和這兩名威尼斯商人同樣作為的同胞想必大有人在，這點我們從歷史資料中也可以找到證明。正因為如此，跟其他國家的基督徒相比，威尼斯人是最不可能成為狂熱信徒的。

跟其他基督徒一樣，威尼斯人原來也有自己的守護聖人聖泰奧多羅(San Teodoro)。不過這位出身希臘的聖者在聖人位階中地位不高，只能算是三流聖者。

但聖馬可就不同了。在聖者教階中，最上層是基督的弟子，也就是十二使徒，接下來是聖保羅和四位福音書的作者：聖馬太、聖路加、聖馬可和聖約翰，至此算是第一等階級，施洗者約翰也屬於這一級。佛羅倫斯的守護聖人是施洗者約翰，羅馬則是聖彼得，現在威尼斯終於也有了一流聖者當守護聖人，人們的興奮表情自是不難想像。威尼斯人當下請聖泰奧多羅退居次位，改奉聖馬可為威尼斯正統的守護聖人。

聖馬可代表獅子的寓意。福音書的四位作者分別都有一種動物來代表他們的意涵。《新約．啟示錄》中出現的四種動物為：

聖馬太——代表誕生的人類
聖路加——代表犧牲的公牛犢
聖馬可——代表復活的獅子
聖約翰——代表升天的飛鷹

這些動物，每一種都長著翅膀。

帶翼的獅子，聖馬可之獅——讓人看了會覺得士氣大振。威尼斯人一邊讓寫福音書的飽學聖者安息於供奉他的教堂中，一邊以一隻腳踩著《聖經》、長了翅膀的獅子作為國旗圖案。這幅以紅布為底，繡以金線，在當時威尼斯人所到之處隨風飄揚的旗幟，至今仍然保存著。除了商船必定會使用到這面旗幟外，金幣上用的也是這個標誌。這兩位將聖馬可遺骸帶回祖國的威尼斯商人，不僅給了這個國家帶來一流的守護聖人，也形同賦予了這個國家一面國旗。至於聖者遺骸的真假，以及是否用錢買來等的爭議，則從來沒有人去質疑甚或在意。

這就是契機了。舉國上下，全民熱情參與最艱困的建國工作。士氣，已經徹底被點燃。

威尼斯國旗

有一位輩份相當於外子大伯父的人，當年被義大利政府的建設部派到地方，長期擔任該地所有公共事業的施工計畫。他的官名叫做 *Provveditore della Opera Pubblica*。

日本的建設省或國土廳應該也有類似的官職，但因為無從查證，所以在此不予翻譯，總之就是土木建築部門的最高負責人。當他被派到帕多瓦、西西里(Sicily)，以及二次世界大戰後成為南斯拉夫領土的伊斯特利亞工作時，用的都是同一個官名。但當他被派遣到威尼斯時，官名卻換了個名字——*Magistrato all'Acqua*，意譯的話，可以說是水的行政官，不過工作內容完全相同。

這個官名出現於十六世紀，但其實早在九世紀威尼斯人開始在利亞托著手建國時，便已經有了掌管類似業務的官職。就任者被賦與的責任非常重大，每個剛就職的行政官，照例都要由元首帶領著站在群眾面前，接受一種特殊儀式。

元首會對著國民說：「讓我們讚賞這個人的功績，給他應得的報酬。但如果他不適合這個重責大任，就將他處以絞刑！」

這種恐嚇式的就職儀式，一直持續到威尼斯共和國滅亡為止。但之後兩百年不到，今日的威尼斯便成了不時泡在水裡的模樣。

水，是大自然的恩惠，對威尼斯人而言，它是同伴，同時也是可怕的敵人。恐怖的程度，遠超乎陸地上的人們能夠想像。

走在現代的威尼斯街頭，很難想像建國初期的情景。所以某個秋日，我索性租了艘汽艇，到被稱為潟湖的沼澤地仔細繞了幾圈。原本想乘坐貢多拉（編按：gondola，又名鳳尾船），但考慮到時間和金錢所費不貲，最後還是決定用現代化的船隻。但即使如此，漲潮時和退潮時的時間相加，總共還是花了七個小時。看來不論使用的交通工具多麼現代化，駛向外海另當別論，只要是在沼澤地帶活動，速度就是快不起來。

在潟湖中，並非人們想怎麼走就能怎麼走。用三根粗大的木頭紮成的木樁，矗立四處，為人們標示出可通行的航路，再小的船隻一樣只能遵循這些標示。木樁上有水深標示，到了傍晚時分，還會有電燈照明。當然，後面這項設備是現代的產物，古時是幾乎不可能在夜間航行的，倒是以木樁標示航路已行之多年。

順著航路往前行，退潮時可以看到兩側沙洲上偶有水鳥斂起雙翼棲息，一到漲潮時分，整片沙洲便化為汪洋。不少在漲潮時仍露出水面的地表上，蘆草叢生，時而有樹木，或可見殘破、搖搖欲墜的小屋，周圍的海水幾乎一動也不動，彷彿腐敗一般。退潮時，這一帶想必是泥濘的沼澤地吧。

在試著繞過潟湖之後，我開始了解 *Laguna Viva*，即「永生潟湖」對「水的行政官」，以及所有威尼斯人而言，何以是一種至上原則的重要性。海水必須常保流動，一旦停滯下來，所有腐敗物質都會沉澱，變成傳染病的根源。建國時號稱經濟中心，繁華更勝首府利亞托的陀切羅島，不久即告衰退。直到今日，如果你想看看建國初期的威尼斯，一定會有人建議你到陀切羅去看看，那裡仍是一片荒涼景象。而造成這一切的禍首不是別的，正是當初的瘧疾。

Laguna Morta——死亡的潟湖，是可怕的。

有兩條河川注入潟湖（也就是說，比海水更易腐敗的河水，四時不分地注入這裡），再加上里度島隔開了潟湖與亞德里亞海，與河川一左一右像座堤防般環抱潟湖。威尼斯雖然因為里度島才得以與外海隔離，但因為河川除了容易腐壞的河水外，少不得也會帶來泥沙，如何解決水流沉澱的問題也就成了威尼斯的首要課題。早在建國初期八一一年，威尼斯便設置了官職來掌管河川與海洋的水流調整，這也是「水的行政官」的一項重要工作。

威尼斯人究竟想出什麼對策讓潟湖永保它的生命力呢？這裡得就威尼斯的運河說明一下。

運河這個詞，在字典裡寫的是：挖掘陸地以使船舶通過的水路。蘇伊士運河就是個最典型的例子。

但是在威尼斯，即使同樣稱為運河，涵蓋的意義卻大有差異，要說明威尼斯的運河是什麼樣的東西，幾乎就等於說明整個威尼斯的特異性。

簡單說就是威尼斯的運河不是用來讓船隻通行，而是開鑿用來引水。當然，船隻也能行駛，只不過那是結果，真正的目的還是為了引水流通。*Laguna Viva*——永生潟湖，對威尼斯人而言，只要打定主意住在這塊沼澤地帶，這就是個攸關生死的問題。

威尼斯運河還有另外一項特色：大多不是開鑿陸地形成水路。沒錯，這類型的運河是有幾條，但幾乎所有的運河都是利用島嶼和島嶼、沙洲和沙洲之間原先就有的水道，留取最深的地方，兩岸再以木樁或石材鞏固而成。威尼斯的運河之所以多半蜿蜒，就是因為大多都是先有水路再開挖形成。

既然如此，有些人或許會問，為何不把兩條河水引到兩側，讓構成威尼斯的眾多島嶼全部連結，再在中間填海造地呢？畢竟像這些充其量稱作島嶼，其實不過是些沙洲的地區，真要變成可居之地，除了先以木樁和石材鞏固外圍，內部再填海造陸外，別無他法。這麼一來，與其一塊一塊大費周章填土，倒不如一次將整個區域填滿，不是比較合理嗎？

問題是威尼斯座落於潟湖的中央，而且還有漲退潮要考慮。除了規律的漲退潮之外，風勢與匯流到河川裡的雨水等不規律因素也須一併考量。如果貿然將這一帶全面填土造地，到時候水量增加的河川遇上海水漲潮，兩個未經疏解的力量互相撞擊，此地大概動不動就成了水鄉澤國。堤防並非萬能，要想避免洪水，唯有好好計算河水的流量和潮水的漲退，在認為最適當的地點，開挖許許多多像梳子般的水路抵消水的衝力。

原本已經存在的水路，只要認為可以的，就加以補強；方向不對的，就給它轉個彎；沒有水路，但認為有需要的地方，則動手開挖。水路是否筆直不重要，重點是讓水永遠暢通，目的就達到了。通稱大運河的Z字型運河，其實就是一條河川流向大海的水路延伸。

就這樣，為數眾多的島嶼被拼組了起來。中間有魚網般的運河間雜流過，運河上有橋梁彼此聯繫，威尼斯城於焉形成。

在威尼斯，有兩個翻成外文後都稱做運河的單字。首先是*canale*，大運河叫做*Canale Grande*。另外一種稱法則是*rio*，穿梭於威尼斯城中如魚網般的運河，大多屬於這一類。原本我以為*canale*和*rio*的差異在於一個是天然水路，一個是人工開挖，結果查了一下，好像沒有明確區分。一般而言，好像是比較寬的運河叫做*canale*，比較窄的叫做*rio*。

就像威尼斯運河開鑿的目的是引水而非行船，阻隔在威尼斯與外海間彷彿堤防作用的里度，自然也得有運河流貫——「永生潟湖」的維護除了得不損及潟湖內寧靜的海洋外，與外海間的水流交替更是必要。

這些運河可不是開挖好就沒事，由於必須經常整治，比起陸地上的道路維修麻煩許多。像這麼攸關威尼斯人生死的大事，也難怪元首會威脅要將疏於職守者處以絞刑了。

水路既定，接下來的就是造陸了。

當然，真正在進行時，並不像說的這樣按部就班。比起水路是由中央決定，造陸工程一般是交由當地居民團體自行完成，這多少也說明了當時水路策定有多麼受到重視。

不過，造陸可也不輕鬆。威尼斯人當然不能隨意選地方蓋房子。別的不說，單在沼地上造陸，基本上就不是單一家庭能夠輕易完成的事。

首先要選擇材質堅硬的木材，做成二十公分粗細、二到五公尺長短的四方或圓形木樁，然後把這些木樁的前頭部份削尖，牢牢地捶入沼地中。現今在威尼斯城市底下，仍舊保有無數宛如巨木盤根錯節般的木樁，尤其在建築物的牆壁、柱子底下，以及運河沿岸等處，木樁更是密集，入土也最深。

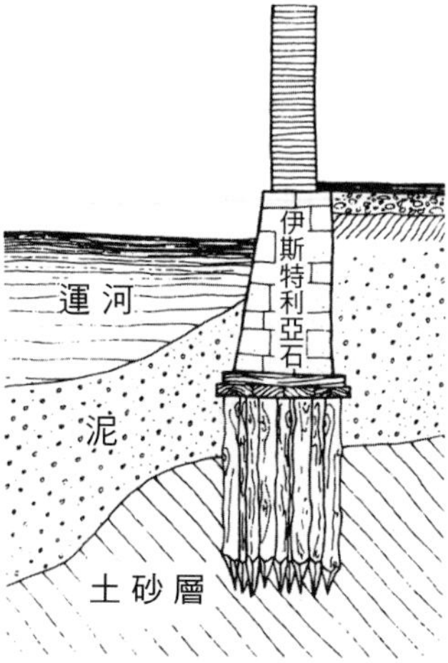

威尼斯的建築基礎

當打樁的工作完成後，威尼斯人又選擇了耐海水侵蝕的伊斯特利亞半島上特產的石材，層層疊疊地堆在上頭，石頭與石頭之間並且用水泥加固。建築物的地基和名為*fondamenta*的河岸地基，都是用這種方式建造完成。從使用目的來翻譯的話，*fondamenta* 這個字叫做河岸，原本的意思是指地基。威尼斯運河沿岸的住家之所以看來都像直接蓋在水面上，就是因為有這個造陸工程打底的緣故。

當然，這麼堅固的造陸工程絕不可能在九世紀，即建國之初便宣告完備，那時的石材護層應該還相當薄。今日當我們環遊潟湖時，仍舊可以在較小的島嶼周圍看到有如梳子般矗立海中的木樁，上頭並且還有住家。造陸工作的底定應該是在十五世紀，當時的居民為了防止火災，捨棄了以往用木頭建材，大量改用石頭建材之後的事。

接下來，人們是如何移居到這塊，以超乎陸地居民想像的努力始逐步成形的威尼斯呢？與前面兩次逃離阿提拉、倫巴底人的攻擊一樣，他們這次用的是相同的手法：不是以個人或家庭為單位無管制地移居，而是以司祭為中心，整個教區整個教區地搬遷。這種方式不為威尼斯人獨有，中世紀的居住組成原本就幾乎都是以教堂為中心發展而成。

所謂教區，指的是以教堂（人們精神生活的支柱）與掌理教堂的司祭為中心，再加上物質面的有力人士和在工作上直接或間接與他有關聯的人及家族共同構成的組織。直到十二世紀，若要將威尼斯比喻為生物體，教區便是構成這個生物體的細胞。教區數目最多時曾經超過七十個，每個教區的組成人數平均在一千五百人左右。

直到十二世紀時，教區一直都保有相當的自主性，以元首為大家長的共和國政府就是由這些教區的代表們共同組成。中央負有決定在何處開鑿運河的權限，教區則是負責造陸以及造鎮的工程。

每個教區的住宅區規劃，首先是從決定教堂的位置開始。教堂前設有廣場，叫做 *campo*，是住宅區內所有居民集會的場所。人們不僅在彌撒後齊聚在此，連市集和祭典也都在廣場上舉行。

廣場在義大利文中一般稱為 *piazza*，唯獨在威尼斯，能稱做 *Piazza* 的只有聖馬可教堂前的聖馬可廣場，其他的都叫做 *campo*。這可能與早期教堂前的廣場上總是種樹，或是放養家畜有關，因為 *campo* 在語源上指的就是旱田或田園。不過到了十五世紀，所有的 *campo* 也幾乎都鋪上了石板。

面朝廣場的地區，扣除教堂無條件優先占據的一角之外，其餘均由有力人士的住家或是小型造船廠等進駐。唯一占地比教堂還大的一隅主要是留給運河使用，而這也是威尼斯才有的現象。雖說現在有部份已被填平，但在視「永生潟湖」為生死大事的共和國時代，廣場旁一定有一面正對著運河，是無庸置疑的——在那個所有物資，包括人，都得靠水路運輸的時代，運河被人們賦予相當於教堂，即人們精神生活重心的待遇，不難理解。廣場上有階梯可以下到運河岸，形成簡單的泊船口。

每座廣場最少會有兩條稱為 *calle* 的小巷，用來聯繫教區中心的廣場與建在廣場背後的一般百姓住宅區。在這片背對廣場的寬廣區域中，隨處可見叫做 *campiello* 或 *corte* 等的小廣場。在寸土寸金的威尼斯，為了盡量利用到土地，建築物普遍四五層、高樓環伺的景象中，這些小廣場既是孩子和婦女們的休憩地，同時也扮演了帶來日光與徐徐和風的重要角色。當然，小廣場一般並不接臨運河。

小廣場並非路的盡頭。好比錯綜複雜如魚網般的運河不論如何蜿蜒，勢必匯流到大運河或大海中一樣，在威尼斯，凡是用腳走的路，絕對都有捷徑，沒有所謂的死巷。不論是小廣場或是空地，一定有兩條朝相反方向的小巷子穿過。廣場小，巷子的路寬當然也窄，這種巷子就像歌德所描繪的，只要兩肘一張開，就會頂到兩旁建築物的牆壁。另有一種小巷是穿越建築物底下的，叫做 *sottoportego*，第一次來訪的人往往連路都找不到。

站在這類狹小無人的廣場上仰望四周簇擁的高樓，時常有人從出乎意料的方位出現，然後穿越廣場，消逝在另一條小徑裡。這樣的情境也引發了我的幻想。

殺了自己表兄弟佛羅倫斯公爵的一名年輕人，逃到威尼斯躲藏。當然，被害一方的梅迪奇(Medici) 家族立即派出刺客前往威尼斯。就在某個夜晚，年輕人在藏身許久後首次外出，正當他急著趕回住處，才一跳下貢多拉，從廣場轉入小巷子時，便發覺背後有人跟蹤，心裡開始感到不安。走在年輕人前面的是一名提著油燈照路的隨從。由於背後的人影異常逼近，害怕的年輕人於是超越了那名隨從，飛奔了起來，眼看抵達他位於小廣場旁的藏身處就差一步路時，跑在身後的隨從突然大叫了一聲。年輕人回頭一看，在掉落地面燃燒的油燈照耀下，看見隨從倒在血泊裡，準備敲門的年輕人旋即被三名臉戴黑面罩，身穿黑披風的男子團團圍住。他馬上拔腿狂奔，死命地逃，但後頭身穿黑披風的男子一直緊追不捨。最後年輕人逃到一處小空地，繞著空地中央的水井跑呀跑，力氣幾乎用盡。追逐者和被追逐者都以為這裡已經是絕路了，三名刺客一言不發地向年輕人刺過來，年輕人悶聲倒地。

周遭的房舍似乎把門窗都緊緊關上了，一絲燈光也沒有，應該不會有人看見這幕殺人的場面才對。殺人犯們放心地取下黑面罩，在昏暗的月光下露出面容。

就在這時，三名殺人犯似乎察覺到什麼，當他們眼光朝空地的一角掃去時，瞥見那裡呆站著一個驚嚇過度、兩眼圓瞠的船員。這名喝得微醺的船員原是打算抄捷徑回家，沒想到卻在路上撞見這樁慘劇發生。

殺人犯們立即想到不能留下活口，因為被殺的年輕人是接受共和國庇護，允許棲身在威尼斯境內的政治流亡者。一旦知道是佛羅倫斯來的人殺了這名年輕人，威尼斯共和國政府絕對不會坐視，目擊者無論如何必須滅口。

三名殺人犯開始追擊這名船員，但這名船員可不是外地人，那晚他順利逃過了殺人犯的魔掌。但殺人犯畢竟看見了他的長相，也就是從那一晚起，船員安德烈的恐怖日子開始了……。

這是歷史上的真實事件，除了殺人的情節和目擊者的部份是我自己的想像以外。老是調查那些非自己專長的土木建築資料，作家的想像力不時便會蠢蠢欲動，忍不住就會像這樣幻想起其中可能有這樣的故事、這樣的場景之類的。

我們還是回到正題吧。

教區居民的另一項共同事業是一種叫做 *pozzo* 的水井，舉凡廣場、小廣場和空地的中央，一定會有水井的存在。

其實在把 *pozzo* 翻譯為水井時，我頗為猶豫了一下。這個字在字典中的解釋是：在地面上挖洞，從中汲取地下水。不僅我國如此，在義大利國內其他地方也是相同的意思，但卻不適合用來形容威尼斯的水井，因為威尼斯的水井不是直接汲取地下水，而是用來儲存雨水，然後再汲取上來使用，所以或許譯成儲水槽比較貼切。只不過，威尼斯人把海外殖民地的城塞中用來汲取地下水的水井和國內儲存雨水的儲水槽一律稱為 *pozzo*，所以我決定照樣譯為水井。

那麼，威尼斯到底有沒有地下水呢？水質雖然不算好，但是並非沒有。只不過在汲取地下水的同時，也會導致地盤的下陷，這對當初為了造陸，費盡心思鞏固地基的威尼斯人而言，是說什麼也不允許的事，即使目的是為了確保飲用水的水源也一樣。於是，威尼斯人便運用開發鹽田時獲得的技術，發明出屬於威尼斯特有的水井。

首先，人們在廣場中央盡可能挖出一個正方形的深坑，做成一個水池。接著用黏土將水池內部鋪成炒菜鍋底般的形狀，這個黏土層的用途主要是將底下滲透進來的海水鹽份與上層儲存

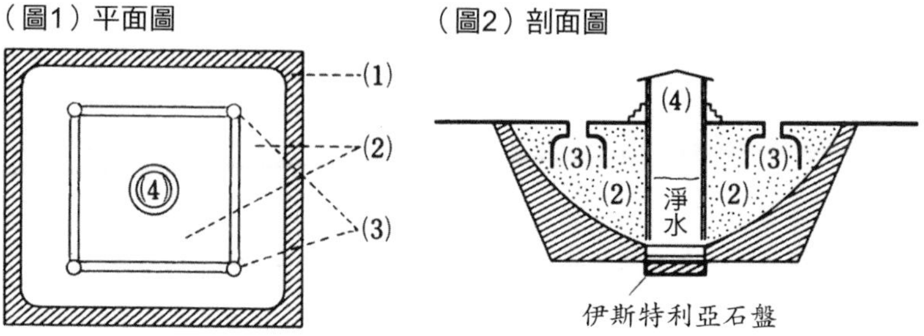

(1)黏土層 (2)填滿砂子的部份 (3)雨水收集口 (4)淨水汲取口

威尼斯的水井

的雨水隔開。等黏土層完成後，再以大量的砂裝填在黏土池的內部。

接下來，將四個上方開洞、下方無底的箱子分別埋進砂中。雨水從上方的開洞處流入，經過砂子的過濾，沿著炒菜鍋底般的黏土層匯集到中央。中央的質材採用的是耐水侵蝕的伊斯特利亞產石盤，經過淨化後的雨水儲存在石盤上，逐漸盈滿事先挖好的水井內部，等候人們的汲取。

即使到了現代，當我們仔細觀察這些廣場的結構，仍不難發現廣場上的鋪石事實上是以巧妙的角度，朝著廣場水井周邊四個角落的雨水流入口傾斜。威尼斯廣場的鋪設之所以比義大利以及歐洲其他地區都還要早完成，其實是有它迫切的需要。

比起氣候乾燥的義大利，威尼斯屬於濕氣較重的區域。如果單純只需要飲用水，這樣的水井大概就夠用了，但人們對於水還有其他需求，舉凡洗澡、洗衣物等，光就廚房的用水一項，用量就不可忽視。這些用水都是利用一條從建築物外側看不見的管子，將落到屋頂上的雨水引進屋內使用。一般而言，儲存這些水的桶子就放在廚房旁邊。

在威尼斯，下水道是直接排放到運河裡的。共和國存在的一千多年歷史中曾經多次頒布命令，規定下水道排放口的高度不得低於漲潮時的水線下，否則一等漲潮時，下水道內的東西倒灌進屋子裡，那滋味可就不好受了。

今日威尼斯的下水道依舊是直接排放到運河，光是想到這裡，便不禁有種威尼斯魅力盡失的感覺。但威尼斯得天獨厚，早晚有天然潮汐沖洗，因此對於奉「永生潟湖」為至高原則的威尼斯人來說，水流會停止流動的這個問題，打從他們建國之日起便不列入考慮。污水隨著潮汐排放到外海，當然不會連日為惡臭所苦。也就是說，在公共衛生方面，威尼斯其實並不比同時代歐洲其他地區來得遜色。

其次，威尼斯人集居各教區的方式，也很自然地將依貧富差距區分住宅地的方式打破。有錢人家在自家中庭裡挖井汲水自用是自十二世紀之後的事，在此之前，最重要的飲用水一直是由大家共享。

在眾人合力齊心開發沼澤始成家園的威尼斯，土地私有的觀念想必極早便被淘汰。早期威尼斯的有產階級雖然和其他地方一樣，指的都是擁有不動產的人，但這些不動產都是在義大利本土，並不在威尼斯。十二世紀前後大膽實行的第二期建國工程，也許正因為是在沒有私有土地觀念的地方實施，所以才能成功也說不定。

再來從運河的開鑿和造陸工程中，我們也可以看出國家在威尼斯扮演了相當強勢的「行政指導」角色。但威尼斯城的興建卻一點也不呆板，不落入統一的格局，這都得歸功於教區制的實施。

威尼斯那宛如迷宮的街道也許令認為都市計畫就該如棋盤般井然有序的人蹙眉，但倒不至於生厭才是。因為人們在威尼斯這座城市，確實感受到了注重發展的都市計畫所找不到的人性優點。

在威尼斯，除了海鹽和魚類之外，一切資源都得仰賴進口，其中也包括了用來作房子地基的木材，所以自給自足的概念之於威尼斯人，向來付之闕如。然而，這種完全缺乏自給自足的觀念，其實也正是促使威尼斯日後能以一介海事國家成其大的原因。

一般人多將國家的類型粗略分為陸地型和海洋型兩種，我覺得這兩種類型的差異，其實也可以由是否擁有自給自足的觀念來加以區分。在擁有自給自足觀念的地區，除非迫在眉睫，否則交換的思想不會產生，也不會落實。這種國家之所以會變成侵略型國家，實為必然。侵略其他國家對他們來說，不過是擴充自給自足的版圖而已。

相反地，沒有自給自足觀念的國家則是只要現狀沒有改變，就不太可能成為侵略型國家，因為這些國家的人民最是了解所需物品須以交換的方式獲取的道理，嘗試擴充領土，只是白費力氣。

只有海鹽和魚類的威尼斯人，一定是打從初始便缺乏自給自足的觀念。不過如果教區制一直沿續到後來，成為威尼斯共和國的決定性特色的話，情形或許會有改觀。因為，具有某種程度自給自足的教區制，其實就等同一個生命共同體。

每個教區都有一處教堂，商業行為在有力人士的家中進行。此外還有祭典，各類銷售生活必需品的小店從木工、水泥匠、教師（或說神父），甚至助產士，各行各業大致都有。要船隻，也有小造船廠，根本不須要向外地訂造。換言之，在教區內幾乎可以滿足一切需求，情形就像是古代的日本，或更正確地說，和歐洲其他鄉村沒什麼分別。

可是，十二世紀卻是個極大的轉捩點。原本是居民共同體的教區制，角色頓時變得不重要，取而代之的是稱為 *Sestiere* 的行政區制。

當然，教區並沒有廢除。在進行中央集權化的過程中，絕對不捨棄以往的形態，這也成了威尼斯日後的行政特色。教區居民仍舊保有自己的教堂，仍舊各自舉行祭典，每個教區也照常擁有自己的市集，只是不再像以往一樣，凡事在自己的教區內就能獲得滿足了就是。

這算是威尼斯的都市化吧。我絕對相信，進步所需的一切能量，只有在都市中才會產生。或許也可以這麼說，這些能量只有在捨棄了自給自足觀念的地方才會產生。

以呈Z字形蜿蜒的大運河為界，威尼斯被分成兩部份，而*Sestiere*區制又將這兩個由大運河隔開的地區各分為三，合計六個區域，這也是被稱為六區制的由來。

大運河北邊三區，從西邊算起，首先是卡納勒究 (Cannaregio) 區。

接著是東邊以流經利亞托橋到聖馬可教堂與元首官邸 (*Palazzo Ducale*) 後面的運河為界，西臨大運河的區域，也就是政經中心所在的聖馬可 (San Marco) 區。

再往東看去，那一大片有造船廠和港口集中的區域，稱做奧利佛洛 (Olivolo) 區（或名堡壘區 Castello）。

大運河南邊的三區中，位於經濟活動中心利亞托橋附近的是聖保羅 (San Polo) 區。

西北方的為聖十字 (Santa Croce) 區。

包括朱德卡 (Giudecca) 島在內的南部區域為硬壤 (Dorsoduro) 區。

這六個在一一七一年制定的區域一直沿用至今，七十多個教區被編入到各區，但仍保留了名稱和大部份機能。六區制和以往以教堂為中心的教區制最大的不同是，它純粹只是基於行政上的必要而產生的制度。

現在我們看到的聖馬可教堂前的聖馬可廣場就是在此時被修建為今日的模樣，美麗的玫瑰色元首官邸也是完成於這個時期。換句話說，政治中心此時已清楚確立。

稍早之前，威尼斯人剛在利亞托和修弗尼河岸 (Riva degli Schiavoni) 興建了交易用的港口，同時也完成了對這個正將興起的海洋國家威尼斯無疑是重要支柱的國營造船廠(arsenale)，一種有別於以往教區支配下的居住形態此時正開始出現。

今日的威尼斯雖然只是個觀光都市，但卻有其他觀光都市沒有的特點，那就是大運河。拿破崙在征服威尼斯後，即指定大運河為國寶（這個法律至今仍然保存著）。只要是來過威尼斯坐船隻遊過大運河的人，相信都會贊同拿破崙的做法。

多數人對大運河感到好奇的，經常是兩岸連立的豪華宮殿，然後想著這些富豪們是如何努力地在這大運河旁大興土木、互競華宅。

的確，這些富豪們確實是想盡辦法將自己的住處妝點得美不勝收，程度甚至到了往來大運河的同時，便彷彿瀏覽了整部威尼斯建築史。只是這些並不是一開始就是蓄意的，他們之所以選擇在大運河旁興建豪宅，並非有意誇耀自己財富，而是出於生存與繁榮必需。在威尼斯，幾乎大大小小的事物都是基於必要性而產生，循著這個觀點去理解威尼斯人，大概凡事會比較容易。

十二世紀可說是威尼斯建國的第二期。因為從這時起，威尼斯商業的質與量大幅成長，已非昔日可比，商業也就是在這個時候成為國家的經濟主力。

威尼斯的有產階級，原本一直仰賴來自本土不動產的收入。他們從很久以前就懂得將所得的部份收入拿來轉投資貿易，只是當時的金額非常少。如此維持了一段時間，隨著河川貿易愈來愈盛行，投資貿易的金額占總資產的比重也愈來愈高，而當這個比重反過來時，正好是十二世紀，海事國家威尼斯也就這麼誕生了。

人們開始尋求更大型的船隻，而且最好還是能直接停泊到交易場所旁，那一定更為方便。原先蓋在大運河邊的小造船廠和石匠的住家被下令搬遷，代之進駐的是原先居住在教區 *campo* 的那些由地主轉型而成的生意人。當時的大運河，最大可以停泊兩百噸級的船隻。

聖馬可廣場的鐘樓被大幅加高，以扮演燈塔的角色。為了保障從外海經里度港進入潟湖的船隻安全，一到夜晚時分，鐘樓上便點燃了火炬。在利亞托，一座開合式的木橋被架起。以這座橋為中心的大運河兩岸也在這時確立為經濟活動中心，原先在此販售魚類、青菜的市場被遷移到他處，魚販和婦女的喧嘩被希臘文、阿拉伯文和德文的熱烈交談聲取代，儼然成了一座國際市場（但今日此處又恢復為原先的魚、菜市場）。和以往以教堂為中心的教區時代相比，居民的分布情形現在不得不有了轉變。

生意人的住家無法再滿足於以往入口朝陸的形態，為了物資運輸的效率，必須要有面對運河的入口。住家的結構之所以採用 *Casa Fondaco*（住宅兼倉庫），一種結合居所和工作場所的形式，多少也和威尼斯能夠利用的土地實在有限有關。

進入對著運河洞開的地面層正門，首先來到的是前後貫通的中庭。周圍並排的房間是用來作倉庫或洽商用的。格局並不寬廣的中庭，中央照例有座水井，另外還有一處出入口可以通往後頭的小巷子。從樓梯拾階上到一樓，先是看到迴廊，然後是廊柱後頭的客房以及主人家的客廳、餐廳等，再往上一層則是家族的寢室；頂樓為傭人房。這就是一般大商人住家的布局。

今日威尼斯最高級的旅館之一丹尼耶利(Danieli)便是一處能夠讓遊客不用擔心參觀時間，盡情欣賞這種建築結構的場所。坐在這個旅館的大廳裡，凝神望向天井已經覆蓋上玻璃帷幕的昔日中庭，總讓人不禁納悶當時真有閨秀是名副其實不邁房門、幽居香閣的嗎？畢竟，站在一樓的迴廊向下看，下頭中庭裡那些勤奮工作的男人們，任她想看多久就看多久。同樣地，從中庭仰望樓上，透過哥德式建築蕾絲般的鏤空飾紋，底下的男子想必也曾經對廊柱後頭那位驚鴻一瞥的美麗仕女心動不已吧。在當時的時空下，這些想像均非毫無可能。

如果把這種巨賈們建在大運河邊的成排豪宅歸為第一列，那麼在這些建築物背後，不須面對運河照樣可以營業的工匠、雜貨販子的住處便是第二列。第三列則是造船工人和從事相關行業的工匠們的住宅，這一帶距離與大運河相反方向的河岸，即民營造船廠的集中地*Fondamenta Nuove*（新河岸）也比較近。

但是即使是這樣，直到共和國滅亡時，威尼斯仍舊沒有其他地方常見的富人與老百姓住區涇渭分明的現象。原因是多數威尼斯人必須將住家地面層充作工作場所，所以多半選擇在對各自工作最合適的地點定居。大運河沿岸能蓋房子的數目向來有限，在土地有限的前提下，國營小麥倉庫的興建肯定比任何大富豪的華宅優先，因此，只要是能夠住在貨船可駛入的運河旁，即使是小運河，商人們就很心滿意足了。這也是為什麼遊客搭乘貢多拉往小運河 *rio* 駛去時，竟會在眼前看到與周遭不協調的華宅的原因。

從教區制轉型為六區制的過程，也為威尼斯帶來了獨一無二的副產物——橋。

在各教區獨立的時代，各教區內的運河上雖有簡單的橋梁連接，但跨教區之間的交通，只能靠船隻的行駛。等到教區被劃編到六個區域，也就是威尼斯都市國家特質顯現之後，當然不能再繼續只靠船隻串連整個區域。這下子可就需要橋，而且是許許多多的橋梁才行。

一開始，橋梁都是木造的，而且還不是水平。為了讓船隻能夠穿越下方，橋面被做成了有如屋頂般的傾斜度。到了十三世紀末，除了橫跨大運河的利亞托橋仍然維持橋中央為可開合的木造橋外，所有橋梁幾乎都改為石造拱橋。利亞托橋之所以直到十六世紀後才被改建為石橋，是因為它的橋下高度必須是可以允許大船通行的程度，不同於其他橋梁跨越的是狹窄的運河，而這項技術在當時尚未獲得解決。

但即使有這麼多橋梁出現，運河的重要性還是絲毫未減。人們的交通與物資運送藉由陸路解決的比重確實是提高了，但可別忘了，維持「永生潟湖」才是運河的使命。十二世紀的威尼斯人統一國土，並不是將運河填平，而是在運河上搭起無數的橋梁。

於是，由一百五十多個島嶼、將近一百八十條的運河和四百一十多座橋梁組成的威尼斯，就這麼誕生了。

其他都市國家以牆圍城，而在威尼斯則是以水作牆。

佛羅倫斯人馬基維利 (Niccolò Machiavelli) 寫道：「威尼斯與佛羅倫斯，彷彿性格迥異的兩個人。」

這兩個被視為文藝復興雙舵的共和國，彼此間差異之大，實在讓人很難相信竟是同樣建自義大利人之手。

我打算就以馬基維利的這番話，將威尼斯這個國家視同一個人來看。藉著一個又一個 *racconto*（故事），來敘述威尼斯是如何以先前提過的建國過程中所培養出來的人格，去面對歷史往後所發生的各種演變。

佛羅倫斯是個出英雄的國家，只要將各個英雄的事蹟逐一描繪、串連後，就是一篇佛羅倫斯史。而威尼斯卻是個徹底反英雄的國家，要敘述它的歷史，從人格上描寫應該是唯一的方法。

第二章要談的是威尼斯人向海發展的故事，始於一〇〇〇年前後。

當初不得不在最惡劣的環境下求生存的威尼斯人，在歷經非比尋常的努力，克服了環境之後，現在開始反思該如何將昔日不利的因素化為有利的助力。對他們來說那就是向海發展，從河川貿易轉向危險雖多，但利潤也豐厚的海洋貿易。

正值此時，歐洲各國人民則是在為《新約．啟示錄》中所記載的世界末日將於耶穌千年誕辰後到來的預言，惶惶終日。

第二章

向海發展

國之初，始於言（語言）。
但在威尼斯共和國卻是——
國之初，始於商（交易）。

藉航海致富的方法有兩種。一種是從事貿易，一種是當海盜。剛剛誕生的海洋國家威尼斯共和國選擇了第一種。如此一來，他們首先要面對的敵人，當然就是會危及威尼斯商船航行的海盜。

擊退海盜——這對決定要向海洋發展的威尼斯人而言，可是項重要性僅次於建國工程的舉國事業。

沿著現在南斯拉夫沿海的亞德里亞海東岸一路遊覽，眼前一一掠過的峽灣數目之多、結構複雜，令人驚訝。比起對岸義大利半島那段狀如長靴小腿肚的西岸地形，亦即從威尼斯往南到布林狄西（Brindisi）為止幾乎沒有海灣，只要一條緩曲線就能描繪的地形結構，真是形成強烈的對比。

對海盜們而言，這絕對是極佳地形。他們可以在峽灣內埋伏，等到看似載滿貨物的商船駛近，馬上驅著快速船攻擊，甚至在必要時，也不愁沒有地方可以躲藏。海盜們選擇東岸而不是西岸，實在不是沒有道理。十世紀出沒於亞德里亞海的海盜，是群自羅馬帝國滅亡後開始南下的斯拉夫民族。

位於亞德里亞海最深處的威尼斯若想和東方人做生意，一定得航經亞德里亞海。或許有人會問，既然亞德里亞海東岸有惱人的海盜結集，威尼斯人為何不避開，改走亞德里亞海西岸呢？

姑且不論當時義大利的政治情勢如何，單就氣候來看，這條航路就算並非不可能，但也絕對稱不上是條有利的航線。

地中海，包括亞德里亞海在內，特徵是風向經常轉變，不像大海有穩定、恆向的貿易風吹拂，在這一帶少有一連數日順風揚帆的情形。為了等候順風，航行必須經常泊港，而光憑這點威尼斯商船就得選擇走沿岸的路線。如此一來，與其走平坦的西岸，不如改走有眾多島嶼可供避開逆風、等待順風，到處有錯綜峽灣的東岸來得有利。換言之，只要是選擇沿岸航路，海盜們的絕佳地形，當然也是船員們的絕佳地形。

對威尼斯人而言，擊退海盜不光是將海盜趕走，確保自己商船安全就沒事了。這其中還包含了船舶停靠港，亦即基地的確保。西元一〇〇〇年左右，一個同時可擊退海盜與建設基地的時機來臨——一名年輕人以他萬全的準備與果斷的行動，開啟了歷史的新頁。

奧賽羅 (Pietro Orseolo) 十五歲那年，和他同名的父親被選為元首。但是信仰虔誠的元首奧賽羅一世兩年後便捨棄元首大位，隱遁到修道院裡去。十三年後，兒子當上元首，三十歲，一個史無前例年輕的元首。

九九一年就任元首的奧賽羅二世，所接掌的其實是個內外情勢都不穩定的國家。

歐洲這時正處於兩股勢力的激盪之下：拜占庭帝國和神聖羅馬帝國競相以古羅馬帝國繼承者自居，無事不爭，互不相讓。

威尼斯的情況尤其特殊。政治上隸屬拜占庭帝國，地理位置卻接近神聖羅馬帝國。海上戰力經過漫長歲月整頓的威尼斯，自然成了兩股勢力交相拉攏的對象。不管是拜占庭帝國還是神聖羅馬帝國，均開始在威尼斯國內積極煽動各自的支持者。

威尼斯國內原先就有各因地理位置或政經上的理由，而立場各傾拜占庭帝國或神聖羅馬帝國的兩派人士，現在再加上外力運作，無異是火上加油。在奧賽羅二世就任前的半個世紀，兩派人士之間的流血衝突始終未曾間斷，其中亦不乏元首遭到放逐或為此喪命。奧賽羅一世當初選擇捨棄元首寶座，遁入修道院，部份原因可能也是為了躲避派系間的紛爭。

但年輕元首的作風與乃父不同，他並沒有選擇逃避。此時的威尼斯，可以說面臨到共和國千餘年歷史最大的危機。國內不斷的紛爭與外部勢力相呼應，向來是義大利都市國家的特色，如果威尼斯在這個關頭不能消除內鬩的根源，日後一定會走上其他都市國家受格局所困的道路，若真演變至此，那就不可能有日後的大威尼斯共和國了。但是這位年輕的元首不僅成功做到了，甚至還為威尼斯提示了未來的發展方向。

年輕並沒有使元首奧賽羅二世草率行動。擊退海盜，不光是將海盜趕走就好，而是一如金幣的正反面，唯有建設好商船的基地，才能真正解決海盜出沒的問題。以往不是沒有元首親自率領戰船出海征討，但除了勝敗的周而復始外，並沒有決定性的成果，甚至還在商船平安通航的優先考量下，威尼斯也和其他亞德里亞海沿岸都市一樣，每年照慣例支付貢金給海盜。然而，這種無異承認自己居於弱勢立場的作法，卻也是最靠不住的保證，或遲或早，勢必都要有個了斷。剛上任的元首雖然沒有馬上出海討伐海盜，但他決定停止獻貢，同時進行果斷行動前的萬全準備。

就在他即任後一年，九九二年五月，拜占庭帝國和威尼斯共和國之間簽訂了一項條約。和以往相同，這項條約在承認威尼斯共和國擁有完全自主性的前提下，再次確認威尼斯共和國隸屬拜占庭帝國，以及繼續享有拜占庭帝國境內的商業活動自由。不過若只是這樣，實在算不上奧賽羅二世在外交上的勝利，故事還有後續發展。

條約中有項規定，允許威尼斯商船在進入拜占庭首都君士坦丁堡港時，只須支付兩枚索爾多金幣作為進港費，出港時則是十五枚，總共是十七枚。以往威尼斯和其他國家，像是熱那亞(Genoa)等國的商船，都必須支付三十枚金幣，如今連這項泊港費都能作罷，等於今後唯獨威尼斯商船能夠節省下十三枚金幣。這筆將近一半的費用節省，無論從當時「外幣」索爾多的價值判斷，或是從君士坦丁堡作為東方貿易重鎮來看，威尼斯商人所獲得的利益都是極大的。而這項威尼斯商人與其他國家的同伴在待遇上的差異，一顯現到從東方帶回來的商品販售於歐洲的價差後，結果當然不用多說。威尼斯的海洋貿易能夠有飛躍的發展，這是其中一項關鍵。

雖然這項極優惠條款同時也附帶著義務，但在威尼斯看來，不僅不感為難，反而是他們內心多年的期盼。徒有遼闊領土的拜占庭帝國，東邊有塞爾柱土耳其這個敵人，南邊還須擔心薩拉森的侵略，於是便想出了利用威尼斯海軍擔任西方防禦的對策。對威尼斯人而言，驅逐斯拉夫和薩拉森海盜本來就與亞德里亞海的制海權確立，亦即與他們國家的發展密切相關，就算拜占庭帝國不提出要求，他們原本也會進行。但現在有了帝國賦予他們擔起亞德里亞海「警察」的義務，對威尼斯而言，無異是師出有名。

正當理由之所以有用，不是因為行動需要精神號召，而是一來既可巧妙掩飾行動的真正目的，二來又可事先堵住周遭疑心重重、伺機介入的強國抗議之口。

元首奧賽羅二世雖然年輕，但深深了解所謂的友邦，國勢愈強的，離的愈遠愈好。這是因為邦交國即使本身國力不強，多少仍會興起牽制的念頭，如果是個強國，後患更是無窮——身邊的友邦通常較諸鄰近的敵人更難纏。

他的這種遠結友邦的外交政策，也守護了威尼斯免於被捲入造成日後西歐動盪的保皇黨與教皇黨之爭，而這是若當初威尼斯選擇向神聖羅馬帝國靠攏，絕對無法避免的結果。

不過，神聖羅馬帝國在地理位置上的確離威尼斯較近，同時也是威尼斯人從東方帶回的商品的好顧客，換句話說，就算不能成為好兄弟，可也不能交惡。

就在與拜占庭帝國簽訂條約兩個月後，元首透過了國內親西歐派人士之首，派使節前去向神聖羅馬帝國皇帝提出要求，希望能保障威尼斯商人在神聖羅馬帝國，亦即西歐地區的商業活動自由。不過這只是對自查理曼以來，神聖羅馬帝國一直（扣除中間短暫的間斷）給予的保證重新做一次確認而已，威尼斯方面不須負擔任何義務；但相形之下，比起另一邊與有必要拉攏威尼斯的拜占庭帝國之間所締結的條約，這邊的協議也比較不穩定。元首奧賽羅二世並沒有錯過四年後皇帝奧圖三世親訪義大利的好機會，他將年幼的長子和一封寫著希望皇帝能夠作他兒子命名教父的信，一起送到皇帝跟前。原名皮耶托的長男被改名為奧圖涅（皇帝名字的義大利文唸法），以感謝皇帝教父的關照。這項舉動是希望藉由基督教世界中，命名教父與小孩的關係不亞於真正親子關係的傳統，來象徵雙方在精神上的聯繫。

萬全的準備全部告成，接下來就只等吉時，採取果斷的行動了。時機一分一秒地成熟。面對不再繳貢，同時又獲得拜占庭帝國皇帝欽許，態度愈來愈強硬的威尼斯船隻，斯拉夫海盜選擇以蹂躪沿岸的戰術代替直接對決。這也使得沿岸的小都市個個叫苦連天。在政治上，這些小都市都屬於拜占庭帝國管轄，但在民族認同上卻自認屬於拉丁民族。換言之，如果拜占庭帝國的保護鞭長莫及，那麼要求同為拉丁民族的威尼斯人保護，在他們看來亦無不妥。更何況威尼斯共和國現在又受有拜占庭帝國皇帝的委託，負責防禦西方，政治上更是完全站得住腳。

九九八年五月，耶穌升天節當天，三十七歲的元首奧賽羅二世率領了許多軍艦駛離威尼斯港，目的地為薩拉 (Zara)。在那裡等著他的是二十多位亞德里亞海東岸的城市代表，他們都是前來請求威尼斯共和國保護、誓言對威尼斯共和國恭順和服從的。

宣示儀式莊嚴而隆重，唯獨列西納 (Lesina) 和庫佐拉 (Curzola) 兩個島嶼的代表缺席了。儀式結束後，元首火速採取行動。兩座島嶼在威尼斯軍隊的猛攻下，屈服只是早晚。這兩座島嶼的居民唯一該慶幸的是，還好威尼斯軍隊與當時一般的戰鬥作風不同——他們並不殺人。

海盜被徹底擊退。但其實早在威尼斯軍隊溯河而上，一舉殲滅海盜之前，斯拉夫海盜們便已潰不成軍。之後有好長一段日子，亞德里亞海沿岸的居民們再也無須過著擔心海盜襲擊的日子。拜占庭皇帝對這次勝利感到滿意，還特別賞了「達爾馬提亞（Dalmatia，編按：即亞德里亞海東岸一帶）公爵」封號給元首，以犒賞他的辛勞。

有了這樣的好條件，換作歐洲其他地方，一定會進而侵略征服、完全占有，但威尼斯共和國並沒有這麼做。不，應該是說，以十萬人口不到的威尼斯共和國的條件，縱使想做也做不來。對於臣屬於自己的亞德里亞海東岸各都市，不管是對方主動臣服，抑或威尼斯以軍事力量征服，凡恭順服從者，威尼斯共和國向來是給予完整的自治權。威尼斯以海軍保護這些沿岸都市，各都市則提供威尼斯商業基地以及船伕。當時很多船伕均來自修弗尼，到了今日，你甚至還可以在威尼斯城裡找到一處叫「修弗尼河岸」的港口呢。

這些都市在政體上也幾乎都維持了原來的型態：法律、風俗，一切的一切。這種支配方式之所以能運作得如此順利，與支配者和被支配者都屬於古羅馬、拜占庭的同種文明不無關係。

不過，這項名為保護他國，實為自衛的亞德里亞海「警察」角色，對威尼斯共和國而言可不輕鬆。

首先，從北而南，他們得先分別在波拉(Pola)、薩拉、西本尼克(Sibenik)、史巴拉托

(Spalato)、列西納與庫佐拉兩座島、拉古沙 (Ragusa)、喀塔羅 (Cattaro)、斯庫臺 (Schkodër)、倨於亞德里亞海出口的瓦洛納 (Valona)，以及槳帆船一天航程可達的街鎮等定點，設置堅固的堡壘。在港口附近也要有可以修理船隻的造船廠和置貨的倉庫；更別提那些蓋在地形複雜的峽灣、港灣深處等地險上方的要塞和高塔了，數目更是多的數不清，而且愈是複雜的灣岸地形，數量就愈多。今日當我們在這一帶旅遊時，舉凡地勢險要的地方，十有八九均可找到昔日威尼斯人興建的要塞遺蹟，數目甚至多到當船一路行駛到接近義大利本土時，再也激不起觀者興趣的程度（由這些建築構造的堅固性也可看出，威尼斯人不單是優異的商人，建築要塞的技巧也一定相當了得）。威尼斯就是藉由這些建在陸地上的防護以及巡邏海上的軍艦，成功地扮演亞德里亞海「警察」的角色，順利晉身大國之林。也就是從這時起，一直到威尼斯共和國滅亡的十八世紀末為止，亞德里亞海開始被稱為 *Golfo di Venezia*——威尼斯灣。換句話說，亞德里亞海這個名稱，在古老的地圖裡是不存在的。

布勞岱爾 (Fernand Braudel) 在其名著《菲利浦二世時代的地中海與地中海世界》中，描繪威尼斯是以自身鮮血，而非黃金（商人的手段）來維持亞德里亞海為威尼斯的海灣。對於那些視他這種說法有失學者風範、流於情緒化而嗤之以鼻的人，我認為多是昧於亞德里亞海的歷史。以威尼斯的領地為例，不管隸屬於拜占庭文明、自許承襲古羅馬傳統的拉丁民族修弗尼人是否對威尼斯人的支配不排斥，但該領地不久後便遭到匈牙利王征服乃是不爭的事實。同樣地，南義大利到西西里一帶也是先後落入薩拉森人和諾曼人（編按：北歐維京人的一支）之手。威尼斯人的據點支配方式由於缺乏徵召領地人民的設計，一與上述領土支配型的民族相比，立足點從來就不平等，因此說他們「死守制海權」其實一點也不誇張。

然而，腦子裡儘管理解死守制海權的這句話，心裡卻無法產生共鳴，大概是腦子裡只想得

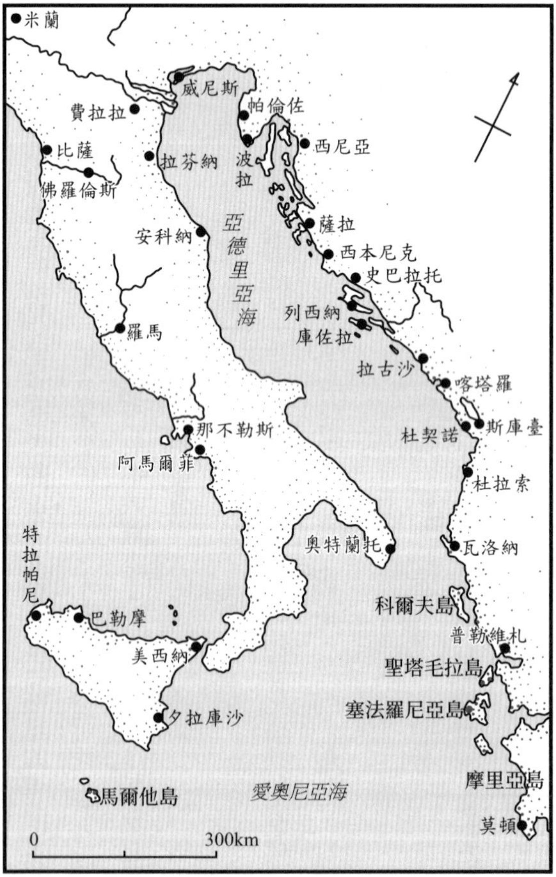

西元1000年時的亞德里亞海

到軍事的意義吧。直到逐一探訪過亞德里亞海東岸各城市，調查城中每座威尼斯人完成的建築物後，我才終於有了親身體會。

元首奧賽羅二世，也就是威尼斯共和國的元首，準備興建「高速公路」。

陸上高速公路每隔一段距離就有一處加油站，甚至還有顧及車輛故障時需要的小型修理廠；三明治、飲料等食物也不用準備太多，因為餐廳、飲料吧，甚至汽車旅館、簡易診所等都有，不必出高速公路就可滿足一般需求——像這種兼顧到旅行安全與節省時間的規劃，威尼斯人將之落實到海上。

在現代，萬一在高速公路上發生了車禍，只須從標示 SOS 的電話亭打電話給附近的加油站，就會有道路救援車前來。當時威尼斯的「高速公路」也是只要依照固定的航路航行，崖上要塞就能接獲船上發出的訊號，派遣救援船前往。其他像是停靠港會告知各商船前往目的地的政治情勢、是否須武裝等作法，也與現今高速公路入口處常見的「亞平寧山積雪，請綁上鐵鍊」告示牌的設置如出一轍。收集情報通知各船隻是停靠港的一項工作，不，應該說是派駐在友邦的威尼斯官員最重要的一項工作。情報的來源除了部份是從本國送來的之外，也有相當比重是來自泊港船船長的報告，這是船長的義務之一。但是報告中並不包含天氣情報，因為熟練的船員只須看看天象、聞聞空氣的味道，多少就可知道未來三天吹的是不是 scirocco（編按：西羅科風；吹自撒哈拉沙漠，由亞德里亞海向上吹的逆風，經常帶來大量水流）之類的了。

另一項和威尼斯人這項壯舉同樣出於高速公路興建精神，同時也常被人們提到的建設事業就是古羅馬人建設的羅馬街道。兩者在實際利益的考量上是互通的，差異只在羅馬街道大部份建於未開之地，馬車行駛一日的路程定點若要提供住宿或其他服務，事前得先重新建設；而威尼斯的「高速公路」則是選在原本就存在的城鎮，所以是整頓而非重建，不過兩者的工作都不輕鬆。英文 mansion（編按：意為宅邸）的字源拉丁文 mansio(nis)，意思是羅馬街道的住宿所，現在歐洲不少的城鎮就是由古羅馬時代街道沿線的住宿所開始發跡的。看來，不管是重新造鎮抑或整頓舊鎮，務實民族的思維似乎都相去不遠。

如果光以賣魚和鹽就能滿足的話，威尼斯人根本不需要這麼辛苦。但是只要威尼斯人一天不放棄以地中海為生意舞臺，建設航路成為高速公路便絕對有其必要性，而且還得死守住才行。如何讓亞德里亞海一直維持為「威尼斯灣」，對威尼斯人來說可是件生死大計。

整個基礎的構思、實踐會出自一名三十多歲的青年，一點也不讓人驚訝。因為年輕，所以不會去想自己說不定明天就死了這種事；三十歲，往後少說有二十年可活，計畫自然能夠擬定周全。奧賽羅二世在元首任內十七年逝世，但他所指示的方向一直到威尼斯共和國滅亡為止，長達八百年的期間，始終都是威尼斯人生存的基礎方針。

這條「高速公路」的建設，在兩百年後發生的第四次十字軍東征，藉由通過希臘延伸至君士坦丁堡時大功告成，這部份留待第三章中詳細再述。在全歐洲都被聖戰思想擾攘的年代，威尼斯人仍未喪失務實的視野，「高速公路」的完工就是最好的證據。

現實主義只能訴諸人類的理性，但能以理性下判斷的經常只是少數，所以不適合用來動員群眾。馬基維利就曾經說過：

> 事業能否成功，得看在何時、有無能驅使人們參與該事業的因素而定。

換句話說，訴諸感性是必要的。為了維持亞德里亞海始終是「威尼斯灣」，威尼斯人勢必做了極大的犧牲，這不是光憑一群以理性判斷、身先士卒不惜犧牲的菁英份子就能辦到的。威尼斯既名為共和國，當然得有民眾的支持。然而，所謂的民眾是眼前只要沒有迫切性，不訴諸感性便叫不動的一群。十二世紀正式制定為威尼斯國家慶典的「海婚節」(Festa della Sensa)，便是藉由年年舉行，企圖達到這方面訴求，同時也獲得極大效果的活動。

節慶的日子就定在元首奧賽羅二世出征的那天，也就是耶穌升天節。每年到了這一天，元首就會率領政府高官，登上以金色和紅色裝飾的御用慶典黃金船(Bucintoro)。這艘慶典用的槳帆船，豪華絢爛，連划槳都被塗成金色，在大批船隻和貢多拉的隨護下，駛向威尼斯的外港麗都。元首先是在麗都教堂接受由大主教主持的彌撒，然後再次登上黃金船駛向外海，當著眾人的面，對著大海說道：「海啊！我要同你結婚，要你永遠都是我的！」

語畢，將準備好的金戒指丟入海中，儀式至此全部結束。百姓們在港口迎接元首返回城市，當日盡情喧鬧、慶祝，一整天都不用工作——少了酒助興，還談什麼提振士氣！

曾經有人寫道，這個儀式代表威尼斯這名女子與大海這名男子結婚，但我覺得不太對。的確，誠如這位學者所說，義大利文的共和國是陰性名詞，大海為陽性名詞，海的守護神並且是最最陽剛的波賽頓 (Poseidon)。

只是，「我要同你結婚，要你永遠都是我的！」這句話若從女方口中說出，不啻成了逼迫心有不甘的男子與其成婚嗎?像這種激勵民心士氣的說法實在是說不過去。所以我想還是某位法國人說得對，在此應暫將文法的問題擱置一旁，把元首所代表的威尼斯視同男子，大海當成女子，當時的威尼斯男子想必也是抱持相同的想法。

不管是出於理性的認同，還是因為士氣受到提振而努力，藉貿易維生都是件極辛苦的大事業，甚至讓人興起不如當海盜之嘆。

提到中世紀地中海貿易的商品，很多人馬上聯想到以香料為主的奢侈品。的確，這是威尼斯人最典型的交易貨物。但奢侈品畢竟不是必需品，做生意一開始還是得從提供買方絕對必要的物品作為開端，之後才是推銷能夠刺激買氣的貨品。

在河川貿易為大宗的九世紀，威尼斯人銷售的主要產品為海鹽和鹽漬魚。等到進入海洋貿易的時代後，主要的商品則改由奴隸與木材取代，而這兩樣也正是威尼斯商人的大客戶——非洲穆斯林——最渴望的東西。

奴隸制度並沒有因為基督教而全面廢除。將基督徒視同奴隸買賣雖然一向受到禁止，不過在基督徒眼中，包括異教徒和不信主的死硬派，換言之就是那些還未受基督教感化的人，是可以被當作奴隸來販賣的。

天主教對這件事的合法化解釋是：肉體上的束縛有助於精神上的救贖。在這種解釋下，伊斯蘭異教徒就不用說了，同屬基督徒但非天主教的人，例如一向被羅馬天主教指為異端的希臘正教信徒，也是可以被當成奴隸買賣的；當然，最大的奴隸「產地」仍是那些未歸化基督教的地區。奴隸市場的主要被交易民族，在六世紀為盎格魯薩克遜人，九、十世紀則是東歐斯拉夫民族。

只是，隨著歐洲基督教的普及，奴隸的供應源開始有了減少。為了找尋奴隸的供應來源，十一世紀後，威尼斯人開始將觸角伸及黑海。但整體而言，在中世紀，奴隸仍是長期從歐洲流向非洲。

非洲的薩拉森人是主要的買主。部份奴隸被賣到後宮，大部份則被賣到軍隊，用以增強穆斯林的軍力。羅馬教皇和神聖羅馬帝國皇帝都曾經下令禁止販賣奴隸給異教徒，但理由與其說是人道，倒不如說是從軍事上著眼。只是，從布告一宣再宣的情況看來，約束的效力似乎有限。

另一項與奴隸同為威尼斯商人兩大貨物的木材，同樣也是銷售給非洲的穆斯林。地中海地區由於長期疏於養護，有段時期幾乎沒有木材，威尼斯因為背後就緊鄰大量木材的供應地，間接或直接地促使它成為造船業的先進國家。載滿奴隸和大量木材的威尼斯商船，想必就是這麼一路經過威尼斯灣，即亞德里亞海，往南行駛，朝著非洲挺進吧。

不過，中世紀的木材屬於軍需物資，羅馬教皇和神聖羅馬帝國皇帝都曾不止一次公告不得將木材出售給異教徒，但威尼斯商人似乎不予理會。

將木材和奴隸賣給北非的穆斯林後，收到金子、銀子的威尼斯商人便拿著這些「外匯」往君士坦丁堡去。在君士坦丁堡，威尼斯商人買的不是生活必需品，而是西歐人最想要的奢侈品，從香料、布匹、金銀手工藝品到寶石都有。這條威尼斯商人帶著上述貨物離開君士坦丁堡，返回威尼斯的航線，其實也正是他們主要的貿易路徑。這點從他們剛帶著貨物回到威尼斯，就馬上被等候多時的歐洲各地商人搶購一空，連卸貨時間都沒有的情景來看，並不令人意外。

東方文化至少在十四世紀以前，其實一直是較先進的。在威尼斯聖馬可教堂的祭壇背面，有塊叫做黃金屏（*Pala d'Oro*）的浮雕，金板上面嵌滿了寶石以及許多聖者的畫像。傳說訂製者是皮耶托·奧賽羅一世，所以應該是十世紀後期的作品無誤，就是一件專程叫君士坦丁堡的雕金師傅做的作品。

對於船隻，威尼斯人非常了解這正是自己國力的基礎。舉凡任何威尼斯人，老舊船隻除外，均不得將船隻賣給外國人。法律並且規定威尼斯人於購買船隻時，必須購買國內生產的。從九世紀到十七世紀為止，威尼斯的造船技術本來就比其他國家優越，要人民遵守第二項禁令因此並不困難。但如果被發現將船隻賣給外國人，可是會受到嚴厲的懲罰——材料可以出售，但成品可不能賣。

十三世紀末到十四世紀間的船隻結構與航行技術上的變革，在此暫時留待第六章〈對手熱那亞〉再談，這裡要談的是在那之前的情況。威尼斯的船隻從功能上可以區分成兩大類——帆船和槳帆船。

帆船一直是各個時代的典型商船。結構上的特色有：

第一、以帆為主力，沒有划槳，一旦碰上海風乍停，便只能耐心等待起風；進出港口時必須利用船上備好的小艇，將小艇放至海面，靠著小艇牽引。

船身從側面看過去呈圓形，長度約是寬度的三倍，感覺圓圓胖胖的，但若從主要的用途為載貨來看，做成這種形狀並不奇怪。

船上有兩、三根桅杆，帆的形狀是俗稱"lateen"的大三角帆。船頭和船尾加起來有兩處艦橋，船尾的一處是掌舵的地方。大型帆船的船尾艦橋可能有好幾層樓，最上頭一層是掌舵室，底下的船艙則是作為貴賓室。

桅杆上有瞭望臺作為偵察用途，萬一碰上作戰時，也可以作為攻擊的據點。甲板一般分為上、下兩層；上甲板供乘客和船員使用，下甲板則是放置貨物的地方。

威尼斯在朝聖「觀光事業」上向來屬於先進國，因此隨著商人、十字軍士兵和朝聖者需求的增加，這種帆船也愈造愈大，有的體積甚至大到年代記中以「浮行要塞」來記載。事實上，威尼斯所擁有的這種大型帆船也的確不辱其名 *"Roccaforte"*（要塞），大小可是足足有五百噸。

或許你覺得跟現代一萬噸級商船或動輒十萬噸級油輪相比，這些帆船好像微不足道，但是在十九世紀之前，五百噸級的船隻就已經算是艘大型船了；十八世紀英國東印度公司的船隻不過只比它大一點點，「五月花號」是一百八十噸，哥倫布的「聖馬利亞號」更只有一百噸。

中世紀要能擁有兩百噸級以上的大型船，除非是威尼斯或熱那亞這類活躍的海洋都市國家；至於「要塞」級的船艦，整個地中海據說也只有六艘，一二六〇年的記錄顯示威尼斯和熱那亞當時各擁有兩艘。換句話說，當時一般的大型商船指的應該是兩百噸級以上的船隻。

這種大型帆船一樣有兩個舵，形狀類似獨木舟的划槳，位於船尾兩側，以運轉機組與掌舵室相連。

每艘船上備有十到二十個大小不等的錨，搭配各自用途而連著長短不同的鏈子。這些錨同時也是船隻的重要財產，詳細情形將在第四章為各位作說明。

大型商船上有三根桅杆，其他船隻則有兩根。桅杆不是直立，而是稍向前方傾斜，上頭再斜架上帆桁。帆桁的長度與船隻幾乎相同，上頭安裝的帆就是剛才提過的大三角帆。

威尼斯人準備了大量的帆在船上，不過情形和我們熟悉的英國尼爾遜（Lord Nelson）海軍統帥時代的帆船有些不同。我們印象中一根桅杆上有數根帆桁，每根帆桁上又各綁著一面帆同時鼓風前進的情景，在此全部行不通。這個時代裡你只能看到：一根桅杆上只有一根帆桁，一根帆桁上也只有一面帆。船上之所以搭載這麼多船帆，除了是預防帆布破損時可以替換外，有時也會依用途的差異隨時作更換。舉例來說，當吹的是微風時，船員們會在前桅帆桁上綁上名為「阿提蒙內」的棉製大型薄帆，等快要轉變為暴風雨時則是降下帆桁（當時的帆桁並未固定在桅杆上），換上小型的厚帆，而帆和帆桁在停船時是捲在一起的。

古代所使用的四角帆，為什麼到了中世紀會變成三角帆呢？

不論古代或中世紀，地中海的自然條件都一樣，所以唯一的解釋就是技術改良的結果。四角帆也好，三角帆也罷，各有各的優缺點。先說四角帆吧，在順風時絕對優勢占盡，乘風鼓帆，飛速前進，但只要風勢轉為逆風，這時別說前進了，搞不好還會被吹到後頭呢。換句話說，四角帆適合在有定期、定向貿易風吹拂的大洋上航行，因為只要算準了順風的季節，就可以準備出海了。

三角帆雖然在順風時的速度比不上四角帆，卻也有它的優點：逆風時只要改採四十五度角鋸齒狀航行，便可繼續前進。地中海的風向善變，眾所周知，要在這樣的海上航行，比起沒有順風就無法駛出港的四角帆，三角帆的確要來得機動多了。

四角帆

斜掛大三角帆 (lateen)

現代遊艇使用的百慕達帆

不過，四角帆並沒有因此銷聲匿跡，只用四角帆的小船還是存在。一三〇〇年後，同一艘船上備有四角帆和三角帆的船隻開始出現。一來是考慮到順風時風力的徹底利用，二來也與此時跨越直布羅陀（Gibraltar）海峽出大西洋的貿易路線被開闢出來不無關係。

跟現代東西南北風的稱呼相比，那時候的名字可有意思多了（據說是以出了從亞德里亞海到地中海正中央一帶為基準點）。

北風稱做 *Tramontana*。是 *Trans Montagna* 的簡稱，意思是從山那一頭吹來的風。

東北風稱做 *Greco*。不用多說，指的當然是希臘。

東風稱為 *Levante*。意思是太陽升起的方位。一般稱呼東地中海為 *Levante* 之海。

東南風稱為 *Scirocco*。指的是從敘利亞方向吹來的風。

南風稱做 *Austro*。澳大利亞的國名由此而來。

西南風稱做 *Libeccio*。意思是從利比亞方向吹來的風。

西風稱做 *Ponente*。即太陽下沉的方向。

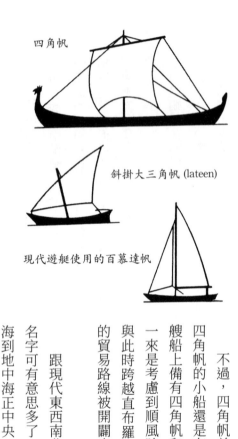

西北風稱為*Maestrale*。今日法國巴黎到尼斯之間的特快火車 Mistral，原義是羅馬方向吹來的風，不過由於古羅馬人向來又被稱為「全民族之師（*Maestro di Popoli*）」，簡略後便變成*Maestrale*，意思是：來自大師所在方位的風。

這個名字沿用至今，不光是漁夫，從一般人的日常會話到文學中仍然可見。

話題回到原先的帆船上。不論三角帆如何能在逆風時保持較大的機動性，一旦碰上風阻面積大的「要塞」級大型船，因為逆風而出不了港的情形，想必所在多有。這時船隻就不是愈大愈好了，所以才有一種名叫「塔瑞堤」的小型帆船出現；只有百噸級的話，就算是逆風也可以自由行動。

這種船隻只有一處艦橋，位於船尾的部份。甲板也只有一層。吃水線以上的部份不高，不適合用來作戰，大多是當成運輸船使用。另一種比這個體積稍大，叫做「烏西雷」的船，則是專門造來搬運馬匹，船身經過特殊設計，可以直接將馬匹從陸地上牽至艙底，在後來運送十字軍時發揮了極大功效。

一問起活躍於中世紀地中海世界的船隻，相信很多人馬上就聯想到槳帆船。也正因為它這麼出名，一般人都以為中世紀的船全是排槳船，而且船上全是以被鐵鏈鎖住的奴隸當划槳手，靠著划槳前進，其實這全是錯誤的觀念。

在帆船的說明部份，我想大家已經了解，威尼斯的船隻並非只有槳帆船，因為帆船的重要性從來就沒有減少過。

槳帆船的長為寬的八倍，比起船身長為寬度三倍，有時也稱做 *Cocca*（意為圓形船）的帆船，前者又名 *Nave Lunga*（長船）或是 *Nave Sottile*（細長船）。若以槳帆船寬度一般為五公尺來計算，船身的長度就是四十公尺，船尾處還有座艦橋。

桅杆通常只有一根。帆桁與船的長度相等，所以也是四十公尺。船帆用的是三角帆，和帆船的最大差別是備用帆只作破損時替換用，不須像帆船那樣必須準備好幾種不同的帆以防氣候轉變，因為即使碰上了惡劣的天候，槳帆船也只須將帆放下，改成划槳就行了。

相形於不管是吹順風還是逆風，總之一定要有風，否則便動彈不得的帆船來說，槳帆船受制於風的程度不僅小得多，行動自由，掌舵也簡單許多。由於槳帆船的船身構造低且細長，風阻小、速度快，有些據說甚至可達每小時四～六海里。

但槳帆船還是有它的缺點，像是載貨量不多，人事費用高昂，不適合拿來作商船等等；比帆船多出來的划槳手若不能找奴隸來充當，便只得雇用支薪的船員。

當時最常見的是一種名叫 Bireme 的槳帆船，甲板上每個板凳上坐著兩名划槳手，手中各持一根槳划水。後來的 Trireme 改良成三個人並排坐在一張板凳上，划槳手人手一根槳，以稍向海面突出的船緣固定部為支點。之所以固定在海面上而非船緣，主要是基於支點離手的位置愈遠，划槳手便愈省力的槓桿原理；這種方法在希臘時代就已經出現，威尼斯人只是加以改良而已。

如果以划槳手兩人一組，共二十七列，兩邊對稱來計算，一艘槳帆船上應該有一百零八名划槳手。「要塞」級大型帆船上的船員，號稱超過百人，但槳帆船上光是划槳手就有這麼多人，若再拿普通的兩百噸級大型帆船作比較，船上人數更只有這個數目的一半。而且這還是沒將槳帆船上另外需要的二十到四十名普通船員算入的結果，如果加上的話，一百五十人跟五十人的工資費用，中間的差距將更可觀。

槳帆船雖然主要是靠划槳前進，但連續划個十小時的重勞動，實在不是等閒之事，後人經常可在槳帆船的航海記錄中看到喜遇吉風的記載，更加證明此言不假。我總覺得槳就好比是今日遊艇上的馬達，能以帆航行時就善用之，划槳手則趁此時將槳以略高於水平的角度固定，稍事休息，等到要進出港口時，再改用槳作動力（此時用划的比操作船帆容易）。就算遇到海上不時出現的海風乍停的情形，槳帆船的應變能力按理也比較強。海風乍停，好幾天一絲風也不刮的情形，遠比人們想像中多，翻閱帆船的航海日誌，其中便不乏因為無風而一連數日在海上漂流的記載。即使情況不見得每次都這麼糟，但清晨和日落前海上無風的現象，相信只要在海上住過的人都曾體會。

在將這些優缺點作過綜合評估後，槳帆船在可靠性上的確要好過帆船。威尼斯商人素以與貿易伙伴維持長久關係為第一要件，能夠擬定航海行程的槳帆船，自然有其作為商船的存在價值，尤其適合航行在風向複雜、地勢詭譎的地中海上。雖然它還有個缺點是必須經常停靠港口進行補給，但由於當時是個只能靠簡單航海圖、指南針，以及肉眼目視航行，連大型帆船都盡量避開夜間航行的時代，所以也不算是個致命傷。畢竟，羅盤的使用是在十四世紀以後的事。

槳帆船真正發揮它的存在價值是在軍事用途上。不管是人事費用過高或是貨物裝不多等，此時都不是問題。其實，槳帆船的開發原就是為了作軍艦使用，它的最大優點是在碰到敵人時，只要放下風帆全力划槳，不但可以不受風力左右，舵也容易掌控。一旦遇上對方不是槳帆船，那麼要不要展開作戰，全憑我方作主。

如果決定戰鬥，那麼尖而長的船首便可化作武器，穿破敵人船腹。這時還沒有大砲，海戰靠的是船隻互撞，士兵在甲板上短兵相接，以人多的一方較有利。威尼斯槳帆船的划槳手也被列為戰鬥員，這是一項優勢，但也意味著不能用奴隸充當划槳手。

軍用槳帆船的划槳手是這麼募集來的：威尼斯六十多個教區中，都會將所有二十歲到六十歲的男子名字登記成冊，每十二人一隊，小隊中由誰出任該次軍事任務則由成員自行決定。在選出人選之後，其餘的十一名隊員必須各出一里拉，再加上國家支付的五里拉，這名出任軍務者共可獲得十六里拉的薪資。如果有特殊因素無法出任務，他也可以拿出六里拉請其他成員替代；這就是當時的兵役。

上述是軍艦的情形。商船的話，則清一色是為了賺取薪水而來的職業工人。威尼斯由於人口稀少，不敷需求，船員中有不少是來自友邦或領地的人民。除了威尼斯以外，熱那亞、比薩

(Pisa) 也是以自由民充當槳帆船的划槳手，所持的理由和威尼斯相同。至於那些會以鐵鏈鎖住奴隸或俘虜，命令他們划船的，主要是穆斯林和海盜們的勾當。

威尼斯要求船上船員均有武裝的義務。不只專業騎士要作戰，水手和划槳手同樣得帶著輕便的武器登船；划槳手們所坐的板凳之所以不設在可遮風避雨的下甲板，而是選在條件較差的上甲板，目的就是為了一旦發生戰鬥時，划槳手可以隨時化身為武裝部隊，先以槳划向敵船，等到接近之後再將槳綁好，手持斧劍襲擊。當然，在我方划槳朝敵船駛近時，難保不會有被敵船的飛箭射中的危險，所以在進入戰鬥狀態的槳帆船船緣上通常會擺上盾牌保護划槳手，以防遭到敵人的飛箭攻擊。

除了劍、斧、槍、弓箭等武器外，還有一種是朝著敵人丟去的釘滿尖釘的方木材。肥皂水也是一項重要武器。用法是把肥皂水朝敵船上潑，讓敵船的甲板滑不溜丟，使敵兵站不穩。光是想像這些全副武裝的大男人們在滿是肥皂水的甲板上跌跌撞撞的模樣，就讓人忍俊不住，但這可不是我在說笑，而是千真萬確的史實。

在威尼斯共和國，軍艦和商船的界線很難區分，不僅十到十三世紀如此，直到十八世紀末和國滅亡為止，情形一直都是這樣。

就算勉強把槳帆船歸類為軍艦，帆船歸為商船，但那也只是基於槳帆船比較適合軍事用途，帆船比較適合作商船使用而已。事實上既有拿槳帆船作商船用的例子，就連不適合作戰的帆船，在作運輸船使用時，都可算是稱職的軍艦。換言之，也許只要是裝載了商品航向目的地的船隻，都可以稱做商船吧。

這點從威尼斯所處的現實來看，其實也是必然的做法。一遇突發事件，艦隊立即從威尼斯或其他基地出動，必要時亦會對在附近巡邏的艦隊下達動員令；威尼斯商船如果正巧也在附近的海域航行，同樣可能接到向指定港口報到的命令。這是個連商船也須自衛武裝的時代，乍看之下彷彿匆促成軍的隊伍，其實是支井然有序的艦隊。

威尼斯共和國對於這一切其實早有預料，所以不論是軍艦或商船，從船隻的大小到武裝程度、船員的人數與載貨量、航海期間到大致的航線等，一直都是由共和政府指定，而且管制得極為嚴格。

當然，當時專供軍事用途的船隻還是存在。只是這些純軍事用船和其他槳帆船的差別，既不在船隻的構造，船員也不是全部隸屬威尼斯海軍，只是船員的人數比商船多而已。因為，雖然是海上的戰爭，但實際靠的還是短兵相接，士兵的人數多寡決定了戰局，軍艦當然得多載些人手；包括划槳手在內的戰鬥成員如果少於六十名，就算是艘槳帆船，也不會被當成軍艦看待。在船上開始安裝大砲之前，所謂的軍艦就是由船員的人數決定。這些由軍艦和商船組成的艦隊，在行動時均須一律服從艦隊指揮官，也就是海軍統帥的指揮。

威尼斯共和國，如同在第一章建國篇中所敘述的，國家的決策具有非常大的效力，其強勢的「行政指導」作風在其他國家找不出第二例。這也使得別的國家人民不免好奇，威尼斯人民為什麼能忍受，甚至不抱怨呢？

其實，這是由於大部份威尼斯人都知道，本身的利益和國家利益一致，而且對於威尼斯的統治階級，即大商人們所精心設計、實施的公平執法與利益公正（不是平等）分配，並無不滿的緣故吧。在位者若僅一味從上施壓，在威尼斯共和國一千多年的歷史中，就不可能只發生過兩次反政府運動和享有同時代其他國家所沒有的國內安定了。

我們可以將元首奧賽羅二世打下的政策基礎歸納為三大項。

首先是海上「高速公路」的興建。第二是保持獨立，不臣屬東西方強國。第三則是藉由接手東方強國拜占庭帝國的防衛工作，擔負起亞德里亞海「警察」的角色。

這些政策從一〇〇〇年前後，元首奧賽羅二世的時代起開始執行，到第四次十字軍東征，第三項方針改弦易轍的兩百年間，一直是威尼斯共和國政治外交上的基本方針。是否要固守，抑或加以改變，全憑在經濟發展這個宏觀的天秤上，結果是利或弊來決定。

國之初，始於言（語言）。但在威尼斯共和國卻是——

國之初，始於商（交易）。

威尼斯人是中世紀的「經濟動物」。不過這群「經濟動物」似乎對此一點也不感自卑。或許是威尼斯人了解，交易要想運作得有效率，舉凡在政治、外交和軍事各方面都得用上各種非常細微的技巧吧。而這種 *arte*（能力）與留下作品的 *arte*（藝術），就才華而言，絲毫不遜色。在「國之初，始於商」這個大原則下，威尼斯共和國存活了一千多年。

海上的「高速公路」給威尼斯的商業帶來了許多好處，像是安全性、可靠性，以及節省時間後所獲得的速度提升。所有因建設與運用「高速公路」所需的人力物力犧牲，在威尼斯人眼中似乎都成了為了威尼斯的商業發展，或說是共和國整體利益的「必要經費」。其他海事國家雖然也不輸威尼斯對基地確保的熱衷，但是能像威尼斯共和國一樣秉持一貫計畫堅持推行的國家，卻找不到第二個。

就連不贊同威尼斯共和國做法的人，也都稱讚威尼斯人以自身鮮血捍衛國家的獨立與自由。現代西歐的歷史學家們，更有不少人抱持如此看法。

只是，不知道中世紀的威尼斯人如果聽到這些人的讚賞，究竟會作何表情？因為當這些人在談獨立、自由時，往往是出自意識型態，而中世紀的威尼斯人之所以貫徹獨立和自由，卻只是因為與自己利益密切相關。在閱讀威尼斯人的文字時，你會發現他們很少提到獨立和自由這兩個詞，也許是他們不是那種喜歡大聲疾呼獨立、自由的民族吧，不過，為了捍衛獨立與自由，他們確實吃了不少苦，而且也的確固守住了。歷史中不乏許多標榜意識型態，但一旦身處困境卻又輕易捨棄原先高尚意識型態的例子。相形之下，威尼斯人的執著更顯特殊。因為對自己有利，所以去做，可能比理論上覺得應該如何做的教條，更要來得堅固！不絕對依附東西方兩強，貫徹獨立與自由的威尼斯人，也因此從中獲得了許多利益。

威尼斯地理上接近西歐，形式上卻隸屬拜占庭帝國，所以就算神聖羅馬帝國皇帝有意，也不能將威尼斯視為自己的領土。反之，羅馬天主教教會同樣也無法以威尼斯人是天主教徒為由，強迫他們一切服從教皇的做法。威尼斯以非希臘正教教徒身份臣屬於東邊帝國的作法，也使得他們免於了被捲入中世紀教皇和皇帝的洶湧爭戰中。

起源於兩個意識型態間的爭執，最後卻演變為人與人之間的意氣之爭。保皇黨與教皇黨的人馬，不是各自認為皇帝說得對或是教皇說得對而選邊站，真正的實情是，加入教皇黨，不過是因為平時討厭的人是保皇黨而已。由於紛爭不僅發生在國與國之間，各個國家內部也是勃谿頻起，幾無平息的徵兆，受害地區甚至遠達佛羅倫斯，整個義大利唯一倖免的幾乎只剩下威尼斯——從國力的有效運用而言，這真是一項幸運的選擇。

不過，地理位置鄰近以及宗教信仰相同等因素，也令威尼斯無法隔岸觀火。威尼斯共和國決定攬起調停者的角色，畢竟做生意嘛，沒有戰爭的地方，總比發生戰爭的地方容易多了。

一一七七年，威尼斯邀請了當時神聖羅馬帝國皇帝腓特烈一世和教皇亞歷山大三世到威尼斯，由元首茲亞尼 (Sebastiano Ziani) 出面調停，簽訂和平協議。這場名為意識型態，實為利益糾葛的衝突，當然不可能因為一紙條約的簽訂就全面停火，但是卻有將威尼斯對哪一方均無惡意的立場傳達給雙方認同的效果，也因此確保了威尼斯商人的通商自由將不會受到侵犯。

其實威尼斯人真正在乎的是與東方拜占庭帝國之間的關係，這也是威尼斯商業的主力。當初拜占庭在給予威尼斯商人特權的同時，也要求威尼斯共和國代為防禦帝國的西邊疆土，這種關係從十一世紀開始，維持了近兩百年。

一〇〇〇年時，威尼斯人面對的是斯拉夫和薩拉森的海盜，到了一〇八一年，對手則變成了征服南義大利到西西里一帶的諾曼人。

這些來自諾曼第 (Normandy)，征服南義大利的民族，不斷地從故鄉呼朋引伴，人數雖然不多，但不僅軍事能力優越，統治能力也相當了得。他們其中的一支後來渡海到英國，把那邊給征服了。在西西里的諾曼人也同樣不以征服南義大利為滿足，他們奢望的是征服拜占庭帝國。

拜占庭帝國疆域的西境為希臘西岸，諾曼人從統治下的亞德里亞海西岸城市巴利 (Bari)，渡過亞德里亞海出口附近的狹窄海面，在對岸現今為阿爾巴尼亞領土的杜拉索 (Durazzo) 上岸。從杜拉索到君士坦丁堡，有條橫越希臘國境近乎筆直、建造於羅馬時代的伊尼茲亞古道，以往凱撒追擊龐培時就是循這條路；當年屋大維和安東尼聯軍與布魯圖斯大戰的菲利比原野，也是在這條大道旁。年久失修雖然使這條路在中世紀時不復以往，但是沿途沒有任何障礙可以攔阻飛將率領麾下勇軍推進的這件事實，卻同樣具有威脅性。皇帝於是派人送信給元首，下令威尼斯阻斷從杜拉索登陸的諾曼軍。

其實用不著拜占庭帝國請求，威尼斯軍隊想必早有動作。這些諾曼軍隊的動向對威尼斯非同小可，如果亞德里亞海出口處狹窄的地區都被同一個國家給占領了，那威尼斯豈不成了袋中的老鼠！這也是日後威尼斯決定自己占領兩岸的原因。

不過，接獲皇帝請求的共和國政府卻對這件事隻字不提，反倒要求拜占庭帝國支付出動海軍的代價。條件包括：威尼斯可以把商業據點設在君士坦丁堡，以及威尼斯商人和拜占庭商人享受同等待遇兩項。皇帝只要一想到敵軍即將在大道那頭揚起飛塵就寢食難安，這會兒自然沒有其他選擇。艦隊從威尼斯港駛出。這場杜拉索攻防戰是威尼斯首次真正的戰爭，激戰的結果由威尼斯取得勝利，身處君士坦丁堡的皇帝想必直到這時才放下心中的大石吧。

比起一〇〇〇年威尼斯人擔任「警察」角色對付海盜時的報酬（進出港口費用近乎減半的優惠），這回討伐諾曼人所獲得的，才真正叫做特權。

拜占庭帝國皇帝允許威尼斯商人在拜占庭帝國領土內享有全面的通商自由，涵蓋的範圍包括色雷斯（Thrace）、馬其頓（Macedonia）、希臘，以及從小亞細亞到敘利亞的整個東地中海區域。在這些區域中，威尼斯商人獲准享有與拜占庭商人同等的關稅全免待遇。

優惠還不只這些。皇帝同時准許威尼斯人在君士坦丁堡的中心，即金角灣（Golden Horn）沿岸設置威尼斯人居留區。那裡不僅有商店、倉庫和領事館，甚至還有威尼斯船專用的碼頭。

當然，居留區內也可享有治外法權。以一〇八二年為分水嶺，威尼斯「商社」的分公司，開始陸續在君士坦丁堡出現。

威尼斯船隻的航路不再侷限於以往從威尼斯到東方、東方到威尼斯的既定路線。查看當時威尼斯商船的航海記錄可以發現，許多商船是以君士坦丁堡為基地，從黑海一帶經敘利亞前往埃及，最後再循原路回航。顯然，威尼斯商船已經沒有必要次次返回祖國，而這也成為威尼斯商業飛躍發展的基石。當時在君士坦丁堡的威尼斯人號稱有一萬名，以祖國包括婦孺在內僅約十萬的人口數來看，每三名威尼斯成年男子中，可以說就有一人是以君士坦丁堡為根據地，努力經商買賣。由於君士坦丁堡作為威尼斯商業根據地是如此重要，後來威尼斯政府對君士坦丁堡的動向變得尤其敏感，自是不難理解。

這也解釋了為何在十一世紀末開始吹起十字軍東征的西潮時，威尼斯共和國最初採取的就是觀望的態度。一方面固然是顧忌到拜占庭帝國的不信任，不過最主要的還是一與從拜占庭帝國所獲得的特權相比，參加十字軍所能獲得的利益實在是微乎其微，說得更明白些就是——不划算。

不過，有人受益，難免就有人受害。尤其在那個不會為全體謀最大利益、力量至上、你不殺人，人會殺你的時代。

受威尼斯商人活躍傷害最直接的就是，以君士坦丁堡為根據地的拜占庭商人。以往由於待遇有別，而且一個買一個賣，雙方關係不至於成問題。但今後就不同了，威尼斯商人已經變成強有力的競爭對手，尤其在威尼斯一貫的「行政指導」原則下，威尼斯商人有國家作為強力後盾，這對拜占庭商人來說，簡直是威尼斯商人集結攻來，氣憤自然不在話下。商人們的不滿情緒，正巧和開始後悔付出過高代價的皇帝不謀而合，加上被死對頭威尼斯超前，亟思趕上的熱那亞和比薩這兩個海洋都市國家適時的「建言」，拜占庭帝國皇帝於是開始放出不繼續承認特權的風聲，甚至打算將原先威尼斯享有的權益，授與義大利海事國家中最弱小的比薩。

一〇九九年，打著十字軍艦隊旗號的威尼斯艦隊南下亞德里亞海，朝東前進，到了羅德斯(Rhodes)下錨後，即不見有繼續前往巴勒斯坦的跡象。船隊用了許多時間在附近島嶼探訪、收集聖者遺骸，就是不打算採取行動；當時的巴勒斯坦正處於第一次十字軍東征的苦戰中。此時有消息傳來，比薩艦隊正在愛琴海(Aegean)上集結。負責十字軍海上補給的比薩艦隊的主力似乎打算與祖國來的援軍在此會合，威尼斯艦隊這時出動了，但不是朝著巴勒斯坦，而是與巴勒斯坦相反的方向——愛琴海。等到威尼斯艦隊朝著巴勒斯坦前進時，已是在殲滅了比薩艦隊，也是受驚嚇的拜占庭皇帝趕忙再次確認威尼斯的既有權力之後。

當威尼斯艦隊出現在雅法（Jaffa；今日的特拉維夫 Tel Aviv-Yafo）的海面上時，比薩和熱那亞艦隊早已抵達，而且十字軍正陷入苦戰。由於威尼斯艦上載有最新型的攻城武器，十字軍大將布利昂於是要求威尼斯艦隊加入戰鬥，條件是基督徒占領的巴勒斯坦區域將全面保障威尼斯的商業自由。最後，威尼斯艦隊不僅攻擊了雅法，獲勝後並且又參加了海法戰役。

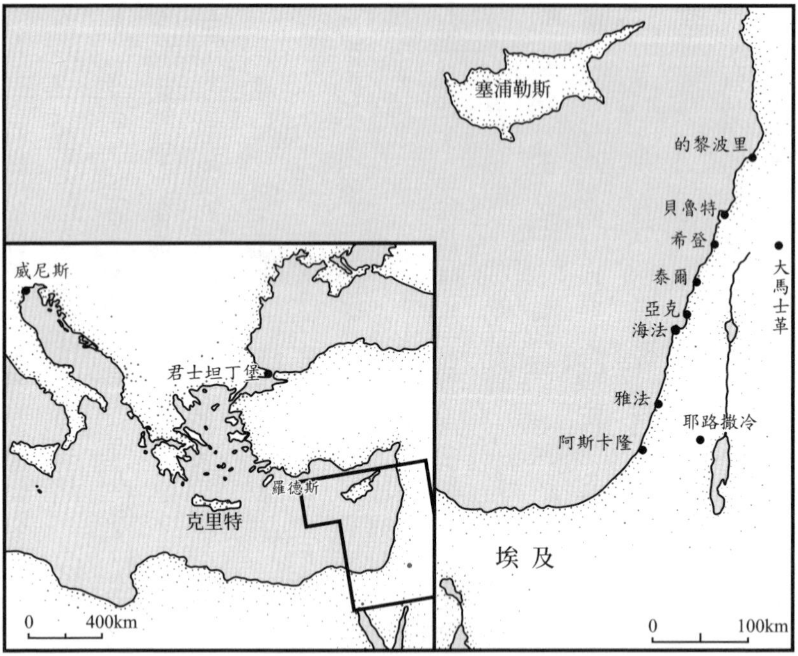

巴勒斯坦地區

一年半後，回到威尼斯的艦隊帶回了「禮物」：敘利亞、巴勒斯坦的各個城市依照外國法所給予的設立商業基地的許可。這次戰役也使得威尼斯得以與死對頭，即利用擔任十字軍海上補給之便，搶先一步在巴勒斯坦地區拓展商業基地的熱那亞和比薩兩國，在這個地方並駕齊驅，一如他們在其他地方一樣。

一抓到機會便不停加強，直到完全占有，此乃威尼斯共和國的一貫手法，不過這次卻不同。威尼斯在確保了中近東的立足之地後，有整整二十年的期間未進一步涉足。不是不去，而是沒有辦法去——為了阻止匈牙利王當時對征服亞德里亞海西岸的野心，威尼斯共和國總共花了二十年的光陰。匈牙利王不僅與拜占庭皇帝有親戚關係，又受過基督教的洗禮，與羅馬教會維持良好的關係，對付他可不比應付一般的海盜。面對這樣一個勁敵，威尼斯守護起「高速公路」自是備感吃力，何況還有威尼斯與諾曼王（當時已進逼到亞德里亞海出口附近）之間打打停停的戰役干擾，直到制住這兩個心頭大患之後，威尼斯才有餘力去注意巴勒斯坦。

一一二三年，由四十艘槳帆船、二十八艘帆船、四艘大型商船組成的威尼斯艦隊在元首密西爾 (Domenico Michiel) 的指揮下，駛離威尼斯。船隊穿越亞德里亞海，通過愛琴海，來到雅法前方的海域時，時序已經進入夏季。那時的雅法因為埃及的伊斯蘭軍隊轉為攻勢，已經承受了好一陣子來自海陸雙方的攻擊。

在威尼斯艦隊抵達之前，雅法其實已經解圍。也就是說，威尼斯艦隊只要擔任海上警戒，防止敵人隨時攻擊就好。但元首並沒有讓鬥志高昂的士兵們休息，他決定立即追蹤埃及艦隊。依他推斷，埃及艦隊一定是開往埃及占領的阿斯卡隆港 (Ascalon)。

為了怕敵人得知後頭有艦隊追蹤而逃逸，威尼斯艦隊偽裝成運輸船隊，前面由四艘大型槳帆船帶頭，好讓敵方誤認是搭載了朝聖者的商船隊。巡禮船上通常載有許多有錢人，而這一向是穆斯林眼中的最佳獵物。

果然，原本已經接近阿斯卡隆港，正打算進港的埃及艦隊在看見晨霧彼方的四艘大型商船後，又折返了回來。當晨霧散去後，折返的埃及艦隊這時才發覺大型商船的背後竟然列了四十艘軍艦，措手不及的埃及艦隊連逃命的機會都沒有，一下子就被捲進海戰。戰爭最後就在元首搭乘的旗艦以其槳帆船特有的尖銳船頭，刺穿敵方旗艦的船腹使其沉沒後，由威尼斯艦隊大獲全勝。傳聞當時方圓兩英里內的海面一片血染通紅，由此可以想像當時戰役之慘烈。

不過，事情並沒有就此結束。徹底擊潰埃及艦隊之後，威尼斯艦隊繼續揮軍南下，航行途中恰巧遇上了正駛向阿斯卡隆港的埃及商船隊伍。這回的擄獲輕而易舉，金、銀、胡椒、肉桂等大量的貨物當然也都被奪了過來。

士氣、物質上都獲得滿足的威尼斯艦隊接著揮師北上，與十字軍會合，打算共同進攻泰爾(Tyre)。第二年，也就是一一二四年，泰爾陷落之後，阿斯卡隆港以北便再也沒有穆斯林占領的港口了。換句話說，耶路撒冷(Jerusalem)王國的所有港口此時全都順理成章成了安全港。

威尼斯由亞德里亞海的女王逐漸蛻變為東地中海的女王，在這一帶能夠跟威尼斯海軍分庭抗禮的，可以說只剩下熱那亞而已。

縱使威尼斯共和國此時並無完全脫離拜占庭帝國的打算，但是對拜占庭皇帝而言，原本只是要威尼斯代為防禦西方的，現在威尼斯變得如此強大，實在不是他所樂見，但偏偏帝國又不能沒有威尼斯海軍的護衛，即使想要換掉威尼斯，不管是熱那亞還是比薩，全都為了爭奪科西加島(Corsica)，根本無暇他顧。

所以就算百般不願意，拜占庭皇帝仍舊只能繼續承認他賜予威尼斯人的特權。不過，威尼斯人倒也以行動向世人證明，他們確實是支與沒有實利可圖的霸權主義絕緣的民族。

威尼斯人在拜占庭帝國疆域內幾乎享有全面自由——唯獨克里特 (Crete) 和塞浦勒斯 (Cyprus) 除外。從日後威尼斯人欲將東地中海地區據為己有時，一開始就鎖定這兩座島，並且在獲得後不計代價都要守住的堅持度來看，這兩座島之於東地中海的戰略地位不言而喻。

拜占庭帝國與威尼斯共和國之間微妙的關係，在一一七〇年前夕終於宣告破裂，而導火線正是威尼斯過份強大的政治、經濟，以及軍事能力。

一一六八年，為了反抗皇帝遲遲不願繼續承認應給的特權，元首米凱 (Vitale Michieli) 下令禁止威尼斯商人在君士坦丁堡的所有商業活動。兩年後的一一七〇年，改變心意的皇帝和元首之間達成和解，威尼斯人再度出現在君士坦丁堡。

不過，只隔了一年，一一七一年，由於皇位換人，君士坦丁堡發生激烈的排擠威尼斯運動，受皇帝私下煽動的賤民暴動迅速蔓延。威尼斯居留區慘遭破壞，停泊在港口的威尼斯商船遭縱火焚毀，不少住在君士坦丁堡的威尼斯人遭皇帝爪牙綁走，被當成人質拘禁起來，有些甚至遭到殺害。萬幸能夠從君士坦丁堡搭船逃離的人，也得先在敘利亞各城市中避難一陣子之後，才能逃回祖國。不用說，兩國因此斷交。

接下來的二十年間，君士坦丁堡再也看不到威尼斯商人的蹤影。威尼斯將貿易主力轉移到敘利亞、巴勒斯坦和埃及，一方面以這些地方作為拓展生意的據點，一方面也以無比的耐力從事外交，努力改善與拜占庭帝國之間的關係。一一九〇年，成果終於展現，威尼斯商人終於又可以在君士坦丁堡從事商業活動。但威尼斯共和國也清楚，與拜占庭帝國以往那種友好的關係不可能永遠維持，也就是從這個時候起，威尼斯人開始思考與拜占庭劃清界線的可能性，一如他們原先就有的覺察，像現在這種曖昧不定的關係必須一次做個了結。

這時的西歐也同樣處於一片低迷的狀態。一一四七年的第二次十字軍沒能成功，一一八七年薩拉丁（Saladin，編按：埃及蘇丹）再次占領耶路撒冷。隔年一一八八年所發起的第三次十字軍儘管聲勢浩大，但結果除了獅心理查(Richard I)的英雄事蹟流傳外，整次十字軍東征甚至被譏為可有可無。西歐的騎士們大感顏面掃地，早就決定要有番作為。

這兩股潮流正巧交會。一二〇四年的第四次十字軍，就是它的交會點。

這是一齣由威尼斯自編、自導、自演的大戲。所憑藉的，當然是「國之初，始於商」的原則。

第三章

第四次十字軍

先做威尼斯國民，再做基督徒。

幾年前，曾經有人這麼問我：「不論是個人或國家，為什麼現實主義者總是受人嫌惡呢？」

當然，發問者與我之間不須事前給現實主義下個定義。對我們兩人來說，所謂的現實主義，並非與現實妥協，而是與現實抗爭後，開拓出生路的一種生活方式。

當時我無法回答他的問題。但現在，我覺得我好像有了答案。

現實主義者之所以遭人嫌惡，是因為嘴上即使不明說，但藉由他們的行動卻將一個事實攤露在白晝下，那就是：理想主義其實是非常滑稽的，因為這些人的所思、所為對於他們理想的實現，最是不合適。

自認為理想主義者的人，雖沒有聰明到了解自己做法上的錯誤，但對自己被別人當成笑話，或是自認最佳的方式卻一點預期效果也沒有的事實，倒不至於笨到察覺不出，所以才會對如此做的現實主義者盈生憎恨。理想主義者愛敵方的理想主義者，往往更甚於愛友方的現實主義者。現實主義者會受人厭惡，只能說是宿命所致。

誰是第四次十字軍的罪人？從高中的西洋史教科書，到十字軍研究的世界權威魯西曼，均一致認為是威尼斯共和國。但除非他們能夠了解「真正的理想主義，唯有孕育自現實主義」……。

故事開始於一一九八年。那一年，法國騎士精神的重鎮香檳區 (Champagne) 城裡，舉辦了馬上刺槍大賽。

主人是二十二歲的香檳伯爵提勃，主客也是位年輕人，年僅二十七歲的布羅亞伯爵路易。兩位公子同時都是法王腓力・奧古斯都 (Philippe II Auguste) 和英王獅心理查的外甥。腓力・奧古斯都和獅心理查都是十年前第三次十字軍的統帥，這場馬上刺槍大賽，就是以這兩位兼具貴族血統與十字軍傳統，出身名門中名門的年輕騎士為核心展開。不難想見，當時出席的法國騎士必定是濟濟一堂。

比賽結束後，一名傳教士出現在仍沉迷於興奮狀態下的騎士面前。他是前一年羅馬教皇英諾森三世 (Innocent III) 為了推動十字軍東征，當時任命布道的教士。在他激昂的演說下，要想鼓動眼前這群剛比完武還處於興奮狀態的騎士們，根本是輕而易舉。

首先是香檳伯爵宣誓參加十字軍的遠征，布羅亞伯爵同時站起宣誓，接著是三十名封建諸侯和騎士們紛紛效法。快馬信差被派到了布魯日 (Bruges)，為的是遊說當時人正在布魯日的香檳伯爵的姊夫，法蘭德斯伯爵鮑德溫。在接受遊說之後，同樣不過二十七啷噹歲的法蘭德斯伯爵也和他的胞弟亨利一同誓師加入了十字軍;連同加入的人，另外還有將近四十名的騎士。

有關這七十多名封建諸侯和騎士的名字，今日我們都可以在香檳伯爵的愛將喬佛瑞・維拉哈都因 (Geoffroi de Villehardouin) 樸實而生動的年代記中找到。他是第四次十字軍東征全程的見證者，看看他筆下每一個人名，只要是熟悉中世法國史的人相信都能了解，西歐騎士中所有叫得出名號的人全都齊聚一堂了。凡小有名氣者，全在香檳伯爵的邀請之列，沒有一位拒絕加入遠征軍。

幾個月後，宣誓參加十字軍的人員齊聚史瓦松（Soissons），大夥兒在此決議遠征應於何時出發、走什麼路線等事宜。

但是，一遇上實際議題，騎士們便意見分歧，始終沒有定論。最後只好由眾人中選出六名代表負責全權處理，他們的決定也就等於眾人的決定。這六名代表分別是兩名香檳伯爵代表、兩名布羅亞伯爵代表和兩名法蘭德斯伯爵代表；香檳伯爵代表中的其中一位就是前面提到的愛將維拉哈都因。同時，匯集在史瓦松的騎士們也通過了立即將自己這項「壯舉」向羅馬教皇報告的決議。

教皇英諾森三世接獲了這個消息，非常滿意。才三十多歲，被後世歷史學家認為是將教皇權力推到頂峰的英諾森三世，心裡十分清楚，十字軍運動對於提升羅馬天主教的權威有著不小貢獻。但自從第一次十字軍成功後，第二、三次十字軍接連失敗的事實，他也不是盲目不明。為什麼僅憑一群精力過剩的雜牌騎士和百姓，連半個諸侯都沒有的第一次十字軍能夠打贏，而第二、三次囊括了皇帝、國王等熠熠巨星的十字軍卻吃了敗仗呢？教皇認為這全是皇帝、國王的欲望和嫉妒心作祟使然。這次由法國騎士組成的十字軍雖然少了皇帝、國王的參與，但由層級僅次一等的有力諸侯和騎士們領軍，不但在號召力上不遜色，在認定皇帝、國王等最好不要參加的教皇眼裡，也成了最佳組合。至於教皇認定的另一項敗因，即不同種族的參與的缺點，也由於此次參與遠征計畫的日耳曼人和義大利人僅占少數，主力仍是法國人而得以化解。換句話說，在所有能想像到的方案中，這次十字軍都是最理想的。教皇透過傳教士在歐洲各地宣傳，凡參加這次十字軍東征一年以上的人，無論犯了什麼罪都可獲得赦免——中世紀的基督教與其說是談愛的宗教，不如說是以恐懼束縛人心的宗教。對中世紀的人而言，沒有什麼比赦免更能帶來心靈解脫的了。

六名接受全權委託解決現實問題的代表，在經過審慎的討論之後，達成了以下結論：

一、十字軍東征的目的地為埃及開羅——這是採納獅心理查的看法。他覺得要從穆斯林手中奪回耶路撒冷，並且一勞永逸的方法，唯有直搗黃龍，攻擊穆斯林的根據地埃及。

二、遠征路線採海路——因為陸路既遙遠又危險，這一點大家倒是都沒意見。

三、十字軍部隊的所有運輸工作，將委託威尼斯共和國進行。

以往十字軍東征的海上運輸主要是委託熱那亞或比薩，但那是因為前幾次的運輸量比較小，以這次的大軍若要全部委託一個國家擔任，代表們一致認為，必須要找海運能力最強的國家，也就是威尼斯。

六名使者立即被派往威尼斯，時間是一二〇一年五月。

當時威尼斯共和國在任的元首是安利科．丹多羅(Enrico Dandolo)。這位在六名使節眼中已屆八十高齡且近乎目盲的元首，其實是位思慮縝密、行動果斷的大人物。

「諸位使節，我已經看過無冕階級中地位最高的諸侯，也就是派遣各位前來的大諸侯們的信了，信中提到你們所說和所作的決議，也就等於他們的意思。請問，你們有什麼要求嗎？」

「希望閣下能夠召開內閣會議，如果可以的話，最好在明天舉行，我等將在會議中傳達主人的意向。」

元首回答明天的時間來不及，但是四天後可以。

這不禁讓我覺得從這刻起，威尼斯就展開了心理作戰。為什麼這麼說呢？按理說，大事發生，都是當晚立即召開內閣會議，哪有人延到隔天的。這些法國人們想必是一分一秒地數著，等候四天過去。

約定的日子終於來到，使節們被帶入金碧輝煌的元首官邸。上自元首下至內政、外交主管官員，全在議會廳裡等候使節的前來。

「閣下，我們是法國最具權威的諸侯派來的使者。我們的主君對著十字架立誓，若是眾神企盼，我們將洗雪耶穌基督所受的恥辱，收復耶路撒冷。

我們深知，在場的各位以及貴國人民擁有他人不及的海上力量。在此衷心期盼各位能發揮慈悲之心，協助我們洗雪加諸海洋對岸與基督身上所受的恥辱。」

元首問道：「用什麼方法呢？」

使節們回答：「什麼方法都行。」

法國使節們其實是希望利用威尼斯的船隻運輸十字軍，當然還包括開動船隻所需的技術船員，以及航海中必備的糧食等。

元首在聽完使者的要求後說道：「雖然這是一項神聖的使命，但是你們委託我們的實在是一項大工程。能否容我們在八天後，在這裡給各位答覆呢？」

八天後，使節們按照約定，再次前往元首官邸。

「諸位使節們，我們已經決定接受你們的委託，不過這項決定還須經過大審議會和人民大會的同意才算數。」

元首接著又說：「我們會依照你們所提的數字，提供能夠輸送四千五百名騎士和兩萬名步兵的船隻，以及搬運四千五百匹馬和九千名馬夫的平底船。當然，合約中也將包含這些人和馬匹所需的食糧。

我方會以低廉的價格供應，馬匹一頭是四馬克，每個人是兩馬克。合約中，我方的義務是保證提供以上物資給十字軍，時間從威尼斯港口出發後算起為期一年，費用總計八萬五千馬克。」

如果各位認為中世紀的馬克和現代馬克一樣都是強勢貨幣，那就錯了。在此先作個說明。這時的馬克，指的是日耳曼神聖羅馬帝國的銀幣馬克，當時並不是最強勢的貨幣。這場法國與義大利威尼斯之間進行的雙邊貿易，不管是用法國貨幣、威尼斯貨幣，甚或是其他貨幣支付其實都無所謂，選擇馬克只是一個衡量標準而已。

若有歷史學家認為威尼斯索價太高，那絕對是把商人都當成專謀暴利的偏見作祟。十年前，熱那亞與法王腓力二世簽訂的合約中，載運兩匹馬和三個人，以及八個月的飼養費用，索價九馬克。對照之下，威尼斯人的合約不僅時間長達一年，比起腓力二世當時要求運送的六百五十名騎士和一千三百名馬夫，這次法國騎士所委託的人員和馬匹數目全都多上許多。

四千五百名騎士——六百五十名騎士

九千名馬夫——一千三百名馬夫

兩萬人的步兵——零

四千五百匹馬——一千兩百匹馬

從數字上便一目了然。熱那亞當初可能不須另造新船，但威尼斯卻不僅商船得總動員，就連運送馬匹的特製平底船，想必也得大量打造才行。

換句話說，這樣的價格絕對稱不上昂貴。大多數的學者也認為威尼斯提出的數字是當時的「行情」，即使在那個時代幣值並不經常變動。

根據合約中的規定，每匹馬的糧食為三加侖（gallon，穀物單位）的燕麥，每個人則為麵包、小麥粉、青菜和半瓶雙耳酒瓶的葡萄酒。對於騎士和馬夫每人同樣收費兩馬克，史學家們一般並不感到訝異，原因是當時的騎士普遍都有自購糧食另行叫人料理的習慣。

八萬五千馬克決定分成四期支付。八月中先付一萬五千馬克，十一月一日前再付一萬馬克，隔年的一二〇二年二月再付一萬馬克，剩餘的五萬馬克則在四月中付清。

威尼斯的義務是在一年後，即一二〇二年六月二十四日以前，將所有船隻和船員備齊。

法國使節們滿心歡喜地討論完合約中的所有細節。但是就在這時，威尼斯提出了一項以往熱那亞沒有提出過的要求。

威尼斯元首將親自率領五十艘武裝的槳帆船及船上所需的船員、戰鬥人員共計六千人參戰，條件是十字軍征服的占領地必須劃分一半給威尼斯。換句話說，威尼斯不僅承包運輸的工作，還希望成為共同出資者。

使節們要求能有時間考慮。不過，當晚六個人很快就得出結論——對於能夠獲得威尼斯這個意料外的有力盟國，法國騎士們自是興奮異常。翌日，爽快的承諾馬上傳達到了元首的耳裡。

威尼斯方面立即由元首召集四十人委員會。由於沒有留下記錄，我們無從得知元首、四十人委員會以及各官員們究竟討論了些什麼。但是以安利科．丹多羅為首的在場人士無一不是生意人，而且還全是從年輕時就縱橫地中海，擁有豐富貿易經驗的人來看，相信沒有人會不曉得八萬五千馬克，其金額之大，相當於當時法王或英王年收入的兩倍。他們心中應該早料到，這筆金額對於就算是地位僅次於君主的香檳伯爵和法蘭德斯伯爵而言，也未必有辦法支付。不過，共和國國會還是同意了元首提議的與法國諸侯的合作契約。

幾天後，借用使節維拉哈都因的描述，在所有教堂中那座最美的聖馬可教堂前，集結了一萬多名威尼斯市民舉行莊嚴的彌撒。當彌撒結束時，元首派遣信差給等在下榻處的使節們，希望由使節們親自要求市民們允諾這項合約。

在眾人注目下，使節們來到了教堂。香檳伯爵的愛將維拉哈都因代表所有使節說道：

「各位市民們，最尊貴、最具權力的法國諸侯派遣我等六人前來，希望各位對已經淪為異教徒奴隸的耶路撒冷發揮慈悲心，讓我們能藉由與貴國的結盟，以神之名，洗雪加諸基督的恥辱。

選擇你們的理由沒有別的，因為再也沒有一個海洋國家的人民像各位一樣勇猛。諸侯命令我們跪在各位的面前請求，在你們表示願意對海的對岸發揮慈悲心之前，不得起來。」

六名法國騎士一同跪了下來，每個人眼中都充滿感動的淚水。用吉朋（Edward Gibbon，編按：英格蘭十八世紀最偉大的歷史學家）、即英國人慣有的諷刺口吻就是：當時的騎士老是動不動就感動得落淚。其中一位沒有哭泣的是元首，在全場因為騎士們的下跪而靜肅下來的教堂中，元首低沉的聲音突然響起。

「同胞們，讓我們同意他們的要求吧！」

這句話點燃了市民們的雄心，寬敞的教堂沉浸在一片同意聲中，響聲幾乎震破了整棟建築。當歡聲沉寂時，這位被維拉哈都因讚美為善良、深思熟慮又勇敢的元首安利科．丹多羅向群眾們說道：「各位市民們，想一想神給了我們多大的榮譽，全世界最優秀的人民選擇的不是別人，而是希望與各位結盟，讓我們共同完成解救主耶穌的神聖事業吧！」

獲得威尼斯國民的允諾之後，接下來的就是簽訂合約了。雙方決定十字軍從威尼斯出發的日子就定在一二〇二年六月二十四日，也就是聖約翰紀念日。所有被稱為朝聖者的十字軍參與者，必須在當日前夕於威尼斯集合完畢，屆時威尼斯必須備好所有船隊，隨時準備出發。對著封印好的合約，使節們和元首將手放在《聖經》上，向神發誓將完成合約中的每項細節、條文，法國使者們這時又感動得哭了。雙方簽訂合約一事立即呈報到了教廷，教皇也旋即傳回非常滿意的意思。

不過，這份合約雖然載明兵糧的細節，關於最重要的目的地卻沒有寫在上頭。根據維拉哈都因的說法，這是不想讓埃及開羅曝光，所以向外只說明是海的對岸。至於為什麼要當作機密？那就沒有提到了。可能是考慮到不讓敵人有防衛的準備時間吧。不過，這個動作卻對後來的事件發展，起了深遠的影響。

使節們在簽完合約後，從威尼斯的銀行借來兩千馬克，用來支付第一期分期付款的部份金額，隨即返回法國。來到米蘭附近時，六名使節分成兩路，兩名直接回法國，另外四名前往熱那亞和比薩，為的是探詢在十字軍抵達「海的對岸」時，熱那亞和比薩能夠提供什麼樣的協助。但是這一趟熱那亞和比薩之行並無所獲。

直接回法國的兩名使節中，也包括了維拉哈都因，他在返國的途中，遇見卜林伯爵一行人。卜林伯爵是當時追隨香檳伯爵共同宣誓參加十字軍東征的人物之一，宣誓後沒多久便與普利亞 (Puglia) 地區的主君坦克雷帝的女兒成了親，這次就是為了確立聯姻取得的領土權，正率領著屬下前往南義大利的路途上。他旗下的騎士們，當然也是立了誓參加十字軍的成員。

維拉哈都因把和威尼斯交涉的過程告訴卜林伯爵，伯爵高興地說：「看！我們已經邁出第一步了。當你們從威尼斯出發時，我們也會火速前往會合的。」

然而，直到伯爵當上了普利亞區的統領，甚至眼見同袍的船隊從領地前狹窄的海峽通過時，卻始終不見他和他手下的騎士們現身。

另一方面，使節離開後的威尼斯，舉國上下開始準備遠征的物資。要準備兩萬人、四千五百匹馬、眾多的攻城武器和載運軍糧的船隻，這是何等的大事業。共和國下達指令，限定所有航行於地中海的商船擇期返國，並開始在亞德里亞海東岸各都市廣募水手。造船廠日以繼夜趕工，尤其是載運馬匹的平底船更須大量打造。這次的遠征少說需要四百艘船隻，就算威尼斯共和國的海軍實力再怎麼強，如此的大事業也要全國總動員才行。第四次十字軍代表著威尼斯人舉國上下的「投資」，同時也是鞭策他們貫徹合約中每條細節的動力。

為了盡速回報好消息，維拉哈都因一再更換馬匹。未料終於抵達法國時，看見的卻是重病在床的主人，令他錯愕不已。香檳伯爵雖然身體欠安，但在聽過報告後仍舊非常歡喜，還說太久沒有騎馬了，得要好好練習才行，於是差人牽了匹馬過來。只是，他的身體狀況根本不能騎馬，才跨上馬，便得再躺回床上休息。

香檳伯爵對於自己的病情日趨惡化，心裡多少也有數。他開始立遺囑，將原先要帶去遠征的財產，分給宣誓參與十字軍的旗下騎士們，條件是這些向神明發誓的騎士們必須在期限前到威尼斯集合完畢。伯爵又另外將遺產的一部份交由維拉哈都因保管，以備十字軍的不時之需。沒多久，伯爵便以青壯之齡早逝，但那些拿了錢的騎士卻有不少人在將錢據為己有後，始終沒有到威尼斯集合。

十字軍失去了統帥，勢必得重新找接班人。眾人在商量後，決定請出勃艮地公爵擔任，沒想到勃艮地公爵在接見使節後，不僅不願意接受委任，連東征都不願參與。一行人於是改找香檳伯爵的表兄弟巴爾·杜克伯爵接任，但是同樣碰了壁。三位次於已逝的香檳伯爵的十字軍重要人物，法蘭德斯伯爵、布羅亞伯爵和聖保羅伯爵於是集會史瓦松，決議請出義大利人孟飛拉特侯爵波尼菲斯 (Bonifacio del Monferrato) 出任統帥。這一回，這位既是英勇的武將，又是法王表兄弟的孟飛拉特侯爵慷慨允諾了。

隨即動身前往法國的孟飛拉特侯爵，先是在表兄弟腓力二世的宮廷中接受盛大歡迎，隨即轉往史瓦松，在當地聖母院裡與立誓參加遠征的諸侯、騎士們，一同對著寶劍和十字架宣誓參加聖戰。跪下來請求侯爵擔任總指揮的騎士們，這回又是感動得熱淚盈眶。儀式結束後，眾人發誓將於約定之日齊聚威尼斯，隨即散會。法國各地還未宣誓加入十字軍的騎士們，在聽說了史瓦松宣誓的盛況後，也都紛紛表明參加的意願。可以說，當時法國騎士中的菁英，彷彿都已相約渡海而去。

隔年一二〇二年的復活節是四月十四日，性子急的人，早在這時揮淚和親友辭行。就算是慢郎中，六月二日的聖靈降臨節當天，也該完成了出征的準備。在抵達集合地點威尼斯之前，他們必須穿越法國，穿越北義大利。

一些擁有自己船隊的法蘭德斯騎士們，此刻正準備穿越直布羅陀海峽進入地中海，走海路前往威尼斯，布魯日莊園的領主也是其中一支。他們在主人法蘭德斯伯爵的面前，將手置於《聖經》上，宣誓將與眾人在威尼斯會合。伯爵和弟弟亨利將自己大部份的行李交由這些走海路的騎士們攜帶，本身則率領大多數的騎士走陸路，朝威尼斯出發。

然而，選擇海路的法蘭德斯部隊卻始終沒有在威尼斯出現。中間雖一度傳來通知說要在伯羅奔尼撒半島南端的莫頓 (Modon) 與眾人會合，但結果還是沒出現。不知為什麼，他們竟一路前進到敘利亞，在那裡和穆斯林不過略微交鋒，便遭到殺害，剩下來苟延殘喘的人，也是拚了命才逃回老家，草草地結束了他們的十字軍之旅。

無獨有偶地，另一批直接從馬賽 (Marseille) 走海路，不打算前往威尼斯，誓言到莫頓再與眾人會合的法國騎士，最後也是同樣下場，沒有現身。

維拉哈都因在描寫到眾叛親離的情況時，文筆中充滿了悲戚。文章中寫到不提這些人了，還是談談到達威尼斯的十字軍戰士吧，之後就沒了下文。不同於被他稱許為善良的威尼斯元首丹多羅，對於那些婚後待在獲得的領地上動也不動的人、將分配到的遺產擺在口袋裡食言而肥的人，以及載運主人的貨物卻沒有出現在預定集合地點的我行我素、單獨行動的騎士等人，這位不折不扣的善良紳士，同時也是香檳伯爵的愛將，想必是極度失望吧。在文章結尾處，他經常這麼寫著：「每個人都是在走神給他們安排好的路」。

在離約定的日子尚有一段相當時日，另一名善良紳士來到了威尼斯，他就是法蘭德斯伯爵鮑德溫。隨著日期的逼近，號稱朝聖者的十字軍將士們紛紛到來，但由於人數仍然太少，已到的人甚至必須再選出幾名代表，去催促正在路上的遲來者加緊腳程。

孟飛拉特侯爵來了通知說有事耽擱，會晚幾天到達。布羅亞伯爵則是不見蹤影。使者們跑到帕維亞，找到閒居在此的伯爵，經過一番聲淚俱下的遊說後，好不容易才將伯爵帶到威尼斯。尊貴如布羅亞伯爵，要說服他的使者沒有相當地位是不行的，這項遊說的工作便被指派到了維拉哈都因和聖保羅伯爵身上。

但是，仍有許多騎士從皮亞琴察（Piacenza，編按：義大利西部城市，位於威尼斯西方）

出發，不走北路而是往南走。有人說他們不相信威尼斯人，其他則仿效他們在普利亞地區占有領土的同袍，準備在左近賭賭運氣。當然，這些人到頭來同樣沒有一個加入十字軍的。

由於背叛者眾，到達威尼斯集合的十字軍人數減少了大半，不及原先法國諸侯預估、通報給威尼斯方面的三分之一，粗略估計只有一萬名左右。

而就在同一時間，已經在威尼斯外港麗都的聖尼古拉島 (San Nicolo) 上停宿的十字軍官兵們，卻是被眼前的景觀震撼得說不出話來。借用維拉哈都因的話就是：「沒有一個基督徒看過這麼雄偉的船隊吧！整個港口擠滿了帆船、槳帆船、平底船」。善良的維拉哈都因嘆息道：「啊！多麼可惜呀！想到那些沒有前來會合的騎士們。有了如此軍容，基督徒原本可以徹底摧毀異教徒的啊！但現在在場的人數，卻只有這些艦隊運輸量的三分之一！」

威尼斯人完美地履行了合約。不夠的水手就從伊斯特利亞和達爾馬提亞募集，半數以上的威尼斯成年男子被動員來參加這趟為期一年的十字軍遠征。威尼斯人以一切方法信守了他們的合約。

沒有信守合約的是騎士這邊。當初就算理想再崇高，這筆等同國王年收入兩倍的八萬五千馬克的龐大金額，以及三萬三千五百的官兵數字，究竟是以什麼為基準計算出來的呢？法王能夠調度來因應國內戰亂的士兵為一萬人，率領十字軍遠征時的人數更只有兩千人。儘管諸侯的地位僅次於國王，而且人數又多，但要號召超過三萬人，也實在是過於樂觀。

果不其然，實際上前來威尼斯的軍隊人數不過一萬人，四次的分期付款也只付了前面兩期的兩萬五千馬克，其餘六萬馬克就付不出來了。許多人甚至連每人兩馬克的糧食費也沒帶在身上，就來到了威尼斯，最後還得靠比較有經濟能力的諸侯或騎士代為墊錢。

但這樣是不夠的。威尼斯於是表明不依照約定付款就不出船的立場。後世史學家有人寫道，人數既然只有三分之一，那就應該給予價格上的折扣才對。這實在是不懂商業合約的人才會說的話。諸侯對於無法繳納合約中規定金額一事，一定感到相當為難，但沒有人想藉此和威尼斯談判，希望威尼斯能在價格上做些調整。連維拉哈都因也寫道：「威尼斯已經信守承諾了，是騎士們自己沒有遵守」。

大夥兒於是決定拿出身上所有的錢，可是依然不夠。法蘭德斯伯爵開口說要把帶在身邊的金器銀器拿出來，其他的諸侯和騎士們也起而效法。堆積如山的金器銀器就這麼交到了威尼斯人手裡，欠債一下子減少了許多，但仍短缺三萬四千馬克。只是，這些尋常的朝聖官兵，甚至是諸侯們，身上已經沒有任何東西可以拿來抵債了。

貴為法國騎士的菁英們，當然不會因為付不出債款就解散十字軍而各自回國，否則哪來的臉回去面對江東父老！但話又說回來，就算想向威尼斯銀行借錢，在看過自己這副窘相後，又有誰肯信任他們，把錢借給他們呢？威尼斯政府一直按兵不動，等著他們把帳付清。原定六月二十四日出發的日子，當然也無法成行了。

處境宛如被關在麗都聖尼古拉島上的十字軍成員，開始顯得焦躁不安。諸侯和騎士們還能不時造訪威尼斯城散心，一般士兵卻受限於大軍不准進城的規定，只能形同坐困孤島。由於這是基於保安和預防傳染病的考量，當時各城市普遍訂下的規定，士兵們無從抱怨。望著眼前艦隊一切就緒、只等出航，自己卻進不了、退不得的這群十字軍官兵，就這麼度過了七月份，眼看八月也即將結束的某日，元首安利科．丹多羅向十字軍的諸侯們提出了一項令他們訝異的建議：在前往東方的路程中，如果十字軍願意協助威尼斯攻下薩拉，威尼斯可以考慮將積欠金額的還款期限延長，直到他們有能力償還為止。

薩拉原本是威尼斯人在亞德里亞海東岸所建設的「高速公路」上的一座城市，重要性非比尋常，但在匈牙利王的煽動下，當地居民高舉反威尼斯的旗幟。對威尼斯共和國來說，失去薩拉無異威尼斯的「高速公路」被攔腰截斷，對於收復當然是勢在必得。

但是，十字軍方面在得悉這個提議後，卻躊躇了許久。因為不論是薩拉居民，還是在背後替居民們撐腰的匈牙利王，都是基督徒。要叫打著攻擊異教徒旗號的十字軍去攻打同為基督徒的人民，實在是說不過去。雖然眼前處境沒有多少選擇，但是光想到羅馬教皇不知會有什麼反應，就夠叫他們左右為難的了。

然而，沒有出路的現況總得有突破才行。經過幾天的討論，孟飛拉特侯爵、法蘭德斯伯爵、布羅亞伯爵和聖保羅伯爵等較有勢力的諸侯們，全都傾向贊成，多數人於是決定接受威尼斯的提議。但是有部份騎士不同意，打算到其他港口找尋船隻，自行前往敘利亞。如果再加上一些打算返鄉的人，原本才一萬名的十字軍人數，此時又少了一些。

在得知十字軍方面的意見已經整合了之後，元首率領所有威尼斯的從軍人員，也在十字架前宣誓成為十字軍。威尼斯的軍隊中，同樣不乏赫赫名流之後，連名相屬的盛況不亞於法國部隊。連同帆船和平底船上的船員人數，威尼斯參加戰役者的數目，與法國陣營幾乎相當。

各諸侯騎士的座艦開始分配，法國部隊的統帥孟飛拉特侯爵登上的是元首安利科・丹多羅的旗艦。

每個人的動作突然間變得緊湊起來。有的忙著將攻城武器裝載到船上、整理必備的用品，有的則牽著馬匹上船。忙碌之中，九月轉瞬即逝。

一二〇二年十月八日，長久等待的出征日子終於來臨。大艦隊填滿整個港口的壯闊景觀，十足讓法國騎士們忘記出征日期延後了三個月的事實。

三百個攻城武器聲勢浩大地擺滿每艘船的甲板；桅杆上五彩繽紛的諸侯、騎士旗幟也在秋風的吹拂下，迎風擺動。豎在船緣的成列盾牌正在陽光下閃閃發亮；後頭站著的騎士則是個個手持長槍，英姿煥發。唯一一艘船身和划槳塗滿鮮紅色彩的旗艦，上頭坐著元首和孟飛拉特侯爵，桅杆上一面紅底鑲金、刺有聖馬可獅子圖案的威尼斯共和國國旗，正在風中大剌剌地飄揚著。

旗艦艦橋上的四名喇叭手，用手中的銀色喇叭吹響了出發的信號。霎時，划槳便如蜈蚣般從槳帆船船腹伸出，整齊劃入水中。繼槳帆船之後，帆船緊跟在後頭，藉由槳帆船的拖曳緩緩滑出。風帆在出了港後次第張開，不多時便吃足風、張滿帆，槳帆船與帆船之間的拖纜此時被截斷，只見揚起風帆的槳帆船將划槳水平固定於船緣，一如水鳥的翅膀，靠著風力向前駛去。就這樣，大艦隊在港邊群眾的注視下，往水平線的彼端漸行漸遠。

關於組成艦隊的船隻數目，眾說紛紜，莫衷一是。整個出征過程的目擊證人維拉哈都因也只寫道「前所未聞、軍容壯盛」，沒有數字留下。但如果根據吉朋所引用的拉努喬的記錄：

槳帆船——五十艘
帆船——兩百四十艘
平底船——一百二十艘
貨物船——七十艘
總計　四百八十艘

只是，若從船上能夠搭載的人員來看，這個數目實在是太大了。想必是威尼斯到六月二十四日約定日期為止，準備用來載運預定的三萬五千名十字軍和六千名威尼斯部隊的總船隻數。如果看看這個時代稍後的各年代記中所出現的數字，大致應該是：

槳帆船——五十艘
帆船——幾乎相同數目
平底船——八十艘
貨物船——二十艘
總計　兩百艘

這是因為威尼斯方面的人數雖然沒有變，但法國方面卻減少到只剩下三分之一的緣故。但話說回來，在十三世紀初期，兩百艘船艦匯聚的場面依舊是史無前例的了。即使是五百年後的雷龐多（Lepanto）海戰，基督徒和穆斯林雙方各自準備的船隻數目，也不過兩百出頭而已。

艦隊離開了威尼斯，走東南海路朝著伊斯特利亞半島的波拉前進。往來於東方航路的威尼斯船隊一向習慣在遠航之前，到波拉將水和食物裝載到船上。這一次，艦隊也在這個港口停泊一天。

可是，從這一天起到十一月十日將近一個月的時間，卻沒有任何記錄可以說明艦隊的動向。在維拉哈都因的年代記中，從威尼斯出海後，也是馬上就跳到抵達薩拉的部份。究竟在這一個月裡，艦隊做了什麼事呢？

對威尼斯不懷好意的歷史學家們做了以下推論：

「知道法國人對亞德里亞海一無所知，威尼斯人拖著這群人在海上遊蕩，以爭取時間。」

相對地，對威尼斯沒有惡意的歷史學家們，則用以下的話加以反駁：

「在伊斯特利亞和達爾馬提亞等地裝載糧食、讓水手們登船等，這些都是威尼斯船隻的慣例呀！」

後者的話言之有理。尤其，原本預定在六月出征而招募的水手們，由於遲了三個月以上，大概有很多早已回家了。要再把他們找來，讓他們登船，比平常多花點時間在所難免。畢竟這可不是一般的東方航程，不但工作時間長達一年，而且是要去作戰，人選自然不能馬虎。

十一月十日，艦隊出現在薩拉的海面上。從船上眺望，圍著薩拉城的城牆看來如此高聳、堅固，令不了解臨海都市的法國人陷入了不安：「這種固若金湯的都市除非神明親自動手，否則怎麼攻得進呢？」

在第一章中我們曾經提到，威尼斯雖是個海都，但是海水就是他們的城牆，所以沒有類似中世紀都市常見的城牆。換句話說，從陸路來到威尼斯的法國人，這還是頭一遭看見臨海城市的模樣。

不理會法國人的驚嘆聲，元首要求薩拉人民切斷阻擋港灣入口的鐵鏈，要求他們投降。但是居民們在城牆上高舉十字架和教會的旗幟等物品，不屈服地說：「從沒聽說過有十字軍攻擊同樣是基督徒的百姓的！」

為了催促因為看見十字架而心生畏懼的法國人採取行動，威尼斯艦隊從平底船上牽下馬匹，士兵們也搭起帳篷，完成了由陸路進攻的準備工作；海面上則是以進入港口的槳帆船進行封鎖。

隔天十一日，大戰開打。三天後，態勢底定。第五天，薩拉淪陷。元首破壞了面海的城牆，薩拉的居民再次誓言效忠恭順，一如以往。

不過，聽到薩拉淪陷的教皇勃然大怒，下令將所有十字軍官兵逐出教門。慌張的法國人趕緊派了特使前往羅馬，向教皇說明整件事的原委，請求解除處分。在了解騎士們不得已的苦衷後，教皇決定赦免他們，但依舊維持對威尼斯的處分。只是，威尼斯人對於被逐出教門一事倒是處之泰然，絲毫沒有派遣使者向教皇辯解的打算。

大體上來說，驅逐出教的處分若想真正發揮效果，前提必須是基督徒嚴守不與被逐出教的人來往的規定。換句話說，這次由被逐出教和沒被逐出教的成員所組成的第四次十字軍，實在是個奇妙的組合。

接下來終於要去討伐異教徒了——法國人的這股滿腔熱血，卻硬生生被元首冷靜的口吻給潑了盆冷水。元首的說法是：冬季航海太危險，在明年復活節之前，還是待在薩拉較安全。

即使是在地中海區域行商的商旅，每年從十一月到隔年的二月間，通常也是返回祖國修理船隻，不做冬季航海。無奈的法國人只得聽從海上專家的意見，將征伐異教徒之行延至明年春天。

十二月中旬的某一天，在薩拉過冬的十字軍面前，出現了一位長相異於法國人的人物，他是東羅馬帝國，也就是拜占庭帝國的王子亞歷修斯 (Alexius)。王子帶著日耳曼侍從，身上還有封日耳曼斯瓦比亞 (Schwaben) 地區菲利浦王 (Philipp von Schwaben) 的介紹信。

亞歷修斯王子的父親原為皇帝，後來被胞弟篡位，給挖去了雙眼關在牢裡。王子在逃獄成功後，先是躲到商船上，逃到義大利的安科納 (Ancona) 港後，接著又翻越阿爾卑斯山，求助於日耳曼的菲利浦王。王子的姊姊原本嫁給西西里的諾曼王，在諾曼王朝滅亡後才改嫁給日耳曼的菲利浦王。菲利浦王與拜占庭帝國公主的結合，在盛行政治婚姻的當時，是件相當罕見因愛而結合的例子，因此對於只要是能讓王妃高興的事，菲利浦王幾乎是什麼都願意做。亡命而來的年輕王子，當然獲得了姊夫溫暖的歡迎。不僅如此，菲利浦王還和王子約定，願意盡一切努力實現王子的願望。

亞歷修斯王子在十字軍將領面前流著眼淚哀求，他請求十字軍能夠助他一臂之力，將目的地改為君士坦丁堡，攻下拜占庭帝國首都，打倒泯滅人性的叔父，讓自己這位正統的皇位繼承人登基。

如果成功的話，王子同意開出以下的條件作為代價：

第一，支付二十萬馬克。

第二，在攻擊埃及時，將提供一萬名士兵以及他們的費用，為期一年，而且是由王子，或是手下大將親自率領。

第三，只要王子一天在位，保證會持續提供五百名騎士保護聖地。

第四，將希臘正教納入羅馬天主教中。

座上鴉雀無聲，法國人更因事出突然而錯愕不已。在王子出現之前，連維拉哈都因的記載也沒有任何跡象顯示知情。而如果連他都不知道，其他的法國諸侯和騎士們想必更不可能知曉。

只有一個人對王子的提議一點也不感意外，那就是十字軍的統帥孟飛拉特侯爵。他在香檳伯爵過世後被選為統帥，當結束在史瓦松對著十字架發誓時，曾經到日耳曼菲利浦王那裡待過一陣子，同一個時期王子也在那邊。不難想見他們三人之間也許早就做過密談，而且在密談的過程中，還曾經就是否能將孟飛拉特侯爵所率領的十字軍目的地，由埃及的開羅改為拜占庭的君士坦丁堡，以及成行的報酬等條件一一做過討論。

事實上，第一個贊成王子提案的就是孟飛拉特侯爵。他不僅表示贊成，而且還一一列舉接受提議後的好處，積極說服心生動搖的法國諸侯們：

如果有二十萬馬克的話，不僅可以還清積欠威尼斯的借款，還可替因為繳付軍用開銷而變窮的十字軍帶來一筆財富。

對方在先攻下君士坦丁堡後，願意出錢提供一萬名士兵協助遠征埃及，若再配合上我方原有的軍隊，兵力將可大幅提升。

再說，對方承諾的五百名守護聖地的騎士，如果連同隨從也算入，少說有一千五百人的戰力，這對巴勒斯坦的基督徒會是多麼大的支援。

更別提整合羅馬天主教和希臘正教這件事了。這樁歷代教皇期盼卻又無法達成的憾事如果能夠成功，相信會是對教皇英諾森三世最好的貢獻。

法國騎士們陷入了迷惘，先前攻擊薩拉已經叫他們十分內疚，君士坦丁堡又是拜占庭帝國的首都，雖然信奉希臘正教，但總歸是基督徒，而且還是當時世界上最大的城市呢！

不過，亞歷修斯王子條件中的最後一項實在是太誘人了。當然，第一、第二和第三項也很有吸引力，只是一想到能夠藉由自己的手整合教會，完成歷代教皇無法成就的事業，對於向來自負信仰不落人後的法國人來說，實在是無法不心動。以旁觀者來看這些法國諸侯和騎士們苦惱的模樣，真是讓人為他們覺得可憐。

不苦惱的是威尼斯共和國的元首丹多羅，他明快地表達了贊同之意。

現實主義者丹多羅對於亞歷修斯王子所開出的條件，究竟有多少實現的可能性，應該不至於太相信。他心中所想的毋寧是不管實不實現，只要能在攻下君士坦丁堡後，讓一個對威尼斯不得不具善意的人物登上拜占庭帝國的皇位，也許才是他真正的意圖。

老實說，攻擊埃及對威尼斯而言，幾乎無利可圖。埃及與威尼斯之間向來藉由商業保持良好的關係，尤其自從拜占庭皇帝準備排擠威尼斯商人，由比薩商人取代他們的那時起，威尼斯就已經把東方的交易中心從君士坦丁堡轉移到埃及的亞歷山卓城了。

五年前，教皇英諾森三世下令禁止義大利的海洋國家與異教徒埃及通商，當時威尼斯人就曾經抗議，通商是他們賴以維生的方式，這項禁令無異是叫威尼斯人去死。就連教皇也不得不承認事實的確如此，後來便將禁令放寬，改為除了木材、鐵、亞麻和焦油等軍用物資外，其他貨物的交易全部恢復。

在那之前的情形也一樣。第三次十字軍東征，薩拉丁率領穆斯林軍隊從埃及出發，與來自西歐的基督徒遠征軍在巴勒斯坦展開激戰時，往來於亞歷山卓城與威尼斯之間的商船隊伍，即使在戰火最熾時，一次也沒有間斷過。

威尼斯對於承認政經分離的國家，向來致力保持良好的關係；但若對方不是，那麼在保障經濟發展的前提下，威尼斯政府亦不排除在必要時使用政治手腕。敘利亞和埃及對威尼斯來說，都是能和自己保持政經關係分離的國家。

不同的是支持薩拉背叛威尼斯的匈牙利王，以及最近這二、三十年來，改變以往親威尼斯政策的拜占庭帝國。這兩個國家國境上原本就相連，稍後又因匈牙利公主嫁給拜占庭帝國皇帝而結成姻親。情形說來諷刺，當時的威尼斯人與異教徒的關係，竟要比同為基督徒之間還來得親近。

先做威尼斯國民，再做基督徒。

留下這句話傳世的威尼斯人，只要彼此間有良好的通商關係，管他對方是不是異教徒，威尼斯人才沒有那種「良心」去為這種事傷腦筋呢。

薩拉再度回到了威尼斯人手裡。如果君士坦丁堡也能依循薩拉的例子，那麼威尼斯人的「投資」，便能算真正展現成果。

確實執行預定好的計畫，並不需要特別的才華，但若要在突發狀況來臨時懂得充份活用，那就非得有特別優異的本事不可了——元首丹多羅不僅在這個當口表現出這項身為統治者絕對必要的才能，以後亦然。

為了是否將目的地改為君士坦丁堡所引發的對立，在深受良知譴責的法國人之間愈演愈烈。不僅諸侯和騎士們產生分裂，甚至在同行的神職人員間，也繞著這個問題展開熱烈討論，連同樣來自西妥教派修道院的修士之間也因為立場的不同，時而出現言語衝突的畫面。

最後大勢是在十字軍統帥孟飛拉特侯爵、法蘭德斯伯爵、布羅亞伯爵和聖保羅伯爵等人均表贊成的情況下，於焉底定，多數人決定參加進攻君士坦丁堡的戰役。

但還是有人無法忍受再度攻擊基督徒的行徑。他們之中約有五百人搶奪了停泊在港灣的威尼斯船隻，企圖獨自前往埃及。不過別忘了，當初駕船來的可是威尼斯人。果不其然，這些人在離開薩拉後不久，就在嚴冬洶湧大海的蹂躪下沉沒，沒有一個人生還。

也有部份人士決定循陸路抵達聖地。只是，這些人在出了薩拉，進入匈牙利王統轄的疆域內不久後便遭到匈牙利部隊追擊。僥倖身免的人，只好再逃回薩拉。

當然，威尼斯人中沒有半個背叛者。

十字軍與亞歷修斯王子在日耳曼菲利浦王特使的作證下，簽署了合約，但是是在十字軍方面始終無法獲得十二人以上連署的情形下簽署的。因為繼孟飛拉特侯爵、法蘭德斯伯爵、布羅亞伯爵、聖保羅伯爵和元首丹多羅之後，只有六個人簽名。其餘的人雖然同意進攻君士坦丁堡，但要他們簽名，實在是下不了筆。

得知目的地變更的羅馬教皇，自然又是狂怒不已。這位號稱有史以來最具權力的教皇英諾森三世，對於第四次十字軍東征始終只有事後追認的立場。但是對野心勃勃的教皇而言，在自己的統治期間若真能促成以羅馬教皇為中心的東西教會整合，倒也不見得是樁壞事，所以這次教皇的態度也不如上回進攻薩拉時來得明確了。

第二年，也就是一二〇三年四月六日復活節當天，艦隊從薩拉出發。首先是帆船與平底船逐一駛離港口，隔天才是不易受風力影響，容易擬定航海計畫的槳帆船隊出航。下一次集合是在科爾夫(Corfu)的港口。在當時，由不同形式的船隻組成的艦隊，由於顧慮到每種船隻速度的差異，通常會在整個航程中決定幾處集合地點，等到全數到齊後，再循相同的方式，各個船隊依次整批前往下一個集合地點。

載著元首、孟飛拉特侯爵和亞歷修斯王子的槳帆船隊，在順風的助力下，平安地自亞德里亞海南下，並在距離科爾夫還有兩天的航程途中，順道在杜拉索停留。杜拉索與威尼斯雙方關係良好，從這裡再往前去就是拜占庭帝國的版圖了。艦隊來此的目的是讓居民承認亞歷修斯王子為正統的皇位繼承人。並且宣誓效忠，目的達成後，槳帆船隊便朝著科爾夫而去。

科爾夫的港口裡，先行出發的船隊早已抵達。船員們從平底船上牽下馬匹，騎士們紛紛搭起了帳篷，各自休息。溫暖的氣候、肥沃的土壤、波浪輕撫的岸邊茂密的杉木綠林，景象令來自歐洲北方的法國人無不感到悠閒而安適。

十字軍在這個第一座抵達的希臘領土的島嶼上停留了三個禮拜。艦隊前往杜拉索，表面上雖是要居民發誓效忠王子，其實是希望獨自前往普利亞的叛離份子能夠歸隊，因為普利亞和杜拉索就在咫尺之遙。只是，不知對岸的法國人是否太沉迷於領地的獲取了，並沒有給在科爾夫的同志任何連絡。法國騎士們想想也該死心，於是同意向科爾夫出發。

五月二十四日，依照慣例先由帆船帶頭，其他艦隊陸續尾隨駛離科爾夫。天氣良好，空氣清新，輕拂的微風份外甘美。所有船隻張滿風帆，破浪前行，海平面上目視所及，盡是帆帆相連美景。法國人為這不曾見過的景色讚嘆不已，原本的陰霾也一掃而空，心情又開朗起來。艦隊沿著伯羅奔尼撒半島南下，短暫停靠半島南端的莫頓港後，航路轉東，準備繞過半島南端進入愛琴海。就在這時，在狹窄的海峽上，與兩艘私自從馬賽出發到敘利亞的船隻交錯而過，船上載的正是在敘利亞毫無斬獲的騎士們。當雙方接近到一定距離時，法蘭德斯伯爵派使者到對方船上，看看還有誰健在。不知道是不是看到這邊壯盛的軍容而感到無地自容，對方並沒有作任何回覆，倒是船上有名騎士表示希望改搭這邊的船。在他登上船時，受到了雷動般的歡聲，至於那兩艘船，則逕自向西駛去。

由於正值小麥的收穫期，十字軍艦隊沿途停靠途中的島嶼補給軍糧，又在以水質清甘聞名的安德羅斯 (Andros) 裝滿飲用水，等到船隊通過達達尼爾海峽 (Dardanelles) 進入馬摩拉海 (Marmora)，到達君士坦丁堡附近時，六月已經過了一半。

對於第一次親臨君士坦丁堡的法國人而言，眼前宏偉的景觀十足是震撼的——環繞整座城市的城牆高聳入雲、矗立四處的高塔固若金湯、城牆後頭無數隱約可見的宮殿與寺院的富麗堂皇……。不分階級高低，這群法國人全被眼前的磅礴氣勢所懾伏，為自己斗膽進攻這座世界上最大的城市感到驚慌。

十字軍在附近的島嶼登陸後，統帥們也隨即召開作戰會議。元首安利科．丹多羅說道：

各位諸侯們，我們比各位更清楚這一座城市，因為我們曾經多次造訪這裡。你們現在要成就的是其他民族不曾嘗試過的大事業，因此，在執行時格外需要謹慎、有效率。

如果從陸地上進攻，他們地廣人眾，我們人數少，軍糧又短缺，為了尋找軍糧再四處分散的話，小團隊立刻會被殲滅。我們的士兵人數已經夠少了，不容許再有任何人員傷亡。這附近有許多島嶼，物資充沛，最適合獲取軍糧。我們先在此囤積足夠軍糧，再來從事神明指示我們的大事業吧。食物豐沛的將士，一定比物資窘困的士兵來得驍勇善戰。

作戰會議到此暫告結束，諸侯們各自回到船上。

一個月後，六月二十四日，每名十字軍忙著整理自己的武器。當艦隊乘著南風行駛到君士坦丁堡城牆前示威時，這些官兵們已經一掃前日的恐懼，雖然城上圍觀的居民人數之多仍然令他們感到訝異，但是認定自己即將從事一項史無前例大事業的心情已經普及全軍，每個人都顯得意氣風發。

不曉得是否聽不進元首的忠告，法國人竟在稍後趁著高昂士氣，一舉登陸了博斯普魯斯海峽(Bosphorus)東岸，占據皇帝的宮殿賴著不走。或許在他們的認知中，食糧的有無不該是騎士們擔心的事吧。當他們在宮殿中享受東羅馬帝國皇帝的奢華時，威尼斯人正按照原定計畫忙著準備食糧。就這樣，九天過去了。

另一方面，拜占庭帝國採取了什麼樣的防禦措施呢？從他們得知自己的首都被鎖定為攻擊目標到現在，已經過了半年以上，這段時間足夠他們討論要採行哪一種防禦措施了。

不過，出人意料地，他們竟沒有擬出一個像樣的對策。根據拜占庭帝國方面的年代記載，船隻能夠備齊二十艘就已經是謝天謝地了，士兵方面也只有以英國人為主體的傭兵可以用。幾個世紀以來，這座城市雖曾多次遭受攻擊，但是從來沒有一次真正陷落，這是眾人如此氣定神閒的道理。尤其這次面對的還是客套說連大軍都談不上的十字軍，拜占庭當然也就更沒認真考慮防禦措施了，皇帝充其量只是燒毀威尼斯人的居留區、殺害裡頭的居民而已。

與姪子同名的皇帝亞歷修斯三世(Alexius III Angelus)，或許真的把這群法國人當成了既不懂希臘文又不懂拉丁文的野蠻人，竟派了一名會說法文的使者，前往占據斯庫塔利宮殿的十字軍將領處，以高傲的口吻斥責十字軍不該侵略同為基督徒的拜占庭帝國。

法國人當然嚥不下這口氣，回以此行是為了擊退以非人道手法篡位的現任皇帝，協助正統皇帝登基而來，並在趕走使者之前還加了一句「以後不用再來了」。這下無異是宣告雙方正式開戰。但在元首的提議下，仍然決定先試一次和平方案。

在十字軍將領的簇擁下登上旗艦、披上皇袍的亞歷修斯王子，出現在城牆上聚集的群眾面前。這項舉動原是期待先前反對皇帝的市民，能夠在看到身穿紫衣的王子後有些反應。不料，王子現身了，也告知居民王子才是真正的皇位繼承人，但市民的反應卻出奇冷淡，城門也依舊緊閉。

七月十一日，攻擊位於博斯普魯斯海峽西岸的加拉太(Galata)的日子，天空萬里無雲，一眼望去，加拉太沿岸擺好陣勢的拜占庭軍隊與正中央的皇帝營帳清晰可辨。

威尼斯船上法國騎兵隊的陣式也是不遑多讓。個個從頭到腳全副武裝，盔甲上的五彩羽毛不時在微風中搖曳著；馬匹身上披著豪華的馬褂，長度垂地，一匹馬配一名馬夫，隨時可以出動。

艦隊擺出了將帆船和平底船夾在槳帆船中間，船隻之間並且用粗繩索彼此連結的陣式。這種陣式同時也是當初艦隊在通過博斯普魯斯海峽時，為了使船隊免遭急流沖散而採取的方式。博斯普魯斯海峽向來以黑海方向的潮水湍急聞名，即使海上無風，海水依然波濤洶湧。

艦隊尚未停靠加拉太岸邊，法國騎士便紛紛跳下水深及腰的水中，從平底船上牽下馬匹，二話不說地手執長槍躍上馬背。

果然不愧是自許為騎士精神鼻祖的法國人，出來迎擊的希臘軍隊三兩下就被擊潰。步兵們拿著弓箭射擊逃散的敵軍，拜占庭帝國陣腳大亂。皇帝眼看我軍潰散，連坐鎮的營帳也不收，直接攀越加拉太山丘，橫渡金角灣，逃回君士坦丁堡去了。

加拉太的地形和君士坦丁堡不同，臨博斯普魯斯海峽和金角灣兩側都是傾斜的山坡，制高點上還有座現在稱為「熱那亞人的塔」的要塞，換句話說，對習慣平地作戰的法國騎士來說，並不特別有利。他們的驍勇善戰，除了是對久違的陸地以及驅馬馳騁感到興奮之外，拜占庭帝國軍隊沒怎麼抵抗應該才是主因。

真正試圖頑強抵抗的是守在加拉太壁塔上的防衛軍。這些人並不是希臘軍，而是英國、比薩和熱那亞的傭兵。但也只隔了一天，同樣是以戰俘收場。

在騎士和步兵們登陸了以後，威尼斯軍隊也開始忙著切斷攔阻在金角灣入口處的粗大鐵鏈。順風一起，平底船中最大的「老鷹號」便張滿帆，朝著鐵鏈衝去，槳帆船、帆船和貨物船則緊跟在後。接著只見鐵鏈應聲被撞斷，原本在金角灣中的希臘船隻陸續被集結衝進來的威尼斯艦隊刺穿船腹，紛紛沉沒。加拉太、金角灣全都陷入了十字軍之手，接下來就只等攻擊君士坦丁堡了。

十字軍方面立即召開作戰會議。威尼斯方面主張從金角灣進攻，理由有下列三點：

一、金角灣邊的城牆比其他兩邊低，壁塔也比較不堅固。

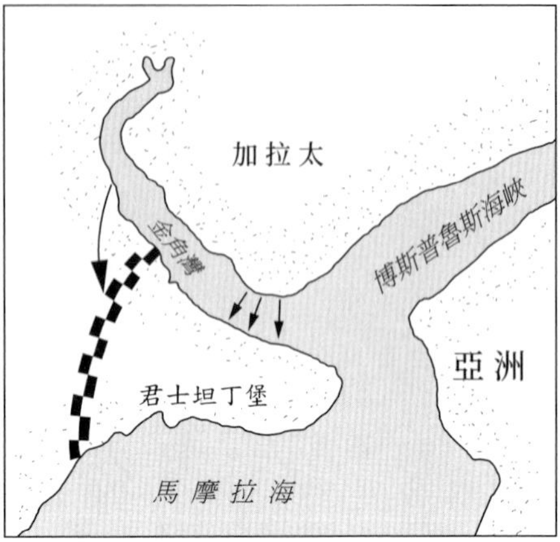

君士坦丁堡鄰近地區簡圖

二、通常很少人會從海上攻擊，所以防衛軍對於海邊的防禦比較薄弱。

三、可以避開海風與潮流，讓槳帆船充份發揮機動力。

一般在攻擊臨海的都市時，都是從陸地進行，攻方船隊主要是在士兵登陸後負責海上封鎖，守住港灣入口，所以護城牆通常都是朝陸地的那面較鞏固，面海處較低且薄。陸地的城牆是蓋在平坦的地面，面海處城牆則一般不是豎立岸邊，就是像金角灣的城牆一樣蓋在碼頭岸上。當時由於裝有火藥的砲彈還不很實用，攻城時除了以投擲石彈的方式擊破之外，有時也會在城腳挖洞，塞進火藥引爆。不好挖洞的海側城牆與容易挖洞的陸路城牆，在建造時的構造當然也不同，君士坦丁堡就是一個例子。

不過，法國人卻堅決反對從海上攻擊。理由是他們不像威尼斯人擁有「船員的雙腿」，說什麼都不願意在船上作戰。元首丹多羅能夠體會法國人的心情，並不執意說服他們從海上攻擊。君士坦丁堡的第一次攻城戰也因此決定由威尼斯軍隊從金角灣、法國軍隊從陸上，分兩頭進擊。

在威尼斯船隊的護送下，法國軍隊於七月十一日進入金角灣深處登陸。他們先是花了一晝夜的時間，修復被希臘人破壞的渡河橋樑，然後依照行前決定的陣勢在城牆前布署完畢。前衛由法蘭德斯伯爵領軍。第二隊是伯爵的胞弟亨利，第三隊是聖保羅伯爵，第四隊是布羅亞伯爵，第五隊是蒙摩拉西公爵，第六隊則是由勃艮地地區的騎士們組成。最後壓陣的是混合部隊，當中有義大利人、日耳曼人以及從里昂到羅大諾區都有的法國人，由孟飛拉特侯爵擔任指揮。

法軍選擇在一面接近皇帝宮殿的城牆布陣，並在為數眾多的城門中鎖定一處作為攻擊點。幸好在他們布完陣之前，城裡沒有一兵一卒出擊，否則以城裡的守軍足足有外頭人數兩百倍的情形來看，結果可能不堪設想。

但是就當他們準備紮營時，希臘軍開始攻擊了。從這一天起，法國人便過起別說卸下武裝，甚至連睡眠時間也沒有的日子，更別提去找軍糧了！法國人開始抱怨起威尼斯人帶來的軍糧太少，情形在吉朋諷刺的筆下成了：不知是威尼斯人太小氣，還是法國人太會吃。總之，戰鬥意願一落千丈。

威尼斯這邊倒是一切都在掌控之中。為了防止被城牆上投擲下來的「希臘火」擊中，船上從艦橋、甲板、桅杆上的瞭望臺上，全都用潑溼的厚布匹或動物毛皮覆蓋著。

帆船上的帆被收了起來，放到下層甲板底下。帆船及平底船被夾在以划槳前進的槳帆船的陣式內，只須配合著小心掌舵即可。不過，話雖說得輕鬆，由於船隻和船隻之間是靠著粗纜繩

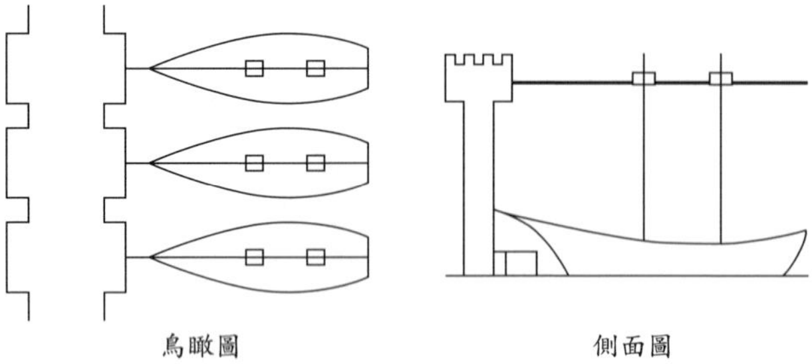

活動橋示意圖

連結，一艘船的掌舵失誤直接就牽動整個橫排船隊的生命安全。換言之，此時掌舵技巧如果不夠熟練，任何一個不小心都可能讓整列船隊撞上城牆下的岩壁。

威尼斯軍隊這時用了一項新武器——在兩根桅杆的瞭望臺中間架起一塊木板，長度與船身差不多（或甚至更長），朝著船首的方向延伸，號稱「活動橋」。威尼斯船隊就是利用這些寬度足以讓兩個人並肩作戰的「活動橋」，讓士兵能夠跳到高度相仿的壁塔上。

這種趁船上進行掩護射擊時接近城牆的「兵器」，在君士坦丁堡的攻防戰中扮演了關鍵性的角色。傳統的攻城武器，像是前頭有掛鉤的繩梯、裝有大槌的城門破壞車、投石器，以及拿來投射釘滿尖刺的方木材用的弩弓等，確實都發揮了相當戰力，但是像「活動橋」這種新兵器，還真是只有擁有「船員的雙腿」的威尼斯人才想得出來。

威尼斯由於國家人口少，軍隊考量較務實，機械化也較先進。但是對於習慣帶傳統攻城武器上陣，嘶喊震敵，不拘泥戰鬥形式，而且認為勇士作戰不全力以赴就不符合騎士精神的法國人來說，開發適合攻擊君士坦丁堡的機械可就非其所好了，打起仗來自然辛苦。

想在城牆底下挖洞嘛，只要希臘軍的干擾不間斷，根本無從進行。糧食只剩下麵粉和香腸，唯一可供食用的生肉是死馬肉；至於葡萄酒，那就更別提了，簡直就是妄想。連要組裝攻城兵器時，都還得先把作業區圍起，不時派人在四周巡視，幾經折騰後才能開始。希臘軍隊中，尤以皇帝親衛隊的英國傭兵最為強悍。

金角灣中，威尼斯船隊小心翼翼地掌舵以防撞上岸邊，並且盡可能地接近城牆。一邊是嚴陣以待的敵軍，城牆上飛箭落如雨下；一邊則是從瞭望臺和「活動橋」上應戰的威尼斯軍隊。元首安利科．丹多羅全程站在旗艦船首，一旁令人拿著紅色的聖馬可獅子大國旗，全副武裝，一動也不動。

不知過了多久，就在旗艦即將碰觸到岸邊的時候，元首突然大聲下令，要船員讓他上岸，抗命者將處以嚴懲。旗艦上的人員只得聽從。眼見八十多歲、近乎目盲的元首與一面大國旗立在岸邊的景象，威尼斯士兵無不對自己的懦弱感到羞恥，個個奮勇登陸，從「活動橋」上成功抵達城牆上的人也在此時高高豎起了紅色的威尼斯國旗。

戰爭就這樣渡過難關。威尼斯軍隊氣勢如虹，將亂了陣腳的敵軍徹底擊潰。威尼斯軍隊隨後占領了二十五座塔，金角灣沿岸城牆幾乎全被攻下。元首立即將這個好消息通知法軍陣營，但法軍怎麼也不相信，直到元首將擄獲的一匹披著希臘馬衣的馬送到法軍陣營，才由不得他們不承認。

皇帝亞歷修斯三世在得知威尼斯軍隊攻破金角灣邊的城牆、湧進城裡的消息後，隨即下令放火燒毀那一帶的住家。火勢在北風的助長下迅速蔓延，並在威尼斯軍隊與希臘軍隊之間形成一道煙霧牆。接著，皇帝又下令城內所有軍隊從陸路三處城門出城，皇帝要親自迎敵。

那天法軍擔任警戒的是法蘭德斯伯爵的胞弟，即亨利公爵所率領的第二部隊。當亨利看見陸續移出城外的大批敵軍時，急忙通知本營。得到消息的法軍馬上拿起武器，牽著馬匹來到防衛柵前，依照先前既定的陣勢排開。從前排陸續算起，每個小隊首先是手持弓箭或石弩的步兵，騎兵隊緊接在後，最後一排則是侍從和馬夫；近兩百名失去馬匹的騎士組成的突擊隊，則配置在整個陣式的中央。由於法軍一共只有七小隊，陣式呈縱長，而非橫的一字排開，以這樣的陣式要去面對拜占庭那陣式既寬，長度更足足有法軍十倍的大軍，除了做正面攻擊外，別無他法。

兩軍繼續對峙。皇帝騎著白馬巡視布陣完畢的拜占庭軍隊，位置之近，彷彿法國軍隊一個射箭就能觸及。

拜占庭軍隊此時開始慢慢推進。

一得知兩軍對峙的消息，元首毫不猶豫地下令所有威尼斯官兵放棄占領區，帶著參加攻擊金角灣的所有部隊前往支援。

原先向前推進的拜占庭軍隊，在看見彷彿從地底下冒出，來到法軍左右的威尼斯部隊時，突然顯得有些畏縮。不過才一瞬間，敵軍的數目就增加了一倍?!只見他們又跟先前一樣，睨眼盯著對方，一邊開始向右移動。他們在撤退！法國人簡直無法相信眼前所看見的。人數占盡優勢的敵軍，居然又消失在開啟的城門後頭。回過神來的騎士當中，有幾個人試圖追擊撤退的皇帝，但都給護駕的親衛隊輕易地打了回來。

當天晚上，沒有實際作戰卻累得一塌糊塗的法國人睡得忘我。就在這時，又一件令人難以置信的事情發生了。

皇帝竟然帶著最寵愛的公主和所有帶得走的寶石，逃往小亞細亞。拜占庭軍隊因為失去統帥而陣腳大亂，喪失鬥志的官兵們拒絕聽從將軍的命令。大臣們於是一致決定，將瞎了眼的前任皇帝從牢中放出，重新登上皇位，以杜絕十字軍攻擊的理由。因「奇蹟」而狂喜亂舞的法軍立即撤了陣式，威尼斯軍隊也回到宿營地。稍後，亞歷修斯王子更依照十字軍的要求，在十字軍所有諸侯的列席下，與父親同時加冕，同立為帝。

即位後的新皇帝亞歷修斯四世(Alexius IV Angelus)，仍然經常造訪駐紮在加拉太的法國諸侯。法國人起初以為這只是單純的友好訪問，可是不曉得在第幾次的時候，新皇帝卻提出以下的要求。

為了穩固皇位寶座，新皇帝希望十字軍能夠在君士坦丁堡多待一陣子。原本和威尼斯的合約是到九月三十日到期，新皇帝希望再延一年，所有費用則由帝國方面支付。駐紮君士坦丁堡的期限只須延到隔年的復活節，之後則任由十字軍決定要遠征埃及或是敘利亞都行。

十字軍陣營陷入大亂。有些騎士也許是想表達忠於騎士精神，老早就下了戰帖給埃及的蘇丹，他們可受不了東征還要再延半年，眾人異口同聲地抗議：「依照約定給我們船隻！給我們前往敘利亞的船隻是你們的義務！」

但是也有人贊成皇帝的提議，因為皇帝還沒有支付合約中的金額。一旦和威尼斯的合約期滿後，他們根本沒有錢再去備船。再說，即使現在出發，不管是敘利亞或埃及，等到抵達時，都已經是冬天了，要在冬季遠征未曾到過的地方，實在過於危險。自孟飛拉特侯爵以下的十字軍將領們，也全抱持著這樣的看法。

元首丹多羅自然也在贊成之列，甚至還有人謠傳，被十字軍將領說服改變想法的騎士，其實就是被威尼斯用錢收買的。

十字軍已經履行了約定，但是在薩拉簽訂的合約中，新皇帝亞歷修斯四世卻連一項也沒實現。不，應該說他已經努力去實現，只是局勢不允許。尤其是合約中的第一和第四項，簡直比登天還難。

原本允諾要在王子登基皇位時支付的二十萬馬克，由於拜占庭帝國的國庫在歷代皇帝的散漫財政下，幾乎用罄，根本無從支付。新皇帝向國民課徵新稅的結果，也引來了人民的不滿。特別是第四項東西教會的整合，更是一開始就知道不可能，希臘正教教會斷然拒絕了整合到羅馬天主教下。名字上有個正（Orthodox）字的希臘正教，向來自認優於西方教會，在他們眼裡，羅馬教會才是異端份子，現在要他們屈居，簡直是無理取鬧。

從一般百姓到聖職人員，開始同仇敵愾地仇視拉丁人。皇帝亞歷修斯四世也不再像以前一樣那麼常跑拉丁人的軍營了。

懸而未決之際，冬天來臨。閒來無事的法國人三不五時便離開加拉太的營區，渡過金角灣，來到君士坦丁堡城裡觀光。教堂、宮殿的富麗堂皇，國富民裕的景象，樣樣新奇，市集中陳列的物品種類之豐富，更是讓第一次見識到的人興奮不已。

但法國人之中還是有些狂熱的信徒，尤其像君士坦丁堡這樣的國際都市，對當時的法國人來說，還需要一點適應的時間。

君士坦丁堡雖然是個基督教國家，但城裡不僅設有天主教教堂供威尼斯和熱那亞商人膜拜，同樣也有清真寺供穆斯林利用。萬萬沒有想到，法國士兵竟然縱火燒掉了清真寺。

火舌甚至波及到猶太教會，瞬息蔓延的火舌延燒到號稱「拉丁區」的西歐人居留區，整整燒了八天。

這場火災之後，居民和十字軍互相推諉責任，彼此間的關係愈來愈緊張。原本住在「拉丁區」的居民這會兒也無法再待在君士坦丁堡了，眾人紛紛遷到加拉太的十字軍駐紮處避難。連同老弱婦孺在內，人數共有一萬五千人。

十字軍對於一直無意遵守合約的皇帝非常生氣，曾經派遣使者多次前往催討，不料皇帝卻顧左右而言他，只交付少許的欠款，最後甚至連錢也不付了，不管誰前往覲見，都被皇帝斥為態度惡劣而趕走。慢慢地，四處都有十字軍與希臘兵衝突的情況發生，雙方敵意漸深，眼見一二〇四年即將來到。

一月，萬物沉睡的深夜，停泊在金角灣靠加拉太岸的威尼斯艦隊的崗哨突然傳來大叫，好幾艘燒成了火球的船隻正從金角灣深處，朝著艦隊漂來。若真給這些船隻闖了進來，停泊在一塊兒的艦隊鐵定同時著火。

驚醒的威尼斯人立刻跳到船上，以前端有鉤子的長棍將接近的火船推開。燃燒的船隻不時飄來火花，沒有人開口說話，艱辛的工作默默持續著，在火焰的照耀下，每個人的臉上和胸口全都淌著汗水。

整個作業一直到形同火球的船隻確定隨著潮水漂向外海後，才告一段落。燃燒的火船，一共是十七艘。

這是不是皇帝下令做的好事，無從得知，但可以肯定的是，拜占庭國內一定有人將載滿易燃物的船點著火，揚起風帆，讓火球般的船隻朝著十字軍艦隊集中停泊的方向漂來，意圖燒毀艦隊。幸虧威尼斯人機警的處置，才讓船隻的損失減為三艘，其中一艘是滿載貨物的比薩商船。

經過這次事件之後，十字軍和拜占庭帝國雙方都了解，開戰將是早晚的事。希臘人公然開始準備防衛工作。十字軍這邊，連同隨軍的神職人員，也都惱怒希臘人的背信，決定與之一戰。

不過，身為十字軍，是不能光以對方不履行合約，或先採取敵對動作等理由，便輕易對同為基督徒的拜占庭帝國動武的。沒想到，就在這迷惘之際，拜占庭帝國竟給了十字軍絕佳藉口。

二月，抗戰派的首領，也就是先帝的女婿慕特佐夫烈，趁著深夜襲擊沉睡中的皇帝，將他勒斃後自己宣示登基。幾天後，皇帝的父親，亦即另一位皇帝也跟著過世，死因不明。

殺人者，即使身為基督徒，同樣罪不可赦，這成了十字軍攻擊君士坦丁堡最冠冕堂皇的理由。教士們說羅馬教皇應該會認同十字軍進攻的一席話，將法國騎士們的最後一絲遲疑一掃而光。

三月，進入戰爭前夕，十字軍方面再次召開首腦會議，以預先討論征服後的處置問題。結果獲得共識如下：

一、新皇帝由十字軍及威尼斯方面各派六人推舉選出，沒選上皇帝的一方有權指派大主教。

二、在領土劃分上，君士坦丁堡的四分之一和帝國領土的四分之一屬於新皇帝所有，其餘由十字軍和威尼斯對分。

三、戰利品的四分之一保留給選出的新皇帝，其餘由十字軍和威尼斯對分。

元首此時要求再加入一項：在帝國境內，凡威尼斯認定為敵對國家的商人，均不得在帝國疆域內從事商業行為。該提議也獲得了參與作戰會議的將領們的同意。

四月六日，第二次君士坦丁堡攻城戰開戰。

由於第一次從陸路進攻吃盡苦頭，法國人這次決定接受威尼斯人的忠告，將攻擊主力集中在金角灣。陸路方面只由亨利公爵率領第二隊負責監視。

但是這回希臘軍隊也有了提防。這次他們將金角灣側的城牆加高，讓「活動橋」即使接近，也因為還差一截而無法水平抵達；除此之外，塔上的衛兵人數也增加了。這使得威尼斯以往的作戰方式（投擲石塊，然後趁敵人蹲下躲避時攻上城牆、占領壁塔）效果大不如前，十字軍陷入苦戰，犧牲人數遠比希臘陣營多，低落的軍心與敵軍的高昂士氣恰成反比。

暫時退回加拉太營地的十字軍重新召開作戰會議。

如果改為從陸上進攻的話，以剩餘的士兵人數根本不夠，法國人於是提議，同樣從海上攻擊的話，不妨改攻馬摩拉海沿岸，那邊的城牆較低，守衛也較薄弱。

但元首一口回絕了。馬摩拉海是博斯普魯斯海峽的潮流和海風首當其衝之處，聯繫船隻的繩索在那兒一定馬上就被扯斷。遭海水沖散的船隻，還談什麼群起圍攻！要想僅憑少數的兵力進攻君士坦丁堡，從金角灣進攻是唯一的選擇。這是元首反對的理由。

法國人只好同意再試一次從金角灣進攻。

不過，這次威尼斯人改變了戰術。先前是一艘船攻一座塔，現在改成兩艘船攻一座塔。這樣即使「活動橋」和塔之間的高度仍有差距，但是對付塔上的守軍，攻方的人數等於多了一倍。「萬事俱備只欠東風」，接下來就只等及時風相助，讓船隻盡可能接近城牆，而且還要是強風才行了。

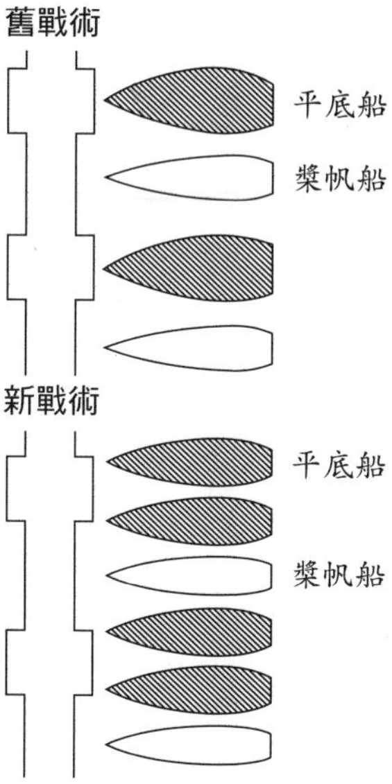

威尼斯海軍的戰術

十二月，期待已久的 *Tramontana*（北風）開始吹起。

和先前一樣，艦隊運用以繩索連結船隻、槳帆船夾著大型平底船的陣式，開始向城牆推近。守軍拚死應戰，城牆上的飛箭如雨般落下。而船上的攻擊部隊也不甘示弱，除了以投石器不停地投擲石彈外，同樣射以飛箭回報。

激烈的戰況持續了好一會兒。直到近午時分，當最大的平底船「朝聖號」和「天國號」逼近城牆邊時，一名法國兵和一名威尼斯人成功跳上了塔，十字軍旗和威尼斯國旗在塔上飄揚著。船上的攻擊士兵見狀紛紛大喊：我先！我先！不讓那兩人專美於前，眾人爭先恐後地從「活動橋」湧到塔上，四座塔不多久全落入攻方的掌控。

其他船艦上的官兵看到這種光景，也紛紛跳到岸上，將繩梯甩過城牆開始攀爬。沒多久，城內的守軍就被擊潰，城門從內側被打開，騎在馬上的騎士們蜂湧而入。原本在城牆邊擺開紫色營帳指揮防衛軍的皇帝一見情勢不對，立刻下令放火燒毀那一帶，撤退到宮殿裡去。

夜幕低垂，眼見士兵們個個累得站不穩，十字軍將領決定將城內街戰留待明天再打。威尼斯士兵回到船上。法軍在占領的城牆邊紮營，並派兵在城牆上守衛；法蘭德斯伯爵則是在皇帝脫逃後的營帳中休息。

然而，就在夜深時，皇帝慕特佐夫烈竟帶著皇后從城門逃出，躲到先前舅舅奔逃的地方。希臘軍動搖了，不論先皇另一位女婿拉斯卡里斯如何慷慨陳詞，部隊已經喪失繼續戰鬥的意志。無計可施的拉斯卡里斯只好帶著妻子，繼希臘正教會的大主教之後，也離棄了君士坦丁堡，亡命他鄉。

想當然耳，隔天一早侵入市區，原本打算好好打一仗的十字軍一點兒抵抗也沒碰上。皇宮裡只剩下先皇的嬪妃，以及侍候她們的侍女們。

依照當時作戰的習慣，十字軍容許部下的官兵們進行三天的掠奪。

陷落後的君士坦丁堡，也許和其他淪陷的城市沒什麼不同，唯一讓它顯得特殊的，應該是那質與量均為其他城市望塵莫及的財富，數目多到足以讓口口聲聲要去討伐敘利亞、埃及異教徒的騎士們泯滅良心的程度。

教會也好、宮殿也罷，沒有一處逃過掠奪者的踐踏——聖索菲亞大教堂豪華垂幕的綴飾被撕得粉碎，只因為是金子打造的；教會聖具室如同狂風掃過，彌撒用的金杯、銀杯在醉漢手中傳來傳去，葡萄酒灑了一地；歷劫三次大火，大部份被燒毀的許多珍貴古抄本，全在不懂價值的法國人和法蘭德斯人手裡，被丟進熊熊火焰中；就連帶不走的古希臘和古羅馬時代有名的雕像，也被士兵們洩憤似地破壞得體無完膚。

稍微派頭點的房舍，掠奪者一律不放過。金幣、銀幣不用說，銀器、地毯、天鵝絨或錦緞高級服飾、絲綢羅紗之類的布匹，以及美麗諾羊毛皮革等，也全在搜刮之列。要看被掠奪或被破壞的藝術品記述，得從戰敗這方的尼克塔斯筆下，而不是勝方文采差的維拉哈都因的文章。

當然，在這場混亂中，身為皇帝大臣，同時也是攻城戰中希臘見證者的尼克塔斯，絕不可能置身事外。

自從他的住處遭到第二次火舌肆虐之後，他和家人與親友們便躲到聖索菲亞教堂附近的住所避難。那兒因為一位經商的威尼斯友人動用十字軍戒護的關係，所以暫時還算安全，但家中的女兒正值青春年華，情形總是令人不放心。在僕役已經逃逸的情況下，他們只好自己扛著些許行囊，在威尼斯友人的護送下，趁著嚴寒的深夜，逃離君士坦丁堡。

號稱固若金湯，九個世紀來一直是基督教世界首都的君士坦丁堡，終於還是淪陷了。倖存的藝術品主要是被慧眼獨具的威尼斯人搶走、帶回威尼斯的戰利品。現在擺在威尼斯聖馬可教堂正面的青銅駟馬像，最早是羅馬尼祿皇帝用在凱旋門上的裝飾，後來被帶到君士坦丁堡點綴競技場的大門。今日若要了解拜占庭文明的最佳場所，全世界各地首推威尼斯莫屬。

許多聖者的遺骨、釘過基督的十字架木片，甚至不知是否真的綁過某某人的鐵鏈之碎塊等等，這些在信仰虔誠的威尼斯人和法國人眼裡魅力無限的聖遺物，當然也沒有一件逃得過被搜括的命運。

遭到暴行或殺害的人到底有多少，沒有人說得出大略數字。居所被焚、全身遭洗劫一空的百姓們蹲坐在教堂的石板上，失神地看著幾近赤裸坐在聖壇上唱著淫蕩法國歌謠的妓女，以及圍繞在妓女身旁酒醉亂性的西歐人……。

城市淪陷的景象雖各地皆同，唯悲傷卻令人無法習以為常。

第四天早上，以十字軍統帥孟飛拉特侯爵之名頒布了一道命令，內容規定所有人員不得私藏戰利品，一律上繳後交由各主君進行分配，抗命者死。聖保羅伯爵雖然將手下一名企圖隱瞞戰利品的騎士處以絞刑，但實際上矇騙成功的士官兵卻一定更多。不過，光以士兵們交出的擄掠品和金幣，要將指定的三所教堂塞滿，已經是綽綽有餘了。

現金的分配依約定是四分之一留給新皇帝，其餘則由十字軍和威尼斯軍隊對分。十字軍從分配到的金額中拿出五萬馬克支付威尼斯（包括當時離開威尼斯港口時的三萬四千馬克債款，以及抵達君士坦丁堡後，因為亞歷修斯四世未履行合約而由威尼斯代墊的軍需費用，總計五萬馬克）。據說在付清了積欠威尼斯的所有債務後，十字軍手頭還剩下十萬馬克，如果再加上其他金銀器、寶石、毛皮和高級布匹等，戰利品總值大約是四十萬馬克。

這其中當然不包含那些難以計價的藝術品和聖遺物，這些東西最後被識貨的人帶回家，而無緣遇到賞識者的，就在喜歡享受破壞快感的人手中給摧毀了。

拜占庭帝國更名為拉丁帝國，必須選出一位拉丁人皇帝。依據事前的協議，十字軍和威尼斯雙方各推出六名代表，投票選出皇帝。

原本呼聲最高的是沉著、勇猛，集全軍敬愛於一身的元首安利科・丹多羅，但元首以老邁為由，拒絕了提名。真正的原因其實是，這位老者害怕一旦身為威尼斯市民的自己當上皇帝，對祖國威尼斯共和國的制度恐怕會有不良的影響——要這位行事無一不是為了祖國威尼斯著想的元首，做出有可能撼動威尼斯基礎、打擊共和國制度的事，當然絕對不可能。

除了元首安利科・丹多羅之外，拉丁帝國首代皇帝的候補首選就屬十字軍的統帥孟飛拉特侯爵了。他本人或許也料到有此可能，基於影響投票人的心理，孟飛拉特侯爵早在攻下君士坦丁堡後不久便與拜占庭帝國皇帝以撒的王妃，同時也是匈牙利國王的妹妹成了親。

不過，威尼斯方面並不希望侯爵成為皇帝。這位北義大利的孟飛拉特領主與其鄰近的熱那亞之前就關係密切，如今又和覬覦亞德里亞海的匈牙利王結成了姻親，若真讓這樣的人物當上君士坦丁堡的皇帝，對威尼斯來說並不是件可喜的事，威尼斯代表們於是暗地裡決定擁戴法蘭德斯伯爵。

可能被提名的人選全被排除在投票代表外，法國的六名代表全是神職人員，威尼斯方面則是丹多羅家族以外的有力階級。

新皇帝出乎意料地在極短的時間內決定了，人選是法蘭德斯伯爵鮑德溫。威尼斯的六名代表一致投給伯爵，十字軍方面也有法蘭德斯代表的支持，所以很輕易就獲得過半數以上的投票。拉丁帝國第一任的皇帝在聖索菲亞大教堂接受加冕，主持儀式的是新選出的大主教——威尼斯人湯馬索．摩洛西尼。自孟飛拉特侯爵以下的法國諸侯和騎士一致宣誓將克盡臣子之職，效忠皇帝。

八分之三的帝國疆域被授與各諸侯、騎士去分配。要承認領土只有四分之一的皇帝為主權中心，誓死效忠，對於習慣封建制度的他們來說並不困難。

但威尼斯倒不是覺得不服氣，只是覺得不妥。所以儘管獲得八分之三的領土，元首丹多羅並沒有宣誓對皇帝效忠。法國人對於威尼斯人此舉也沒提出抗議，威尼斯人也因此成為在自己獲得的領土上唯一名實相符的主權所有者。

從此以後，元首，即威尼斯共和國的首長，不但保有先前「威尼斯共和國元首」和「達爾馬提亞公爵」的稱號，還加上了新的頭銜 *"Signore di un quarto e mezzo dell' impero romano di oriente"*（東羅馬帝國八分之三的主權人），輔佐皇帝的大臣中，也規定一定要有威尼斯人的保障名額。

不僅如此，如果再加上攻城前威尼斯在協約中所加入的「在帝國疆域內，凡威尼斯認定為敵對國家的商人，均不得從事商業」條文，等於成功地把強敵熱那亞等排除在外。

然而，就在這麼多的收穫之後，元首丹多羅還沒來得及回到故鄉，便在隔年一二〇五年客死於君士坦丁堡。

根據法方的史料，統帥當然是孟飛拉特侯爵，但也不吝惜推崇安利科．丹多羅為軍隊的智庫。這樣偉大的一位男子，死後卻睡在聖索菲亞教堂毫無綴飾的石棺中，棺木上僅以拉丁文刻以丹多羅，接受著人們的憑弔與瞻仰，直到今日。

丹多羅的墓在一四五三年君士坦丁堡永久陷入土耳其人之手後，仍舊位於原址，他的遺骨能夠運返祖國，其中有著這樣的故事。

一四七九年，蘇丹穆罕默德二世 (Mehmed II) 派遣使節前往威尼斯，請求威尼斯共和國政府派出優秀的肖像畫家前往。共和國方面選出了簡提列．貝里尼 (Gentile Bellini) 作為共和國公用畫家，將他送往君士坦丁堡。目前陳列在倫敦國家畫廊中，作畫日期為一四八〇年十一月二十五日的穆罕默德二世肖像畫，就是在這種情況下完成的。

不知是否出於共和國政府的授意，貝里尼在停留君士坦丁堡期間，向穆罕默德二世提出要求，希望將丹多羅的遺骨帶回威尼斯。深受貝里尼肖像畫感動的蘇丹欣然接受了畫家的請求，不光是遺骨，連同石棺中的盔甲、胸甲、寶劍以及馬刺等，也讓他一併帶回國。

丹多羅的名字不僅在威尼斯國內，日後在整個西歐人的心目中，似乎也流傳了一段相當長的時間，像在大仲馬《三劍客》中的亞特斯，就被設定是流著丹多羅家族血液的後代。

提起元首丹多羅最光輝的紀念碑，其實要算是完成威尼斯與東地中海所有商業要地間一連串的「高速公路」建設了。從他們的頭號勁敵熱那亞後來必須花上五十年光陰，才有辦法逐漸扳回頹勢來看，威尼斯人當初的固守確實高明。

擁有八分之三帝國疆域取得權的威尼斯，除了那些在商業上、軍事上的重要據點外，其餘全由法國的封建諸侯管轄。這對人口稀少的威尼斯共和國來說，實在是項高明的做法。他們只嘗試自己能力範圍內的事，對於基地以外的內陸領地，絲毫不感興趣。就連在君士坦丁堡城內，威尼斯人也只要了金角灣邊一塊鄰近皇宮、適於建造碼頭的地方，以及聖索菲亞教堂的周圍作為居留區。換句話說，威尼斯人占有的領土不是面或線，而是單一分散的點。甚至，即使是這些點，當他們認為力量不足以維持時，只要這些地點願意給予友好保證，他們也可以很乾脆地放棄，做法相當務實。這類友好都市包括：

- 亞德里亞海中央的薩拉。它在遠征途中就已經成為威尼斯的領地。
- 挾亞德里亞海出口位置的杜拉索。
- 進入愛奧尼亞海後的第一座島嶼：科爾夫。這裡一度成為威尼斯的領土，但數年後，威尼斯放棄此地，改為保有塞法羅尼亞島(Cephalonia)。科爾夫島最後一次成為威尼斯屬地的時間是在一三八六年之後。

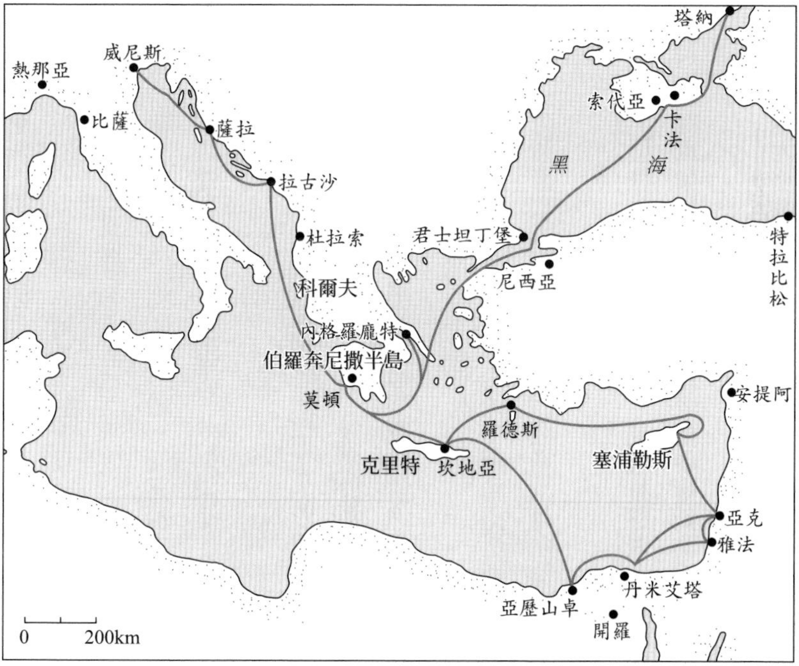

威尼斯在東地中海域的「高速公路」

- 伯羅奔尼撒半島前端的莫頓和科隆（Coron）。這兩處海角基地同時也被稱做「威尼斯共和國的雙眼」。
- 位於南端、靠近克里特島的察里哥特（Cerigotto）諸島。
- 伯羅奔尼撒半島南方，位於愛琴海入口處的特爾米西歐涅。不過，一三八六年時，基於戰略理由，威尼斯將這裡換成了海灣內的諾普利亞（Nauplia）與亞各斯（Argos）。

其他像是愛琴海中的許多島嶼：密羅斯（Milos）、帕羅斯（Paros）、納克索斯（Naxos）、密科諾斯（Mikonos）、史坦帕利亞、提諾斯（Tinos）和安德羅斯等亦是如此。但由於共和國沒有餘力直接管轄這些島，所以是分配給共和國內有權勢的家族。不用說，這些家族當然也都忠實地按照國家方針管理這些島。

薩努多家族領有納克索斯、密羅斯和帕羅斯島；基吉家族擁有密科諾斯和提諾斯島；究斯汀尼安家族負責塞里福斯（Serifos）和若亞島；奎利諾家族擁有史坦帕利亞島；丹多羅家族則是分配到安德羅斯島。

這些家族的次男和三男帶著家人遷移到島上居住，與其說是領有，更像是經營。這些島上的海軍相當優秀，經常應祖國的要求與威尼斯海軍會合，或是獨自完成軍事行動，對祖國做出許多貢獻。

唯一不同的是掌握愛琴海最重要的軍事基地內格羅龐特（Negroponte；即今日的尤比亞，

Euboea）。這座島全島都在威尼斯共和國的直接掌控下，因為只要控制了這裡，也等於控制了前往君士坦丁堡的交通。

最後是克里特。這座至今仍被稱為東地中海的航空母艦的海島，同時也是第二次世界大戰英軍和德軍的火拚地、地中海最大的島嶼，戰略價值十分重要。對威尼斯而言，它不僅是戰略上的要地，同時也是威尼斯與埃及等北非沿岸經商的中繼站，無論如何都必須固守才行。

不過，當初在劃分領土時，克里特劃歸孟飛拉特侯爵所有。威尼斯人於是將他們獲有領地權的塞薩利（Thessaly）地方，外加一萬馬克，用來和侯爵換取克里特——以威尼斯人鍾情這塊島嶼到這種程度，管理上當然是由共和國直接管轄。威尼斯人對這座島的決心，甚至可以用死守二字形容，他們所表現出的堅毅與付出的犧牲，遠遠超過後來的英國人對抗德軍。

威尼斯的「高速公路」完成了。以一個人口不到十萬的小國要想控制整個東地中海海域，成為一個商業帝國，先決條件當然是要有務實的紮根工程。而這一點，威尼斯成功地藉由第四次十字軍東征的機會完成了。

前面曾經提到過，第四次十字軍東征一開始就遭到極大的非議。例如魯西曼等歷史學家批評第四次十字軍東征的理由，大致就可分成下列三項：

第一是君士坦丁堡淪陷時，對於文明的破壞以及對居民毫無理由的暴虐行為。

第二是蔑污十字軍的精神，折損了往後十字軍運動的氣勢。

第三項是削弱原本作為對抗穆斯林屏障的拜占庭帝國力量，以致造成基督教世界日後在防禦穆斯林的攻擊時，處於相當不利的境地。

對於學者們的調查與研究範圍之廣，本人由衷佩服，但若要以上述的理由來批評第四次十字軍東征，則請恕我難表贊同。

首先是第一個理由，破壞和暴虐行為。其實，觀察第一次十字軍征服耶路撒冷和第三次十字軍獅心理查的行徑不難發現，這在當時似乎是個普遍現象。

至於當時原本還流傳的古希臘、羅馬的眾多書籍在浩劫中遭毀一事，我承認那確實是一大憾事。但我們不妨回想歷史上，單是以羅馬帝國瓦解時為例，從亞歷山卓圖書館遭焚到多少文明盡在災難中毀棄，哪項不是事實？其中尤其還有不少是毀於基督徒?!是的，摧毀起古物的徹底程度，絕不亞於其他宗教教徒的基督徒之手。

所以說，人們唯一只能寄望勝利者剛好具有品味，能夠了解這些東西的價值，至於他們是要把這些寶物當成人類重要資產放在大英博物館，或是拿來點綴聖馬可教堂等威尼斯的景色，我個人認為兩者之間並無差異。

其次是第二項理由。的確，誠如這些歷史學家們所說的，原是要恢復聖地的第四次十字軍東征，內心卻暴露了擴張領土的司馬昭之心，最後就連刻意繞路到偏僻的巴勒斯坦、做做樣子一事都省了。而已經去了巴勒斯坦的人當中，更有不少在一聽說拉丁帝國創建，便又急忙奔往君士坦丁堡的。十字軍的精神盡掃落地，十字軍運動也在第四次之後開始走下坡，終至銷聲匿跡。

但如果跳脫十字軍史的研究角度，平心而論，第四次十字軍東征果真帶來這麼大的罪孽嗎？「神與我們同在」的堅信，往往使人輕易就將想法與自己不同的人視為惡魔的同路人、敵人，進而流於狂熱信仰。縱使這之中沒有什麼物欲牽扯，純粹只是崇高精神的驅使，亦難令人表示贊同。因此，這項由穆斯林發起、基督徒繼承的聖戰思想能在十字軍運動後消滅，在我來說，並不覺得有什麼好喟嘆的。

在十字軍的歷史中，還有一次風評極差的十字軍，那就是由神聖羅馬帝國皇帝腓特烈二世(Friedrich II)所率領的第六次十字軍。這位行事講求客觀的皇帝，在不動干戈的情況下，進入耶路撒冷，以外交談判的方式使穆斯林承認基督徒朝聖的權利。沒想到，因為他沒有殺害任何穆斯林的這項舉動，竟然在西歐引起了極大責難，教皇甚至為此將他驅逐出教，還在他身上留下基督教會之敵的烙印。相較於日後率領十字軍挑戰穆斯林失敗，連耶路撒冷周邊都還沒走到就死在征途卻名列聖者行列的法王路易九世(Louis IX)的境遇，實在是夠諷刺的了。

最後一項指責則純粹是不同的史觀影響到歷史評判的絕佳例子，端看你是從現代回顧歷史加以評斷，或是直接就當時的情勢給予褒貶。

當處於事件漩渦時，再如何長於深謀遠慮者，也是當下有些事可以想到，有些卻是無法預測的。如果有誰能夠預測百年後會有鄂圖曼土耳其帝國的建立，且會在兩百五十年後發展到能使拜占庭帝國徹底瓦解，震撼整個西歐的地步的話，那這個人一定是神。要求歷史人物擁有和神同等的能力，對於他的無能加以撻伐，實在不是治史者應有的態度。

在威尼斯史相關的書籍中，有不少值得參考的資料都是出自英國人之手。或許是兩者同為海事國家的關係吧，英國人對於威尼斯似乎相當有好感，雖然不時還是可以窺見英國人假道學的部份。自認為全世界最偉大國家的英國人就算再怎麼喜歡威尼斯，畢竟還是別人國家的歷史，但相信只要是稍微了解英國史的人都知道，再也沒有比道貌岸然的英國人更可笑的了。愛爾蘭當地就流傳著這樣的笑話：

為什麼大英帝國是日不落國呢？

因為上帝不相信日落後英國人的所作所為！

在英國人還不那麼假道學的時候，真是不曉得有多可愛，寫下《羅馬帝國衰亡史》的吉朋，就是那個時代的英國人。

至於威尼斯人呢，除非他們認為裝假道學比較有利，否則這個民族，從來沒有裝出過道貌岸然的模樣。

第四章

威尼斯商人

威尼斯人果然是威尼斯人，無怪乎是被稱為把自己國家當成私人企業經營的國民。

莎士比亞的劇本中，有兩部是以威尼斯為舞臺的，我想大家一定都耳熟能詳。一部是《奧賽羅》，另一部是《威尼斯商人》。

這兩部出自名人莎士比亞的作品，的確讓威尼斯成為世界知名的都市，但不可否認的，也對希望了解威尼斯真相的人造成了不小障礙。不過，藝術家本來就不須忠於史實，只要展現的成果令人讚嘆，工作就算圓滿了。

首先來看看《奧賽羅》。視海軍為國家存亡關鍵的威尼斯，即使是商船船員也都由本國人民擔任。因此不要說是黑人，就連其他國家的人士要擔任類似海軍要職，或是駐外基地的司令官等，壓根兒都是不可能。明知這絕非史實，但是藉由安插黑人作為受妒心所苦的角色，卻不僅能道出當時威尼斯的國際性，更有絕佳的舞臺效果，這種安排方式讓人不得不讚賞。

《威尼斯商人》是講述一名叫做安東尼奧的男子為了窮困的友人，以自己身上的一磅肉作抵押，向放高利貸的夏洛克借下鉅款，未料後來船隻沉沒而還不出錢來的故事。不過，以威尼斯商人執行風險分散的徹底程度，像故事中人物因為手中船隻沉了幾艘便落魄到身無分文的情節，實在是與現實不符。就以要完全擁有一艘船隻來說，若是遠洋用的，在威尼斯也只有屈指可數的富豪能夠辦到；即使真的擁有一艘船，會有多少人整艘船只滿載自己的貨物出海，也令人不無懷疑。而且故事情節中向夏洛克所借來的錢高達三千達卡特（*Ducato*，編按：威尼斯共和國貨幣），這麼大的一筆錢要跟高利貸借，怎麼可能只向一個人，必定會分散向幾個人，盡可能減少借貸的抵押額度才是。

當然，在眾多的威尼斯商人中一定不乏做生意失敗的人，所以不像前面談到《奧賽羅》時可以斬釘截鐵地說，故事中的情節絕對不會發生。只不過，若真有這種情形，這位莎士比亞筆下的威尼斯商人一定會被共事的同胞瞧不起，任誰也會提防和這等拿人肉作擔保的危險份子合夥作生意。但是話又說回來，以一磅人肉作為抵押才能構成戲劇的要素，若換成以公債或是土地作擔保的話，那就一點張力也沒有了。

我這次想描繪的就是比較不具戲劇性史實，或說是比較接近史實的威尼斯商人形象。這是一群也許不構成入戲要件、就算將本章章名改為〈威尼斯股份有限公司〉亦無妨、具有務實性與近代精神的男性群像。

時間從十二世紀後半到十五世紀初，在這將近三百年間所發生的種種現象，我想分為四個時期來介紹：

第一期——一一〇〇年代後半到一二〇四年

第二期——一二〇五年到一二六〇年

第三期——一二六一年到一三〇〇年

第四期——一三〇〇年代到一四〇〇年代中期

這種區分方式，不過是為了方便作進一步說明。歷史中許多洪流各自向前推進，甚或偶爾後退，呈現出複雜的樣態，時所常見，想要清楚而簡單地切割歷史，終究是無謂的嘗試。明知如此卻仍作劃分，主要是基於下面幾個理由：

第一期是直到第四次十字軍攻陷君士坦丁堡為止。

第二期是從拉丁帝國建立，到拜占庭帕里奧洛加斯 (Palaeologue) 王朝復辟成功，促成拉丁帝國瓦解為止。東地中海在這段時期為威尼斯的獨占體制。

第三期是威尼斯在東地中海的獨占體制瓦解，同時也是十字軍的勢力在一二九一年阿克雷 (Acre) 淪陷後，整個退出東地中海的時期。馬可波羅 (Marco Polo) 就是活躍在這段威尼斯最艱辛時代裡的奇男子。

第四期則是經過上一段艱辛歲月，威尼斯經濟達到最高峰的時期。

在第一期的威尼斯商人中，有一名男子羅馬諾．邁拉諾 (Romano Mairano)。根據歷史學家的說法，他是該時期最典型的威尼斯商人。

從邁拉諾的姓氏來判斷，他並不屬於威尼斯的上流階級。而且從他的妻子結婚時帶來的嫁妝也知道，他們並非有產階級，也許就連作生意的資金都還付之闕如呢。

他的生年不詳，不過若從死亡那一年倒回推算，他開始從事東方貿易應該是在二十五歲前後的事。

一一五五年，邁拉諾把從海上融資中貸到的資金，拿去參加運費與商品採購金合資的有限合資公司，從威尼斯出發，一路航行到君士坦丁堡，當時銷售的商品是木材。在平安抵達目的地之後，他從木材銷售後的利潤中拿出一部份支付海上融資的貸款與有限合資公司的開銷。

之後，他並沒有直接返回威尼斯，而是和當時多數的同業一樣，以君士坦丁堡為根據地，往來於小亞細亞沿岸的士麥拿（Smyrna）、巴勒斯坦的阿克雷，和埃及的亞歷山卓之間，靠著海上融資和有限合資公司的周轉，努力經商。

除了行商的商人身份之外，他還是位旅行者，一一五六年時，甚至接任了從士麥拿到亞歷山卓之間的船長職務。當然，除了擔任船長一職外，他也依照同業間的習慣，利用從海上融資和有限合資公司兩邊貸得的資金購買一些貨品，載運到亞歷山卓銷售。

商人兼旅行者，還充當船員，這就是一二〇〇年代威尼斯等義大利海洋都市國家商人的主要形象。

邁拉諾在一一六四年回到威尼斯，那年正好是他離開祖國，向東方發展的第九年。同年，他的妻子逝世。

隔年，他再度航向東方。這回他既是船長，又是該艘船的主要出資人，自己的貨物也在船上，從威尼斯經君士坦丁堡朝著亞歷山卓出發。對一個從商超過十年的人來說，光是這樣的工作當然無法滿足他；尤其商人一旦有了信用，海上融資也容易取得。他開始拓展事業，成為前往其他目的地商船的共同出資人，在船上寄放適合該地銷售的貨品，由對方代為銷售（對方那艘船的船長說不定也和邁拉諾一樣，是位生意人，而且他的商品可能有部份也正裝在邁拉諾擔任船長的這艘船上）。

三年後，一一六八年，威尼斯共和國與拜占庭帝國之間的情勢變得極為緊張，元首下令所有威尼斯商人在君士坦丁堡的商業活動一律禁止，邁拉諾只得與其他同業返回威尼斯。他之所以在那一年再婚，倒未必是趁這個機會。不過，就在兩年後，君士坦丁堡恢復商業活動的前夕，邁拉諾立刻就把手頭的錢加上新婚妻子的嫁妝，以及從海上融資和有限合資公司貸得的款項，用來買進船隻和商品，朝著君士坦丁堡駛去。

從這個時期到一二〇四年之間，威尼斯共和國和拜占庭帝國之間的關係非常微妙，年年都有不同變化，這部份在第二章中已經介紹過。威尼斯政府為了保護國家商業吃盡苦頭，而威尼斯商人們也不輕鬆，簡直就是搏命經營。最極端的例子發生在邁拉諾勇敢航向東方的第二年。

一一七一年，在皇帝的煽動下，原先就對威尼斯商人在君士坦丁堡過於活躍，感覺有如房東被房客搶走房子般危機意識的君士坦丁堡居民，發起了排斥威尼斯人的暴動。威尼斯人的居留區遭襲、倉庫被燒毀，許多身在君士坦丁堡的威尼斯商人在皇帝一聲令下遭到拘捕，身繫囹圄。港口中停泊的威尼斯商船也遭暴民放火焚毀，威尼斯商人雖然在甲板上蓋上潮溼的布匹，企圖保住商品，但終究無法盡如人意。邁拉諾的船隻也在其中。但是他比其他同業的運氣要好一些，至少僥倖地保住性命，先逃到阿克雷，後來又搭上前往威尼斯的船隻，回到了祖國。這次事件讓他日後花了整整十二年才得以將所有借貸還清，至於威尼斯商人整體所受到的損失，當然更是難以估計。

不過，已經四十出頭的邁拉諾，一如他的祖國，並沒有被這些不幸的事件打垮。既然君士坦丁堡無法去，威尼斯政府便改變方針，將航路的重點轉移到亞歷山卓。邁拉諾也決定配合政府，把亞歷山卓當成根據地，資金則由皮耶托提供。皮耶托是自父親賽巴斯提亞諾・茲亞尼（Sebastiano Ziani，編按：一一七二～一一七八在位）被選為元首後，負責家中財物管理的人。這個舉動極可能是當時的富豪，為了讓中小商人在經歷君士坦丁堡事件的打擊後重新振作，所作的救濟措施。茲亞尼家族在當時是威尼斯公認的首富。

邁拉諾在獲得援助的情況下，再度航向東方，這次託運的仍是木材，目的地為埃及的亞歷山卓。他在熟稔的亞歷山卓城中將木材賣出後，改買胡椒，並且以胡椒，而不是錢，支付給茲亞尼在亞歷山卓的代理人，抵償欠款。

邁拉諾接著並沒有返回威尼斯，他將胡椒賣給要回威尼斯的商人，然後把所賣得的款項作為資金，開始做起北非沿岸與敘利亞、巴勒斯坦之間的貿易。當然，因為利用海上融資和有限合資公司的關係，他的資金也有了增加。他出資打造新船，請同樣是商人兼船員的同行擔任船長，行駛北非航線，銷售貨物；這種經營方式同時也是威尼斯商人最熟悉的。邁拉諾本人則是擔任敘利亞、巴勒斯坦和埃及航線的船長，除了自己的貨物外，也替別人代售商品。二十年的歲月流轉期間，邁拉諾不曾踏入國門一步，但他在君士坦丁堡所蒙受的損失，也在這個期間全部還清。

一一九〇年，在威尼斯政府以海軍力量與外交手腕雙管齊下的韌性策略下，終於改善了與拜占庭帝國之間的關係。睽違二十年後，威尼斯商人在君士坦丁堡的商業活動重新獲得開放。但是也就在同一年，或許是已屆六十高齡的關係吧，邁拉諾這位稱職的船長決定從第一線退下。

引退回國的那一年，他的第二任妻子也過世了，事業由他的兒子繼承。一二〇一年，也就是十年後，他撒手人寰，這是威尼斯全國上下團結一致，參與第四次十字軍東征的前一年。邁拉諾是位沒能來得及看到威尼斯贏得東地中海女王稱號時代來臨的商人。

像邁拉諾這種老是從商旅行，幾乎沒有返回祖國的商人類型，未必只侷限於中小商人。從十二世紀到十三世紀結束為止，這種商人兼船員的模式，也包含了上流階級，是個非常普遍的現象。這種方式對威尼斯共和國的經濟發展有著極大貢獻，因為它讓即使是沒有資本的人，也能藉由這個制度參與海外貿易，進而累積財富。而幫助這種方式運作的，正是海上融資與有限合資公司的制度。

海上融資的原文是 *Prestito Marittimo*。一般而言，這是種短期融資制度，年利率兩成，簡直就是高利貸，但在當時的歐洲被視為慣例。滿載貨物平安返航回到祖國，將貨物賣出，還清了本金和利息之後，剩下的就是自己的所得。雖然利息高得令人心痛，不過憑著自己做生意的本事，還是能夠賺大錢。

另一種融資制度是 *Colleganza*，我意譯為有限合資公司。

在日本，除了美術史之外，幾乎沒有任何關於威尼斯史的書籍。在缺乏前例可循的情況下，只好連單字都自己翻譯。不過，連我個人也覺得有限合資公司這個譯詞實在是太糟糕，所以決定以下的文章還是使用原文。*Colleganza* 這個字的本義是「連帶」，相同的制度在熱那亞稱為 *Commenda*（介紹、推薦）。

這個制度不是威尼斯、熱那亞等義大利海洋國家獨創，而是自古以來就一直存在於猶太人、希臘和阿拉伯商人之間，差別只在於當時主要是侷限在自家人或親戚，後來經過義大利的海洋國家改革後，才讓即使沒有血緣，但只要是同國人民都可以參加。

到十四世紀中葉為止，*Colleganza* 一直是主要的融資手段，而且不光是威尼斯如此，除了稱法不同外，熱那亞和比薩等國家也有相同的制度。*Colleganza* 的合約分成兩種，兩種方式都適用於打造新船、投標國有船隻的租借，或是籌措採購商品時所需的資金運作。

第一種方式是資本家出資三分之二，其餘三分之一由經營者，即船員兼商人負擔。獲利的分配是在扣除必要的經費後，由資本家和經營者對分。

第二種方式是資本家負擔全額，經營者沒錢出資也無所謂。當航海歸來，貨物銷售後的利潤由經營者取其四分之一，剩餘的四分之三歸資本家所有。

要經歷危險的航海，然後在外地將貨物售出，購買商品帶回國內買賣，實在不是件簡單的事。讀者當中可能有人會認為，經營者雖然沒有出資，但四分之一的利潤實在有欠公平。

不過，請各位試著換個角度想一想：四顆糖果，三顆給小孩，媽媽自己只留一顆；現在如果有十個小孩，每個小孩還是只有三顆，但是媽媽手上的糖果卻變成十顆。

Colleganza 的存在價值就在這裡。經營者不是只跟一位資本家「連帶」。雖然在一次航海的利潤中，自己只能獲得四分之一，但如果與十個資本家「連帶」，利潤就會變成四分之十，反正出一趟航海做生意所須花費的精神與勞力是相同的，這也是這種合約能夠維持的原因。*Colleganza* 通常是用於打造一艘新船或是一趟來回的短期航海，當航程一結束，「連帶」也隨即解散，等到有其他目的時再另行組成「連帶」。

這種方式對於沒有資金的人來說相當便利，出錢的人也能分散航海和商業上的風險，所以廣受歡迎。在保險制度尚未確立的當時，這是減少損失的唯一途徑。威尼斯人長期使用 *Colleganza*，就是看中這個制度在各方面都非常有利。

首先，對出資者而言，它不僅能夠分散風險，還能藉由與前往不同目的地的經營者各別的「連帶」，進行多元化經營。同樣的木材裝在不同航路的船上，可以同時獲得亞歷山卓的香料與敘利亞的絲織品，資本家只須負責出錢，以及在威尼斯市場上將遠從東方帶回的商品賣給歐洲商人即可。

其次，從經營者的角度上來看，這種制度也非常有利。他們可以在沒有資金的情況下開創事業，藉由與多位資本家的「連帶」增加自己的獲利。

尤其令經營者和資本家都不可忽視的好處是，這種精細的分散投資方式，也為國內外無法直接從事海外貿易，特別是手頭上有些小錢的人帶來了投資機會。從一般人的身上集資的方式，個人的出資金額雖不高，但聚沙可以成塔，在促進威尼斯經濟發展的重要的資金調度上，這種募款方式確實起了不小的貢獻。

我們可以從一二六七年逝世的元首拉尼耶利・詹諾 (Ranieri Zeno) 的遺產明細表中看出，這種被威尼斯人稱為 *Colleganza* 的融資方式，從十二、十三到十四世紀中葉，在他們的經濟中到底占有如何重要的地位。

不動產……………………一萬里拉
現金………………………三千三百八十八里拉
貴重金屬…………………三千八百六十八里拉
各種債券…………………兩千兩百六十四里拉
政府公債…………………六千五百里拉

Colleganza（一百三十二種）…………兩萬兩千九百三十五里拉

在當時的威尼斯，這類身份的人往往會將遺產的大部份，捐給像是修道院之類負責醫院、養老院、孤兒院等福利設施的宗教團體。換言之，*Colleganza* 和政府公債成了福利設施營運的重要基礎。威尼斯商人的生意做得愈好，不僅資本家或經營者，就連威尼斯許多仰賴福利設施布施的人們也愈能享受到好處。

在此之前，為了讓讀者能夠更容易了解，我一直使用資本家和經營者的名稱。但如果有人問到，資本家和經營者的階級真的劃分得那麼清楚嗎？答案是否定的。

如同邁拉諾的例子，至少在十四世紀中葉以前，A商人出資B商人前往亞歷山卓和敘利亞的商船，自己則搭乘前往君士坦丁堡的船隻，上頭還載有B出資的貨品的現象，在當時極為普遍。所謂居住在威尼斯的資本家，指的是那些在壯年後從事政府公職者，或是一般的投資大眾（當時即使是有機會參與政事的名門之後，四十歲以前也都是在海上度過）。換句話說，只要是做生意，不論在陸上還是海上，並無階級之分。

這些商人怎麼航海的呢？船隻的部份在第二章中已經介紹過，至於航海技術在十二、十三世紀時，靠的還是經驗和直覺。人類至今保存的最古老的航海圖是一件十三世紀後半的古物，不過不是威尼斯人，而是比薩人的傑作。

即使像今日航海技術已經這樣發達，一種供遊艇、汽艇使用，名為*portolano*的航路指南還是年年出版。內容主要是描述由海上眺望時，從某某處進港前的海岬外觀如何如何，也就是標示出重要的參考地標。這不僅說明目視之於航海的重要性，也點出了經驗在十三世紀時所占的比重。像邁拉諾這樣一直往來於相同航路上的商人，腦海裡一定深印著最正確的航海圖。

當時的商船是由堪稱航海專家的商人兼船長，加上乘客所組成，但船長絕對不是船上唯一擁有優秀航海技術的人。在同一艘船上可能會有好幾個人的航海技術不在船長之下，船上的決策也不會交由船長獨斷。比方因為暴風雨來臨而必須更改停靠港的決策，一般就會由船長、船主（也是商人），以及船上商人所選出的兩名代表，採行四人協商制。不論家世多麼顯赫，缺乏經驗者一律不許加入。

連同實習的水手在內，每位船員均可依照自己的身份，攜帶規定數量的貨物上船，而且不須支付運費，當船長的好處也就在這裡。在這樣的體制下，從船長、船客到實習的水手，船上所有人員全都利害與共。

將指揮權交由該方面的專家負責，不操在一人之手，其餘眾人則全力固守自己的崗位，如此不僅有助於提升共同體的利益，最後也會成為個人的利益——這種威尼斯共和國透過政治、經濟、外交所展現出來的威尼斯精神，說不定就是從商船航程中培養出來的。

說真的，對於把一二〇四年第四次十字軍征服君士坦丁堡後的半個世紀，描述為威尼斯的東地中海獨占體制時代一事，我實在有些排斥。

沒錯，威尼斯對於第四次十字軍所作的「投資」，的確十足回本——一條連結威尼斯到君士坦丁堡、敘利亞、巴勒斯坦和埃及的「高速公路網」於焉完成，自此而後，威尼斯商人在該海域航行時，對於設置在領國或是友好國的基地都可逐站停靠。然而，在這一千餘年的歷史中，威尼斯卻從未真正享受過「羅馬和平」(Pax Romana) 的和平盛世。

古羅馬帝國是個陸地型國家，天然資源豐富不說，除了國運末期以外，就連人力資源也不曾有過匱乏。

而威尼斯呢，雖然有人因為他們的法律公正與愛國心，稱他們為中世紀的羅馬，但威尼斯畢竟只是個海洋都市國家，海鹽才是他們僅有的天然資源。人力資源是比競爭對手熱那亞多那麼一點，但此時也才剛好逾十萬人而已。在一三三八年時，曾有一度達到過十三萬三千人，但八年後爆發黑死病，據說又使人口減到只剩三分之二；即使是號稱人口最多的一四三八那年，總數也不過才十九萬。十四世紀前半的威尼斯，人口僅次於巴黎和那不勒斯 (Naples)，有西歐第三大都市之稱。但巴黎與那不勒斯可不是都市國家，周邊有豐沛的人力作資源，相形之下，威尼斯卻是城市即國家，再怎麼從亞德里亞海東岸募集水手，這些人畢竟只是下級船員，軍事的重責大任仍舊得由本國市民自己扛。

尤其，威尼斯的領土宛如踏腳石分散相隔，光是地中海中最大的島嶼克里特與內格羅龐特等的海外領土相加，面積就比本國領土還大。單是要費心守住這些領土，便已耗去相當驚人的軍事和政治能量。

不僅如此，自從拉丁帝國創建後，由於統治無方，國力一直十分薄弱，如果不是威尼斯海軍的守防，情況簡直岌岌可危。海岸地區有威尼斯海軍守護，還算太平，只是內陸卻捉襟見肘。看準了這一點，北方新興的保加利亞帝國、東方拜占庭帝國的殘存勢力尼西亞 (Nicaea) 帝國，以及西邊伊比魯斯 (Epirus) 的僭主，無不步步進逼。唯一情勢較平靜的南方，也是因為緊鄰的愛琴海屬於威尼斯支配，才能享有較平靜的生活。

不得不承認自己人力資源匱乏的威尼斯，為了避免與這些陸地型國家挑起無謂的戰爭，於是也不管西歐人批評他們沒有道德操守，在拉丁帝國創建十二年後，便與伊比魯斯的僭主簽訂了友好通商條約。三年後，又與尼西亞帝國皇帝簽訂了相同的條約。原因是伊比魯斯的僭主掌握了杜拉索到帕特拉斯 (Patras) 一帶，也就是亞德里亞海的出口，而尼西亞皇帝則是控制了小亞細亞沿岸與黑海沿岸。

陸上不順遂，那麼在他們專擅的海上，威尼斯是否就能高枕無憂呢？我想還是加上「比較能夠」這個副詞才恰當。威尼斯的海上強敵就是另一個義大利海洋都市國家，熱那亞。

熱那亞的故事，我將在第六章集中作介紹，這裡只簡單帶過。要形容熱那亞人的特質，不外乎下列幾行描述——和威尼斯人最大的不同，熱那亞人的個人主義色彩濃厚，不太考慮共同體的利益。或許也因為與國家的關聯薄弱，所以大多獨來獨往，喜歡孤注一擲的特質非常明顯。他們不僅具有經商的才能，更是航海的天才，這絕對不是因為出了一位哥倫布才如此說。他們向威尼斯的獨占體制挑戰，真正的大反撲雖然在十三世紀中葉才開始，但早在那之前就已經是威尼斯的頭號對手了。這些擁有航海天份的獨行俠們雖然都是單獨行動，其孤注一擲的作風卻讓人難以消受，或者應該說——海盜行為。

在海上遇到交戰敵國的商船隊，雙方交戰，由贏的一方將船隻、貨物和船員一併接收，船員和乘客則在繳交贖金後釋回的作法上，威尼斯商人雖然不落人後，但如果提到純粹在海上尋找獵物的海盜行為，則是在許久之前就幾乎銷聲匿跡了。別的不說，威尼斯共和國政府首先就不允許。

相形之下，熱那亞商人在經商順利時是商人，但只要一遇到了阻礙，馬上就易幟變為海盜。薄伽丘著的《十日談》中有段故事就是在敘述一位經商失敗，轉換跑道變成一名成功海盜的熱那亞人。不過在當時，熱那亞式的作法毋寧較普遍，反倒是威尼斯的作法比較特殊。雖然威尼斯人以細長的快速槳帆船組成船隊，經常在海上來回巡邏，但是面對這些獨行俠們的行蹤，還是感到相當棘手。

尤其，威尼斯在拉丁帝國創建時，曾在協約中加上一條但書：凡威尼斯認定為敵國的商人，均不得在拉丁帝國內從事商業行為。言下之意就是將威尼斯的對手熱那亞和比薩商人摒除在外。就算拉丁帝國再怎麼積弱不振，好歹還掌握了君士坦丁堡和通往黑海的博斯普魯斯海峽。想想看，東方貿易的重鎮之一，熱那亞商人竟然無法在此經商，也難怪他們會對游擊戰如此熱衷了。

威尼斯後來把獨占君士坦丁堡的好處與在敘利亞及巴勒斯坦所受的損害，做了一番衡量，覺得繼續排除對手不見得比較有利，一二〇六年便率先讓比薩商人進入市場，一二一八年又許可熱那亞人入境通商。之所以讓比薩人優先進入，不是因為對比薩商人比較有好感，只是他們比熱那亞商人好合作一些。

第四次十字軍東征所帶來的改變，除了君士坦丁堡落入西歐人之手外，西歐商人首次進入黑海沿岸，也為商業帶來了劃時代變化。在此之前，拜占庭帝國縱使給予威尼斯商人再多特權、允許西歐商人在君士坦丁堡自由通商等，唯獨就是不准他們通過博斯普魯斯海峽直接與黑海沿岸各個都市交易。換言之，長久以來西歐商人一直是乖乖待在君士坦丁堡，向希臘商人購買運來的貨品，然後再帶到埃及或西歐銷售。現在這項禁令解除了，博斯普魯斯海峽中放眼望去，盡是飄揚著義大利海洋國家旗幟的商船隊伍。看來，與黑海沿岸的直接貿易對當時的商人而言，果真是魅力無窮。

麵粉、鹽、鹽漬魚、毛皮和奴隸，量多豐沛，尤其以奴隸最受到香料集散地的埃及人和敘利亞人的青睞。他們將奴隸賣掉後，改買香料和高貴的布匹，帶回西歐銷售，由於中間不再須要經過希臘商人之手，買進價格因此能夠壓低，義大利商人們幾乎全卯足了勁。

不過，與黑海沿岸都市貿易除了意味能夠買到那附近的產物之外，更重要的還是可以直接購得波斯的絲、香料、珍珠、浮花織錦、藍色染料等這類西歐人求之若渴的產品。以一個商業中心來說，此時的君士坦丁堡比起它作為拜占庭帝國首都的時代是褪色了些，但是光憑它是前往黑海的中繼站這一點，仍然稱得上是個重要的商業基地。

尤其是奴隸。以塔納 (Tana) 等地為集散地的黑海地區各都市的奴隸，黃種人中有來自中亞的韃靼人，白種人有俄羅斯和高加索人。高加索女性素以美貌著稱，在穆斯林的後宮裡備受寵愛。這些奴隸被帆船載著南下博斯普魯斯海峽，銷往東地中海地區。在塞浦勒斯和克里特，他們被當成農奴；在埃及，他們充做士兵；在其他的伊斯蘭國家，有的被差去當兵，有的幫忙家事或是做妾，需求量有如一個無底洞。奴隸身份在穆斯林眼中並不像基督教世界中那麼不名譽，有些人甚至以奴隸的身份飛黃騰達，像埃及的馬木路克王朝 (Mamluk Sultanste) 就是個最好的例子。奴隸在威尼斯和佛羅倫斯是有錢人家的裝飾品，再來才是幫忙做點家事，所以通常以帶有異國風情的黑人奴隸較受歡迎。同樣的道理，在伊斯蘭國家，賣的價碼較好的也是白人奴隸。由於正值歐洲供應源愈來愈少的關係，現在多了黑海加入市場，這對西歐商人來說實在是個大利多。特別是威尼斯商人，由於在君士坦丁堡這個絕佳的中繼站上不僅設有居留區，還有專用的停泊港可以致力營商，比起其他國家的商人來說，優勢確實要好上一大截。

對威尼斯這種海洋國家來說，當情況有利時必須加上「比較」這個副詞，當情況變得不利時，同樣要加上「比較」這個副詞。

所謂「比較」，指的是拿那段時期與前後時期作對照，或是與同一時期的其他國家相比。為了方便起見，我將一二六一年到一三〇〇年劃分為第三期。這段期間有三件政治大事：

一二六一年拉丁帝國滅亡

一二六八年安提阿 (Antioch) 淪陷

一二九一年阿克雷淪陷

這是段對西歐商人，尤其對威尼斯商人而言，光是考慮如何繼續貿易就頭痛的波濤洶湧歲月。想要將經濟與政治分開卻分不開，這種課題絕對不是今日僅見。

一二六一年，帕里奧洛加斯王朝滅了拉丁帝國，重建拜占庭帝國，這對威尼斯是項不小的打擊。整件事的始末是：米海爾八世 (Michael VIII Palaiologos) 暗中與熱那亞簽訂密約，運用地理位置最接近君士坦丁堡的優勢，趁著威尼斯艦隊航行到遙遠的外海時，內神通外鬼地占領君士坦丁堡。接獲消息後的威尼斯艦隊雖然急忙掉轉頭，但眼見一切已成定局，束手無策之餘，只能趕緊讓市內居留區的同胞到船上避難，帶著他們逃到內格羅龐特的基地。

米海爾八世與熱那亞商人之間的密約，內容是這樣約定的：由熱那亞與威尼斯海軍對決，負責牽制威尼斯艦隊使其無法接近君士坦丁堡，事成之後，米海爾八世會以威尼斯商人原先享有的權利賦予熱那亞商人。

但是更糟糕的還在後頭，米海爾八世除了市內的領土外，還把城外的加拉太（亦稱培拉，Pera）也賜給了熱那亞商人。從加拉太挾金角灣、臨博斯普魯斯海峽的險要性來看，威尼斯人今後恐怕不僅在君士坦丁堡市內無地立足，甚至可能被排除在整個拜占庭帝國的領土之外。

儘管威尼斯此時仍然擁有愛琴海的絕大部份，但當時的大環境正是蒙古人自一二五八年掠奪巴格達後，對外關係由原本的好戰轉為愛好和平，開始歡迎西歐商人的時期，在這種情況下被摒除在黑海沿岸貿易之外，沒有哪國商人願意樂見。

不過，沒多久這事便有了「比較性」變化。由於這次的成功輕易到手，米海爾八世有感於受惠於熱那亞不多，開始後悔不該只給熱那亞商人優惠。當然，這與威尼斯政府在背後機敏、靈活的外交手腕運作亦不無關係。

七年後的一二六八年，威尼斯人重新獲准回到君士坦丁堡經商，但是少了以往的優惠待遇，以及熱那亞人經營培拉地區有成，要介入實非易事。稍早前，熱那亞與威尼斯的百年戰爭於一二五五年揭開了序幕。如何與交戰國人民咫尺競爭做生意，想來就令人耗神，這在當時卻形同家常便飯。

熱那亞人對於黑海貿易究竟有多重視，只消看看今日博斯普魯斯海峽的沿岸要塞，至今保存下來的除了兩處是後世土耳其人蓋的之外，其餘都是出自熱那亞人之手便知一二。馬可波羅的父親與伯父兩人的第一次中國之旅，出發點就是黑海，時間正好是帕里奧洛加斯王朝消滅拉丁帝國前夕，但在回程時卻避開了黑海，改由波斯穿越地中海，再返回威尼斯。一二七一年馬可波羅同行的第二次中國之旅，一行人由威尼斯出發後，由地中海東岸進入波斯，直到二十年後，回程時才又經由波斯抵達黑海沿岸的特拉比松（Trebizond），然後再從君士坦丁堡返回威尼斯。從馬可波羅一行的航路選擇，我們也彷彿窺見了當時為了避開戰火（熱那亞與威尼斯為了爭奪黑海沿岸都市貿易權的戰事）波及的商人典型身影。

提及名聞遐邇的馬可波羅，我想應該不用多加介紹了。暫且將「先驅者多是偉大的」云云擺在一旁，若以去國多年這件事來看，對當時馬可波羅的同行們而言，實在不值得大驚小怪。像邁拉諾就是個很好的例子，在海外滯留二十年不歸並不算太罕見的事蹟。

所以，或許只是波羅家的男人們，尤其是馬可，比其他同行多了一點好奇心、更喜歡旅行、更關切與其他民族的交流吧。當然，馬可的父親和伯父確實是最先抵達北京的西歐人，馬可也是首位成為宮廷官員的人物。但若認真說起來，繼波羅兄弟之後前往北京的威尼斯和熱那亞商人其實也不少，我想真正讓馬可波羅與眾不同的應該還是他在結束他的大旅行之後，正巧被捲入當時威尼斯與熱那亞例行公事般的戰爭，成為熱那亞的階下囚，並且在閒得發慌時，幸運得到一名聽眾起意把他的見聞寫下來吧（也幸虧有這個人，西歐人才知道日本的存在）。

這裡有個證據，可以說明到陌生之地作商業旅行，對當時的人並非特別的事。

繼波羅家族的中國之旅不到半世紀的時間，有一群在威尼斯無人不知、無人不曉的名門男子計畫出外遠遊。

一三三八年，喬凡尼．羅瑞丹 (Giovanni Loredan) 與其他五名同為名門之後的男性商人，一同出發前往印度德里 (Delhi)。他本身才剛從中國回來沒多久。由於繼波羅一家之後，已有許多人前往中國，通路已經打開，他們只須從黑海深處的塔納走陸路到沙來 (Sarai) 就行了。

但是，順著窩瓦河 (Volga) 行駛到河口，再沿著裏海南下，經帕米爾高原的興都庫什 (Hindu Kush) 山脈到印度的這條路線，西歐商人還不曾走過。

為求促成與印度王的交易，羅瑞丹一行五人共同出資購買了當時最新的工業製品鐘錶和噴水器，羅瑞丹自己則帶了佛羅倫斯產的毛織品，以便在途中典當，貼補旅費。

安全抵達德里的這一行人，或許因為是首次來訪的西歐人，受到印度王熱烈的歡迎。羅瑞丹馬上拿出事前準備的鐘錶和噴水器，國王大喜，賞賜了價值不下數十倍的印度名貴物品。他們所帶來的其他物品，也在轉瞬間銷售一空，看來這次的印度商務之旅非常成功。羅瑞丹一行人在回程時經過波斯，將印度王賞賜的物品賣掉，買了波斯特產的珍珠。

如果能夠就此平安回到故鄉，有機會將縫在衣襬下的大量珍珠全數倒在桌上的話，羅瑞丹應該也能像馬可波羅一樣出名。可惜，他們一行人沒有波羅家族的好運。在回程途中，羅瑞丹與另外兩位朋友死於疾病，回到威尼斯時只剩下其餘三人。碰到這種情形，遺族及投資者的權益在堅守法律的威尼斯政府的嚴格監督下，死者的權利將由遺族繼承，而投資在已逝者身上的投資人的權益，也不會平白損失。

像馬可波羅和喬凡尼·羅瑞丹這樣的商人，多少與其他大多數的同行有些不同。要是換成了熱那亞人，一定會將所有信賴寄託在這些與眾不同的人身上，配合著他們的大膽與勇氣來擬定國家的未來方針。但是，威尼斯人並不這麼做。

並不是威尼斯不肯定本國商人英勇的冒險事蹟，或是壓抑他們的行動，而是他們選擇把國家發展的基礎放在像邁拉諾這樣的普通商人身上。因為威尼斯人，尤其是掌控政府的大商人階級，對於國家統治的看法與其他國家的人大大不同。

依字典上的定義來看：

統治——治理國家及其國民

經營——講求事業推動的經濟效益

威尼斯人選擇了用什麼方式統治國家呢？我想，「經營」這個詞，可能會比統治來得恰當。如同研究中世紀經濟史的權威耶魯大學羅勃茲教授曾經說過：「威尼斯共和國的經營，一如現代的民間企業。」

換句話說，「符合經濟效益」乃首要目的。威尼斯的發展之所以比熱那亞或佛羅倫斯來得重視穩定成長，說穿了，就是這種做法比較符合經濟效益。威尼斯人為了這個目的行使「行政指導」，尤其是在海外局勢動盪不安的這個時期，作風更是強勢。

名為「慕達」(*Muda*)的定期商船航路制度創立於一二五五年，此時正是威尼斯長期以來在東地中海幾近獨占的優勢開始動搖，與對手熱那亞的關係也正陷入正面衝突的時期。其他海洋國家雖然也有類似「慕達」的制度，但都只是相同航向的商船集體行動，主要的目的是保護自己不受海戰，或是遭受敵國船隻的攻擊。當然，這也是威尼斯的目的，但威尼斯的慕達同時也是他們針對如何有效率經營海外貿易，當時所研擬出的一種非常威尼斯式的智慧結晶。

「慕達」這個字，原本是指昆蟲到了春天脫去外殼、蛻變的意思，意譯則是「航海的解禁」，後來被用來指稱解禁期間出港的定期商船航路。

初期，這些槳帆船都是私人的，但不久全面改由國有槳帆船替代。船隊一般由五艘，有時是十艘組成。十四世紀之後，由於槳帆船的大型化，兩、三艘也可以組成一個船隊。船隊的領袖稱為船隊長，由國家任命（以往私人船隊的時代，船隊長就已經是國家指派的了）。發生征戰時，軍用槳帆船會在一旁隨護警衛；但是從商用槳帆船連同划槳手在內，船上人數原本就不少來看，本身其實就已經具有防禦的能力。

船隻的航路、目的地，甚至是途中的停靠港，一律由政府決定。政府會依據不同時期的

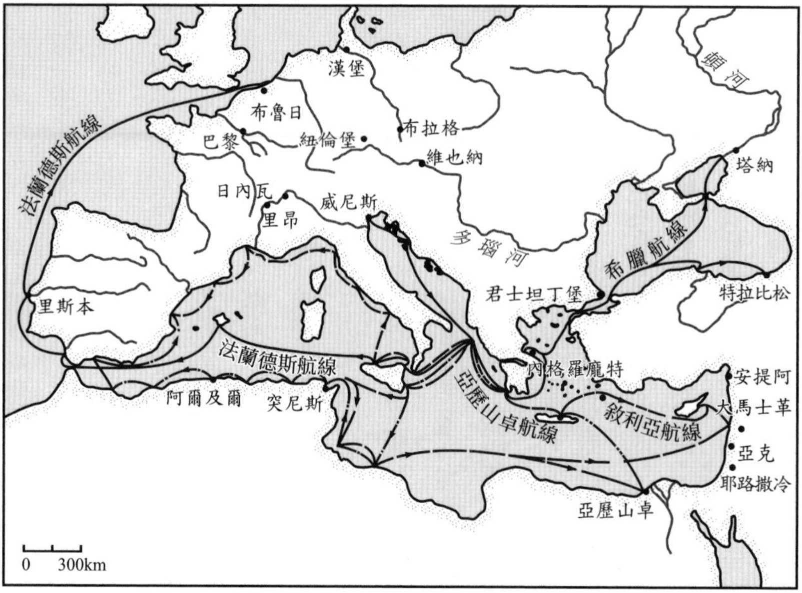

十五世紀威尼斯的定期航路（摘自 Frederic C. Lane *Storia di Venezia*）

政情做出決策，每個船隊的情況不一，但通常是在春季出航，秋季歸來。如果是在八月出海，則在海外過冬，於隔年春天再返回。這種航海行程一直持續到十三世紀末。

航路有時會因海外的情勢而中斷，或是更換目的地。若以河川來形容的話，下列四條航線算是大河級的：

一、希臘航路——部份船隻會在中途脫隊，經由君士坦丁堡前往黑海。

二、塞浦勒斯、敘利亞、巴勒斯坦航路

三、亞歷山卓航路

四、法蘭德斯航路——大多經由英國的南安普頓(Southampton)。

這些「慕達」（由幾艘商用槳帆船組成的船隊）一到航海解禁時便紛紛離開威尼斯港，當時一季中離開威尼斯的船隊數目據說在三十到五十之間。所有船隊，法蘭德斯航路除外，在經過伯羅奔尼撒半島南端的馬塔帕洛(Matapalo)岬之前，都走同一條路線。馬塔帕洛岬附近海面由於風向轉變急遽，向來是公認的難關，在通過這個難關之後，船隊才分道揚鑣。不論是往北、往東或是往南的航路，都因為「高速公路」的完成，一路上有領事館、商館、船隻維修廠等完備設施，可以解決航海或通商上發生的問題。

這些「慕達」為什麼這麼劃定呢？這就得提到各條航路運送的進出口物品了。

希臘航路的出口品是法蘭德斯的毛織品、佛羅倫斯產的紡織品、日耳曼的金屬製品和威尼斯的玻璃工藝品；進口貨物則是葡萄酒、橄欖油、果實、斯巴達(Sparta)與第比斯(Thebes)產的絲、砂糖、蜂蜜、蠟和染料等。黑海地區的物產是小麥、毛皮革與奴隸，最後一項（奴隸）由於政府規定不可以用槳帆船載運，所以全是靠著往來君士坦丁堡和亞歷山卓之間的帆船運送。

在塞浦勒斯、敘利亞、巴勒斯坦航路的出口貨物中，還多了木材一項。進口貨物則是香料、大馬士革(Damascus)的絲織品、果實、染料等等，都是一些讓人馬上聯想到東方的物品。

亞歷山卓航路是清一色的東洋特產香料。相對地，威尼斯的出口貨物則為金屬製品、毛織品、木材，以及奴隸。

法蘭德斯航路開設時間最晚，十四世紀初期的出口貨物為香料、砂糖、希臘產葡萄酒（英國人最是喜歡），以及高級織品。進口貨物則是羊毛與毛織品。

從中可以明顯看出威尼斯商業為仲介貿易的特性。

不過，並不是所有船隻都一定按照這些規定的「慕達」行駛。若把「慕達」比喻成河川，在每個定期航路船隊的停靠港，好比支流匯入大河般，同樣會有許多小帆船來往，運來船隊不會停靠地區的貨品。大型帆船主要是載運鹽、小麥、木材、鹽漬魚、奴隸等，因此大多是依照定期航路行駛。

這些構成「慕達」的槳帆船雖然在安全性和可靠性上相當卓越，但由於需要眾多的划槳手，運輸成本上高出一大截，政府於是規定必須以香料、染料和昂貴的紡織品等質輕價高的產品為優先。至於質輕，但價格低廉的棉花，則必須等到槳帆船有空位，或是交由帆船載運。貨物中份量最重的鹽或木材，則一律交由帆船負責。不過，除了載運商品的時期以外，這些行駛支流，甚或行駛定期航路的帆船，並不受到政府「行政指導」的約束。

也就是說，如果你在腦海裡勾勒地中海區域的地圖，整個航路圖大概就是有四條以威尼斯為據點的橫貫東西的粗線，上頭還有細長而縱橫的短線與主幹合流，宛如血管的分布圖一樣。

在沒有冰箱的時代，肉類的保存必須先鹽漬，然後風乾，能夠吃到沒有臭味的生肉，實在是件天大的事。要去除肉上的臭氣，改善味道，靠的就是香料。西歐人自從嚐過香料的妙用

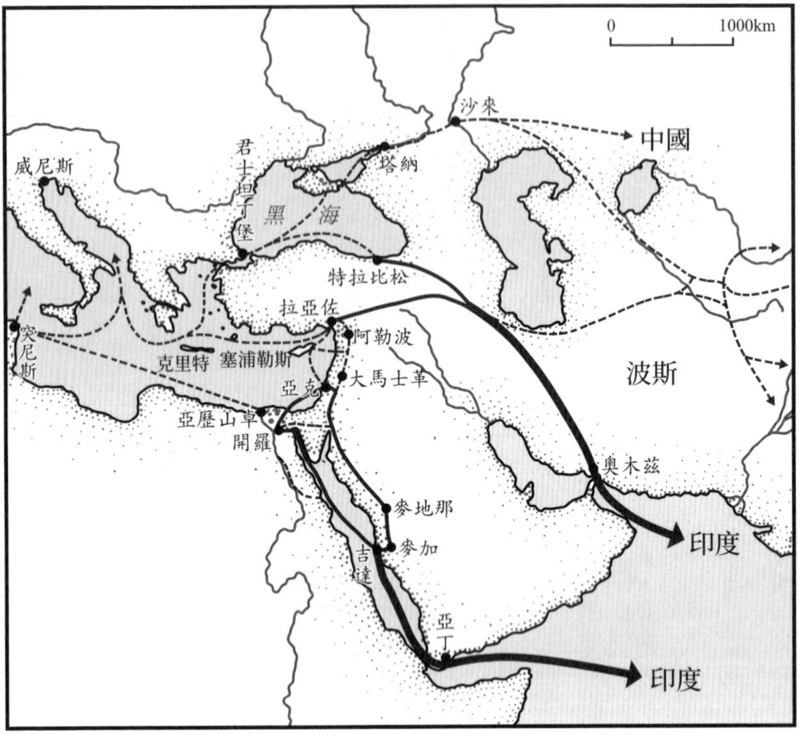

香料之路（摘自 Frederic C. Lane *Storia di Venezia*）

之後，生活中就少不了它，好比調味料在日本的情形一樣——蔥、生薑、芥末等能使以魚類為主的日本料理增添風味；胡椒、肉桂和丁香、肉豆蔻和生薑等，當然也可以讓肉食變得更美味。其他像是月桂樹的葉子，同樣具有調味的功效，不過這一項西歐本身就有生產。

胡椒應該不用再多做說明了。肉桂的用法與胡椒相同，要碾碎了後使用。丁香是將花蕊曬乾後直接使用。肉豆蔻則是像糖果般大小的果實，以研磨器磨碎後使用。這裡的生薑乾乾癟癟的，沒有日本生薑粗大，乍看之下有點像小骨頭碎片，使用前要先泡過水，料理方法和日本相同。

以上這些通稱為香料的調味品，是中世紀地中海貿易炙手可熱的商品，即使在今日西歐的肉類佳餚中，仍是一項不可或缺的要素，在義大利街坊隨處可以買到。歐洲人對於香料，雖然不像日本人視其為珍貴的異國產物，但也是以小袋包裝出售的。直到十六世紀為止，威尼斯商人都是在君士坦丁堡一處稱為「香料市集」的地方集中進行交易，該市集也因此被稱為「威尼斯人的市集」，熱鬧非凡。

當時的交易情形，與中世紀繪畫或雕刻中所描繪的相去不遠，非常類似日本賣黃豆的情形。店門口擺著裝滿香料的大麻袋，商人們隨意從中舀出香料出售。麻袋口隨意攤開著，裡頭的東西少了，商人們就把麻袋口不斷向外翻，所以看起來永遠是裝得滿滿的，周遭還瀰漫著一股濃郁地叫人直頭疼的香氣。在曾經是西歐香料集散地的威尼斯，當時的景象想來也是如此吧。

印度和錫蘭產的香料，主要是透過下面這四條通商路線，越過印度洋，被載運到威尼斯定期船隊航行的東方港口。

一、黑海通商路線——通過印度洋，由波斯灣口登陸，穿越波斯，再從裏海附近的大布里士(Tabriz)，前往黑海沿岸的特拉比松。

二、小亞美尼亞通商路線——這是以前馬可波羅走的路線。前段的路線與黑海通商路線相同，但是是從大布里士之後取道向西，前往鄰接地中海的小亞美尼亞的拉亞佐。

三、阿克雷通商路線——穿越印度洋，進入紅海，從紅海西岸的吉達 (Jidda) 登陸後，靠著號稱沙漠之舟的駱駝作搬運工具，經過麥加 (Mecca)、麥地那 (Medina)，抵達大馬士革。從大馬士革到地中海沿岸的阿克雷，大約需三、四天的行程。

第四條通商路線則是繼續循著紅海，北上前往蘇伊士 (Suez)，或是在途中由東岸上陸，順著尼羅河前往開羅和亞歷山卓，中途有些船隊會在抵達開羅後脫隊，改朝阿克雷前進。

來往於這些通商路上的商人，包括了阿拉伯人、亞美尼亞人、猶太人和希臘人等。他們習慣在附近做生意，不管有沒有戰爭；就拿十字軍對他們來說好了，充其量也不過是在路上遇襲、貨物被搶的危險性提高而已。沙漠中的通商路線，一次也不曾間斷過。

做生意的人，軍火商除外，局勢愈是和平，榮景就愈可期。帶著貨物橫越沙漠的商人、搭船前來批貨的商人，不管是不是和平主義者，應該都是祈求天下太平的。奈何天下事常事與願違。光是從一二六八年君士坦丁堡、黑海航路重新開放，到一三四三年亞歷山卓航路重新開啟的短短七十六年間，威尼斯的「慕達」便不得不經常作大幅度的航路變更。

從一二六八年君士坦丁堡、黑海航路重新開啟算起，撇開一三一四年開設的法蘭德斯航路不算，黑海通商路線、敘利亞與巴勒斯坦航路、亞歷山卓航路這三條路線真正暢行無阻的時間，其實只有短短的十三年。一二九一年，在馬木路克王朝的攻擊下，十字軍在敘利亞和巴勒斯坦的最後堡壘阿克雷淪陷了。

威尼斯在阿克雷除了有領事館之外，連專門的教會和麵包店等也一應俱全，對於幾乎已經把這裡當成家園的威尼斯人來說，這簡直是項重大打擊。無法繼續在阿克雷做生意，等於不能與馬木路克王朝的根據地埃及通商，亞歷山卓航路也被迫封閉。同時期，敘利亞、巴勒斯坦航路又因為羅馬教皇不滿十字軍的敗北，嚴令一切物資（即使無關軍事）均不許與穆斯林通商，造成船隻必須在抵達塞浦勒斯後折返，無法繼續向前。

但是據說背地裡還是有人偷偷來往（羅馬教皇日後想必是一再頒布禁令），例如威尼斯就是在一三〇二年時，與馬木路克的蘇丹之間祕密訂定了通商條約。

之後二十個年頭，威尼斯與羅馬教皇之間的關係便彷彿躲迷藏，威尼斯商人們逃竄到各個都市做生意，等到快要東窗事發時，又急忙轉換到其他城市。一想到從沙漠中跋涉而來的駱駝也得配合威尼斯商人東奔西跑的模樣，就令人不禁莞爾。

按耐不住的教皇，終於在一三二二年派遣特使前往威尼斯，將幾十名與穆斯林交易的主要商人全數逐出教會。這些人全是威尼斯政府的要員，其中還包括一名唯一與元首同為終身職，權力不大但權威很大的聖馬可教堂監督官在內，這下可成了社會問題。由於被逐出教會者，死後不得與基督徒同葬，也不能見證子孫的洗禮或結婚，問題可說非常嚴重。威尼斯政府雖然提出抗議，但教皇置之不理。威尼斯最後只好屈服於教皇的權力，在往後的二十三年間，亞歷山卓港內再也見不到一艘威尼斯的船隻。

這種寫法，似乎會讓人覺得威尼斯哭哭啼啼地放棄了與穆斯林通商的豐厚利潤，但其實根本不是這麼回事。套用現代的經濟術語就是，他們發明了“dummy”的作法。因為他們留意到，與西歐的基督徒相比，東方的基督徒並不受到羅馬教皇的左右。

不能跟穆斯林做生意？沒關係！那就跟東方的基督徒做生意嘛。只不過……。

先前東躲西藏的交易方式，現在塵埃落定，地點就選在塞浦勒斯島和拉亞佐（Lajazzo），其中又以拉亞佐為重鎮。拉亞佐是小亞美尼亞（Lesser Armenia，與塞浦勒斯島相對，東地中海沿岸眾多伊斯蘭國家圍繞下的基督教小國）的一個城市，原本就是東方物產的集散地，集中到拉亞佐的香料，全都是從穆斯林支配下的領土運過來。早在教皇忍無可忍的十年前，威尼斯就想到了以這個方式，避開教皇的注意，每年悄悄派遣由私有船隻組成的船隊到拉亞佐，現在只不過是把所有航路改由拉亞佐航路取代罷了。

從此，小亞美尼亞的拉亞佐不但有了遠道從波斯來的商品，還有遠渡紅海而來的貨物，埃及蘇丹更是在將十字軍趕走後不久，便與威尼斯簽訂通商條約，可見與西歐商人通商對他們是多麼有利的一件事。雙方簽訂的條約內容是：威尼斯以年貢的方式支付往來小亞美尼亞的商品關稅，埃及蘇丹則不攻擊基督教國家小亞美尼亞作為交換條件。雖然沒有直接證據顯示威尼斯政府在暗地裡如何運作，但無可否認地，這的確是非常威尼斯式的作法。教皇沒有了藉口，威尼斯共和國無法與亞歷山卓和阿克雷做生意的缺口，從此便由黑海與拉亞佐遞補，維持了二十一年。

事態在一三四三年有了變化，傳言居住在塔納的一名威尼斯人殺了一名原住民，惹惱當地領主蒙古大汗，導致威尼斯人和熱那亞商人的居留區遭襲，商品被焚，不得不暫時放棄這個在黑海的主要商業基地之一。雖然威尼斯靠著其他幾個基地，像是特拉比松等，還不至於造成黑海地區通商的全面斷絕，但是他們此時也開始警覺，將所有信賴都寄託在這條航路上並不安全。

威尼斯商人個別在執行 *Colleganza* 式的風險分散向來徹底，整個國家當然更是不會冒險地孤注一擲，這時他們想到的辦法是——賄賂教皇。

一三四四年，也就是一年後，教皇頒令給威尼斯政府，允許威尼斯與穆斯林通商，理由是威尼斯在幫助小亞細亞的士麥拿光復、脫離土耳其海盜的掌控上盡了力。但其實真正貢獻力量的是聖約翰騎士團 (Ordre des Hospitaliers)，威尼斯不過是派遣了五、六艘槳帆船前往而已。

總之，亞歷山卓航路又恢復了航運，繁榮三十多年的拉亞佐也因為失去主要的存在價值，地位滑落成東地中海沿岸的一個普通都市。對威尼斯商人而言，貨物要再轉經小亞美尼亞商人之手，只是徒增流通程序，最好的方式還是直接與穆斯林交易。埃及的蘇丹也因為留下小亞美尼亞的理由消失，不久便征服了小亞美尼亞。但威尼斯人對這項侵略舉動倒沒有強烈的理由反對，因為儘管局勢有什麼轉變，他們至少還有塞浦勒斯這條航路。

相較之下，另一條不須與穆斯林打交道的法蘭德斯航路是否就暢行無阻了呢？倒也不見得。這條航路在一三一四年開設後，才過了四年，就因為威尼斯船員被捲入南安普頓居民的紛爭中，造成英國與威尼斯一度斷交。雖然威尼斯在商業基地布魯日設有領事館，使得威尼斯的商船航路仍不致斷絕，但二十年後由於英法百年戰爭的開打，這條航路也無法再繼續下去了。

約此同時，熱那亞國內照例又起了勃谿。教皇黨的熱那亞人結合那不勒斯王，保皇黨的熱那亞人後頭則有西西里王撐腰，兩邊愈鬥愈烈，弄得西地中海動盪不安。有三艘脫隊的威尼斯商船在停靠西西里港時，遭到保皇黨的熱那亞人扣押，貨物被掠奪一空。前面已經提過，不論是保皇黨還是教皇黨，熱那亞人向來是只要逮到機會就公然使出海盜行徑，令人苦於應付。

威尼斯政府研判這種情勢不會馬上解除，決定關閉法蘭德斯航路。正好這時西北歐和威尼斯之間的陸路也獲得改善，變得更加安全，所以就算關閉，威尼斯的損害也不嚴重。於是，在往後的四十年裡，威尼斯與西北歐之間的來往便一直仰賴陸路，但可苦了獨鍾希臘產葡萄酒的英國人，因為葡萄酒耐得了船運，可承受不了馬車的顛簸。沿途停靠英國南安普頓的法蘭德斯航路重新開放，是自一三八〇年以後的事。

儘管局勢如此辛苦，威尼斯政府卻仍堅持以國有船隊行駛「慕達」。決策者們所持的理由是：這種方式帶來的利益很大。

首先，槳帆船最適合作軍船使用。由槳帆船組成船隊，可以在狀況發生時立即變為艦隊。

第二，船隻通常在使用了六、七年後就必須重新打造，使用國有船隻之後，商人可以不必再為船隻的維修、損傷，勞神又傷財。如此一來，多出的精力自然專注在生意上。

第三點，使用槳帆船可以確保航線的定期化。航海頻率固定，加速資金的流動，利潤亦隨之增加。雖然像是工資增加、運輸成本提高等不利因素亦會隨之而來，不過這些可以藉由優先載運香料等高級貨物得到攤平。

第四項優點和使用的船隻有關。由於是國有船隻，任何人只要支付運費就可在船上裝載自己的貨物。在當局研判世局穩定、航海安全可期時，通常會採行投標制。這種制度的原理是將船隻借貸給私人，由法律規定得標者收取運費的上下限，避免得標者哄抬價格，排除異己，獨占貨物載運的配額；負責監視船隻的船隊長也是由政府任命。這項制度對於防止財力雄厚的大商人獨霸頗具成效，每一位有意參與海外貿易的商人，都能藉此獲得公平的機會。下文中，我將說明何以像威尼斯這般細心呵護、培植中小商人的國家，實在是找不出第二個的理由。威尼斯不僅了解大企業的獨占終將導致全國經濟的僵化，並且認為若要防止這類事情的發生，唯一的辦法就是讓中小企業擁有健全的商業活動。尤其耐人尋味的是，了解並將這個道理付諸實行的，竟然是掌握政府實權的大商人們，而這也與允許大商人獨霸的熱那亞和佛羅倫斯形成了強烈對比。

第五項優點是，航路的定期化有助於確保海外市場，貿易伙伴因此可以在事前擬好計畫，安排駱駝商隊在什麼時候到達什麼地點。拜此之賜，威尼斯才能在東方的香料市場形同實質獨占的局面，讓下手毫不留情又野心勃勃的熱那亞商人沒有插手的餘地。

第六個好處是，由政府依據正確情報分析所擬定的「慕達」制度，由於安全性與可靠性尤佳，不管在人力還是資金方面，對於促成國民廣泛參與海外貿易上，都是一大助力。

再來談談第七項。一個國家的行政指導如果過於強勢，往往會抹殺個人，這點威尼斯政府似乎也了解。除了定期航路歸國家管理外，其他路線一律委託私人辦理，例如新產品和新市場的開發，便幾乎都是成就於私人之手。只不過，只要該地區政情一有變化，威尼斯政府應該出面介入時，可也是毫不遲疑的。

最後一項好處則是，國有船定期航路制度對於落實威尼斯共和國的基本方針——「國家利益等於私人利益」的具體成效非常好。不，正確應該是說，這正好與他們的民族性吻合，所以才能運作地如此有效率吧。

在採行「慕達」制度的同一年，想當然耳地，威尼斯共和國也制定了海上法，以促進「慕達」的有效運作。

這個法律是將所有與定期航路有關的事務法制化，大從參加「慕達」的槳帆船的噸數、載貨量、運輸費用的上下限，乃至採用投標制度時，承租者應負擔多少比例的船隻損傷、維修，以及沉沒時的費用；小到不管船上載貨多少，一律都要登記的規定（一來是保護貨物，二來也有監督是否超載的用意）全都包括在內。另外還有船長與船員間的相互義務，像是船長必須支付既定待遇給船員，船員不得恣意行動；當有違規事項時，船長不可當場處罰船員，必須在歸國後向專門負責海上法的海上法院提出告訴，再由法官依據法律，聽取當事人與相關人員的證詞做出裁決，而且不只船長可以投訴船員，船員也可以向海上法院舉發船長。

違反規定的船員要受處罰，在遇到突發狀況時，不採行合議方式便擅自變更航路的船長，同樣要受懲處。接受商人賄賂，給商人方便而任意改變停泊港口的船長，只要一經查證屬實，便會被處以數目將近個人全部財產的鉅額罰金——像賄賂這檔事，如果不讓做的人覺得不划算，是無法全面封殺的。

由於船員在航海中可能發生傷亡，威尼斯也另外針對船員權益擬定損害賠償條例。其中特別引人注目的是對船上最低階級的划槳手的保障條款，上面除了明訂必須支付給他們的食物份量、薪水和損害賠償額度之外，也明確規定每次航海，他們也能攜帶商品上船的權利——這些帶到東方出售，再用賣得的錢採購東方貨物回威尼斯銷售的商品，從船長到每名船員都有權利帶上船，划槳手不過是享受同等的待遇罷了。

威尼斯政府之所以如此重視划槳手的權利，倒非基於尊重人權的精神；中世紀任何一個國家或民族，從來就不曾考慮過人權的問題。

在第二章中我們曾經提到，划槳手之於槳帆船，好比遊艇的馬達；遇到作戰時，這些人數最多的成員更是成了主要戰力。換句話說，對於依賴槳帆船的威尼斯來說，保障這些不可或缺的划槳手的權利，不過是留心效率運作的必然措施而已。

時至今日，專為划槳手設計的防彈背心（應該說是防箭背心）仍舊被保存得相當完好。如果不是把他們看成戰時的重要戰力，怎麼可能設想得如此周到！換成是奴隸的話，才沒有人會去理會呢！這些威尼斯船隻的划槳手們，在航海途中習慣於每次用餐時，請他們的守護聖人聖佛卡共同享用。聖者當然不會現身，多出來的那一份，划槳手們便會以聖者餐費的名義存起來，等進了停靠港後，再把這筆錢捐給貧民。中世紀時，相同職業的人多半擁有共同的守護聖人，證明他們對自己的職業一點也不引以為恥。

為了說明*"Colleganza"*和「慕達」，所以連帶提到了許多關於十四世紀的事。在這章描繪十二世紀後半到十五世紀前半的〈威尼斯商人〉中，我把最後一段時期劃分在一三〇〇年以後，其實是有理由的。

以一三〇〇年為界，航海技術出現重大變革，船體結構起了變化，商業上也出現劃時代的技術改良，連帶改變了商人的形態。

首先是航海技術。變革的起因是羅盤針、航海圖，和一種叫做 *Tavola di Marteloio* 的航路一覽表的出現，這三樣東西開始成為航海時的必要器具。

羅盤針，據說是九世紀時中國人的發明，後來被阿拉伯人帶到地中海，一三〇二年經由義大利海洋國家之一的阿馬爾菲 (Amalfi) 商人加以改良後，性能提升，在地中海區域的船員之間迅速普及，整個十四世紀中一共進行過數次改良。

現在我們所看到的最古老航海圖，製作於一二七〇年，通稱 *Carta Pisana*，是義大利另一個海洋國家比薩商人的傑作。威尼斯人製作的航海圖，目前所知最古老的為一三〇〇年的物品（當然可能還有更早的）。以今日來看，當時的航海圖可以說已經相當正確，尤其是他們活躍的舞臺——地中海區的正確性，時至今日依舊實用。只是，關於北歐部份就沒這麼正確了。

Tavola di Marteloio 是一種將東西南北分為三十二區的圖表，與羅盤針或航海圖最大的不同是，並非一旦用過之後就少不了它的東西。

以往的航海技術主要是依據風向，再參照羅盤針和航海圖，以三角測量法計算出航路和抵達目的地的距離。不過，這種方法只有精於航海技術的人才能馬上算出答案。畢竟海上的風變幻莫測，要是整天都花在計算上，那就什麼都不用做了！

這時，航路一覽表便能派上用場。對於沒有一眼判讀航海圖的能力，或是不擅長三角法計算的人來說，只要會看羅盤針、航速計和懂得一些簡單運算，同樣能夠輕鬆算出航路，即使不是航海專家也可以追隨變幻莫測的風向當場決定航路。這在威尼斯人之間極為普及，但是在熱那亞卻沒特別受到重視。或許是熱那亞人自詡為航海的天才吧（他們也的確是），所以瞧不起這種為外行人發明的器具。但威尼斯人則不同，威尼斯是個喜歡機械化與務實性的民族，在他們的認知裡，若有愈多人能達到一定的技術水準，就愈能符合經濟效益。

這些技術的革新，使得出航的時期有了大幅增長。不論是下雨、起霧，或是陰天，甚至以往因為肉眼觀察限制而無法成行的冬季航海，現在都成了可能。

以往三月末才開始的港口作業，如今提前到二月，甚至是一月，定期航路起了變化。冬季出港的船隊在五月回來，夏季出港的船隻在秋天或初冬時回航。換言之，以往一年只能來回一次的航海變成一年兩次，也就是兩次的收成。

同一時期，英國和法蘭德斯的毛織品、日耳曼的金屬工業也發展蓬勃，銷往西歐的貨物增加，大幅提升了當地的購買意願，對於從事東西方商品仲介的威尼斯來說，這當然是個大展鴻圖的好機會。威尼斯並沒有錯過這個絕佳時機，船隻的改造就是他們這時所做的一項努力。

一三〇〇年左右，北歐圓形船的名聲遍及地中海地區，這是一種吃水線高的四角帆帆船，名為*Cocca*。它之所以受到義大利海洋國家的矚目，主要是節省人力，也就是降低了運輸成本。

首先，帆船原就比槳帆船在人事費用上節省許多，而四角帆則可以隨著風勢強弱，任意調節風帆的面積大小，比起必須先卸下帆桁，換上其他種類的風帆，或是用力推動帆桁換個方向的三角帆，在操作上簡便許多。這一來一往之間，人力的差距便不在話下。

但是正如第二章中提過的，在風向轉換急遽的地中海區域，如果單靠四角帆行駛，畢竟會造成許多時間上的浪費，於是便有人想出了四角帆與三角帆並用的方式。

北歐傳來的帆船的另一個好處是——舵的位置。以往槳帆船的舵是在船尾，呈銳角形，左右必須各一，但是圓形船的船尾呈直線型，只要一個舵，用不著兩個，操作上因此簡單許多。很快地，兩個舵的大型帆船便在地中海消失了蹤影，原本意指北歐船的 *Cocca* 後來也成了所有圓形帆船的泛稱。

威尼斯與熱那亞這兩個地中海海事國家的代表，也就是在這個時候被迫針對船隻的結構做出抉擇。

熱那亞決定傾全力使用大型帆船，最大的甚至達到一千噸級。如果考量到他們的港口

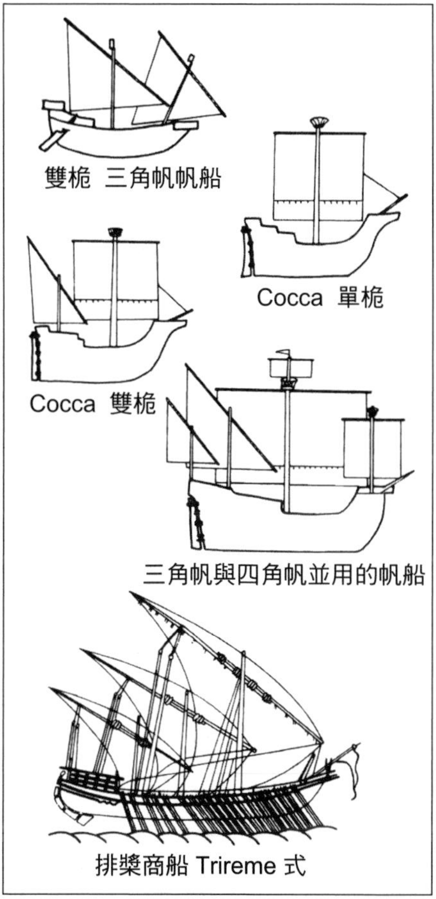

各式帆船

（摘自 Frederic C. Lane *Storia di Venezia*）

不同類型槳帆船的尺寸

	商用槳帆船	細長船身槳帆船
長度	46 ～ 47 公尺	40 公尺
寬度	7 ～ 8 公尺	5 公尺
高度	3 公尺	2.4 公尺

夠深，主要商路又是從西地中海橫越大西洋，以及划槳手不易留住等因素，大型帆船對他們的確較有利。尤其熱那亞人性好孤注一擲、獨來獨往，大型帆船說實在也比較符合他們的脾胃。

威尼斯同樣也趕上了這波大型化的風潮，不過主力仍舊是槳帆船，並未改變方針。理由是他們的港口較淺，而且大型帆船在亞德里亞海中根本派不上用場；最大型的帆船是打造於十五世紀初的七百二十噸級軍艦。

主要活動地區在東地中海的威尼斯，對於大型帆船的需求本來就不如必須橫越大洋的熱那亞人來得大；再加上划槳手又可以從伊斯特利亞和達爾馬提亞募來，不像熱那亞人口只有威尼斯一半，周圍又沒有伊斯特利亞和達爾馬提亞這類的人力供應地，所以精減船員人數的問題對威尼斯來說，並不算迫切。在這一波大型化的風潮中，以往被稱為 *Galea Sottile*（細長船身槳帆船）的槳帆船，在大型化後改稱 *Galea Grossa*（寬船身槳帆船），由於最早的開發目的是作商船使用，所以也稱為商用槳帆船。不過，兩者間的差異可不只是船身的寬度而已。

桅杆由原來的一根，變成兩或三根；划槳也從以往兩人一槳的 Bireme 式，變成三人同坐一排、共掌一槳的 Trireme。大型化後所帶來的風阻增加，導致速度變慢的問題，則是藉由增加風帆與划槳手的數目來提升機動力（速度有時甚至比以前快）。當然，在船隻加大的同時，載貨量也增加了。

工資節省，售價降低，銷售利潤自然增加。不過，若與熱那亞大型帆船每名船員能攜帶十噸貨物上船的待遇相比，威尼斯的槳帆船船員只能攜帶一噸，這中間的差距，威尼斯是如何弭平的呢？

首先，威尼斯明文規定定期航路的主角，亦即商用槳帆船，必須以載運香料等高價貨物為優先，如此就縮減了大半的差距。不過，真正讓威尼斯與熱那亞抗衡的主要武器，還是在於它的安全性與定期性。航海安全無虞、航期穩定，向東方商人採購時，就有籌碼可以壓低價格。而交易一活絡，便能帶動資金的流通，增加利潤。海上保險制度在同一個時代雖已問世，但卻從沒有威尼斯商人對商用槳帆船定期航路上所載運的貨物加保，就是奠因於他們對定期航路的安全性與定期性的無比信賴。

其次，若從航海安全考量，一般的大型帆船也不可能在沒有專業戰鬥人員登船的情況下，就貿然將人數精簡到只剩開動一艘船的最低限度（即使到了十七世紀，英國商船都還基於相同的考量，規定每位船員只能攜帶五噸貨物上船）。換句話說，除去某些特例不提，當時熱那亞擁有的噸級在一千噸以上的大型帆船畢竟只是少數。

再說，編組船隊時必須考量到船的大小，也就是速度必須要相等。前面已經提過熱那亞人是最不愛整齊劃一的民族，他們的船隻大小分歧，各以自己的速度走自己的路，風險自然也多。熱那亞的保險制度之所以發達，就是因為他們在每次航海時，差不多都得支付相當於貨物總值兩成的金額作為保險費之故。

將這兩個競爭對手各自的利弊綜合比較後，我們只能說，當時威尼斯將主力放在以槳帆商船行駛定期航路的決策，絕對沒有錯。因為，他們就是藉此才能與熱那亞維持分庭抗禮的地位。

第三項改革，同時也是十四世紀的特色之一——「商業技術的進步」，主要是導因於簿記的普及。

傳說簿記是威尼斯人的發明，其實不然，應該是托斯卡那（Toscana）地方的普拉托（Prato）商人想出來的，威尼斯人只是將簿記的計算方式改成複式演算罷了。這種交易內容一目了然的複式簿記，沒有多久就普及到熱那亞和佛羅倫斯等西歐商人之間，他們將威尼斯的複式簿記通稱為 *Veneziana*——威尼斯式。

至於簿記登記時所需的阿拉伯數字，則必須歸功於比薩人，他們在一二〇〇年代初期將阿拉伯數字帶進歐洲。據說一開始時，教會方面的相關人士聲稱這是可恨的異教徒產物，曾施加了不小阻撓。但由於阿拉伯數字不僅不易寫錯、不易看錯，而且還有「零」的概念，非常便利，羅馬數字根本無法抗衡，所以縱使有教會阻撓，但在講求實效的商人之間還是廣為流傳，威尼斯甚至設立學校教導小孩學習阿拉伯數字。

以阿拉伯數字登記的複式簿記，使得商人不僅可以了解自己直接經手的商業行為全貌，更可得知經由海外代理人負責的所有商業活動進度。這對威尼斯商人類型的轉變，也起了推波助瀾的成效。

真正可以算是威尼斯人功勞的，其實是近代化銀行的創設。在那之前，雖然有種名為"*Banco*"的銀行，但那是一種一走進店裡，看到的是滿桌子堆著金幣、銀幣，主要業務為匯兌和融資的機構，而威尼斯人創設的銀行卻是桌上只看得到帳冊的「書寫的銀行(*Banco di Scritta*)」。

利亞托橋旁邊有座聖雅各(San Giacomo)教堂，入口處的外圍有道長廊，後來成了「銀行街」(大膽借用教會門前做生意，確實很像威尼斯人的作風)，廊下不時坐著四、五名銀行家，面前的桌上擺著一本帳冊。不知道是不是巧合，教會的鐘樓有座時鐘，而現代銀行最醒目的地方通常也有座時鐘。由於利亞托橋的大運河兩岸向來是商業交易中心，銀行家選擇在此開張做生意，一點也不奇怪；如果再和四處走動做生意的商人相比，銀行家大多時候本來就是坐著的，找個有屋頂的地點也很正常。

當時的利亞托，隨著這些銀行的開張，讓北自倫敦，南到開羅的商人們有了奇妙的感受，情形就如同今日我們聽見倫敦商業區或華爾街的感覺一樣。那時雖然沒有《華爾街日報》，但已經有一種將前一日交易的收盤價，依商品的種類登記後，發給常客的刊物，或許可以稱之為《利亞托日報》。商人們會參考這份刊物進行交易，交易談成後，直接就到銀行去。每名客戶都有自己的帳戶，只要告訴銀行家要把多少錢匯給某某人，銀行家就會把這些交易登記在帳冊上，錢就是這麼流動的。他們不用再像往常一樣，得帶著裝金幣和銀幣的袋子才能夠做生意。將錢匯入別人的帳戶，在當時並不開具收據證明。因為銀行的帳冊會被複製，隨時都得接受政府相關部會的監督，所以也沒有這個必要。

商人一般都跟好幾家銀行同時往來。想跟威尼斯商人做生意的各國商人，多半都會在威尼斯的銀行開帳戶，所以帳戶間的金錢流動其實非常簡單。就算對方沒有在威尼斯銀行開設戶頭，在生意成交後，也只須透過威尼斯銀行和對方銀行間的手續操作，即匯票的形式，便可在遠地支付貨款。這種銀行間的交易，除了降低攜帶裝滿金幣的袋子外出的風險之外，也有不一定得將銷售後獲得的利潤，勉強自己購買其他貨物回來的好處。善用匯票使得商業交易更具靈活性，這對於不僅在商業上，還包括艦隊編制、開設大使館等需要大筆資金流動的國家來說，實在是項務實的變革。

在距今八百年前想出近代銀行點子的威尼斯人，對於銀行業務之一的融資，究竟抱持何種看法呢？

談到這個問題，就不能不說威尼斯銀行的算盤實在打得太精，他們主要的融資對象竟然是自己的國家——當時威尼斯與熱那亞的百年戰爭仍然打打停停，正是國家處心積慮調度戰爭費用的時候。當然，他們也接受商人個人的融資申請，但是僅限於融資，而非投資；換言之，他們不利用債權人的身份干預公司的經營。當然，在眾多的銀行中，難免會有些在向國家繳了三千里拉的營業保證金後，因為過度融資而慘澹經營的例子，但如果要提到類似同時代佛羅倫斯銀行，因為借錢給其他國家的國王，結果國王作戰失敗，借款成了呆帳，導致倒閉的情形，在威尼斯銀行可是一次也沒發生過。原因很簡單，威尼斯經濟界的主角並非銀行，而是從事商業的商人，銀行充其量只是從旁協助商人，使其工作務實、讓企業能夠提升營運績效的配角而已。有些人不解，為什麼威尼斯既是當時的經濟重鎮，但卻沒有誕生諸如佛羅倫斯的巴爾蒂家族、培魯茲家族，甚或後世的梅迪奇家族等以銀行為中心的大企業集團？我想答案就在這裡。這也是稍後類似聖喬治銀行支配熱那亞政經的情形，不曾在威尼斯發生過的原因。

如果將梅迪奇家族所代表的類型比喻成財閥，威尼斯商人的做法毋寧就是商社。財閥以金融資本作主導，而商社不是。

我對經濟議題向來一竅不通，外行到連自己在寫簿記和匯票時，都不太了解這些名詞所代表的意義。既然如此，那又為什麼要提個人的印象呢。理由是如果不做這些非科學性的假設，可能有許多事實無法說清楚：

首先，財閥型的做法是以大企業為優先，所以最後必將走向獨占。大企業優先指的是，金融業乃一種以貸款取回利息和本金的機制，因此在選擇對象時，一定是選擇條件較好的客人。換言之，諸如扶植相較下條件較差的中小企業等觀念，絕對不可能產生自財閥型的思維。

商社的原理則是把別人生產的貨物銷售出去，賣方如果愈多，對買方就愈有利；反之，買方如果愈多，對賣方來說，也有不須削價競爭的好處。對於習慣這種思維的人來說，獨占的觀念不易萌芽，因為獨占之於他們，根本就是種不利的概念。

當自己站在買方，而競爭對手眾多時，可以組成企業聯盟共同採買。像是在埃及購買香料時，威尼斯政府就經常下令當地的威尼斯商人組成卡特爾（cartel，編按：經濟術語，意指「同業聯盟」），聯合採買。

反之，如果賣方有人想要獨占，不管是誰，威尼斯的「公平交易委員會」絕對會立即介入。曾經就有人買下大批住宅用的建材，準備以高於市價的價格銷售，政府立刻出面干涉，沒收了所有貨物，改採投標制。按照威尼斯政府的規定，商人在購買時不得過量，銷售時也必須按照市價。

當時靠著在塞浦勒斯栽培甘蔗和開發鹽田發跡，號稱威尼斯首富的菲得力哥·科涅，有次就曾遭到中小商人的控告，說他違反禁止獨占政策。政府知道後，立刻稟持一貫的立場警告科涅，他要小商人不買棉花就買不到砂糖和鹽的作法，違背了國家方針，下令他在塞浦勒斯必須將貨物賣給希望購買的人，並且嚴密監控科涅，避免他以後再利用優越的條件在威尼斯市場建立獨占體制。

由此，我們得知威尼斯政府不僅制定國有商船行駛定期航路，給予沒有資金造船的人從事海外貿易機會，對於落實對中小商人的保護培植政策也同樣用心。尤其難得的是，這些政策全是由大商人掌控的政府主動構思、執行，而非中小商人為了確保自己的權利，團結一致，要求政府實施的結果。

支援中小商人健全的商業活動，是威尼斯共和國政府一貫的經濟政策，此舉既有避免國家經濟僵化的成效，也是威尼斯之所以有別於佛羅倫斯和熱那亞。唯有在非金融資本主導型的威尼斯，才能夠誕生中小企業的保護與培植措施，也才能夠公正落實嚴禁大企業獨占的政策。

雖然我對日本商社（商社這種機構也唯有日本才有）的實際情形並不十分清楚，不過若從商社的本質出發，威尼斯人的這種觀念應該是、也只可能是來自商社式思惟，只是實行的效率不高才是。此話怎講？比起從社會福祉的角度去扶植中小企業，像威尼斯這樣從經濟觀點出發的作法，毋寧更能突顯出中小企業的存在價值，其立場也更加穩固。威尼斯人果然是威尼斯人，無怪乎是被稱為把自己國家當成私人企業經營的國民。

談到十四世紀以降威尼斯的商業技術改革，就不能不提到它的貨幣與稅制。

我之前曾經寫過十五～十六世紀義大利文藝復興時代後期的人物傳記，當中曾經提到的貨幣，指的就是威尼斯的達卡特金幣，不管文中是威尼斯人、羅馬人、米蘭人，還是費拉拉(Ferrara)人，答案都是一樣，甚至就連法王要求的貨幣也是達卡特。換言之，當時的國際貨幣指的就是威尼斯貨幣。

這時的國際貨幣還只是銀幣。它們是一二〇二年元首安利科．丹多羅為了籌措第四次十字軍的軍費而鑄造的，稱之為「葛羅索 (Grosso)」大銀幣。幣面的直徑二十二公釐，重二．一八公克，純度達〇．九六八，幾乎是純銀，在往後的三百年間也一直如此。很快地，這種大銀幣成了東地中海地區的通行貨幣。

「里拉 (Lira)」也是經常出現在書中的單位，但其實根本沒有這種貨幣，這只是一種記載單位。「一里拉的葛羅索」表示兩百四十個大銀幣，和英國的「基內」是相同的道理。市內流通的貨幣是一種小銀幣「披克羅 (Piccolo)」，直徑十四公釐，重〇．三六二公克，純度〇．二五；「一里拉的披克羅」表示兩百四十個小銀幣。以上貨幣所用的銀都是從日耳曼、匈牙利、巴爾幹等地的礦山進口。

隨著金礦開始由北非進口，熱那亞在一二五一年鑄造了名為「傑諾費諾 (Genovino d'oro)」的金幣。隔年，佛羅倫斯也開始鑄造著名的「菲奧利諾 (Fiorino)」金幣。而威尼斯則是直到一二八四年才開始鑄造金幣，比上述兩個對手晚了三十年。一來是因為「大銀幣」在國際間十分通行，沒有另行鑄造金幣的迫切需要；二來則是擔心若在此時發行威尼斯金幣，將會使得向來以威尼斯為後援的拉丁帝國，原先就因衰微的國勢導致帝國金幣純度降低的情形更加惡化，而進一步引發拉丁帝國經濟的崩潰。

但是，即使讓對手領先了一步，不管做什麼，要做就做得徹底的威尼斯人的特質，也充份顯現在金幣的鑄造上。

威尼斯的金幣「達卡特」重三．五六公克，與菲奧利諾相同，但菲奧利諾為十八K金，達卡特卻是二十四K金，純度達〇．九九七，幾乎達到純金的程度。而且這個純度自一二八四年鑄造開始，到一七九七年威尼斯共和國瓦解為止，五百年間始終維持不變。

不過，在金幣鑄成後好一段時間裡，商業交易、銀行帳戶乃至政府公債，仍舊是以大銀幣為本位，直到一三〇〇年代初期，才由於銀供給量減少，金幣和銀幣的關係出現變化。一三二八年時，政府介入，制定一達卡特等於二十四個大銀幣的固定匯率後，原先由銀幣主導的趨勢從此改為由金幣主導。

為了穩定幣值，威尼斯政府經常執行「行政指導」，不遺餘力的精神為他國罕見。但是如果說威尼斯國庫的收入就是奠基在政府公債上，相信讀者便能了解箇中道理。

中世紀的威尼斯人跟其他國家的人民一樣，沒有所得稅、不動產稅等直接稅賦的觀念。對他們而言，稅金指的就是間接稅。

絕大部份的間接稅都是來自利亞托及其他交易所，以及日耳曼商館等地，稅率雖然只有交易金額的百分之一，但由於交易的金額龐大，累積起來便相當可觀。其他還有消費稅的徵收，針對的是葡萄酒、肉類、鹽、橄欖油等消費品，每次消費就等於自動繳交稅金。

另外還有以籌措戰爭資金為目的的政府公債。這是一種短期政府公債，利率高達百分之十二到二十。中世紀許多都市都有發行這種短期公債，利息一般是百分之二十。

威尼斯的資產人口（1380 年）

資產額（單位為一里拉的葛羅索）	貴 族	市 民
5 萬以上	1	—
5 萬～3 萬 5,000	4	1
3 萬 5,000～2 萬	20	5
2 萬～1 萬	66	20
1 萬～5,000	158	48
5,000～3,000	145	88
3,000～1,000	386	214
1,000～300	431	541
計	1,211	917

（摘自 G. Luzzatto *Storia Economica di Venezia dall'XI al XVI secolo*）

但是，光靠這些稅金畢竟不能使國庫充實，否則只會使窮人吃虧、富人得利，還會削弱國家和都市的財政。威尼斯人於是想到了發行長期政府公債，利息雖然只有百分之五，但國家每年支息兩次。記錄上顯示，威尼斯政府持續支付利息的時間長達百年。

威尼斯政府發行的長期政府公債，由於評價相當不錯，安全穩固，適合拿來儲蓄理財，吸引了不少經濟上講求穩健的人購買。當然，不少人是看上它價格穩定，容易轉手的特性而購買來利用。銀行樂於買進，威尼斯鄰邦那些憂慮自身處境的專制君主們，也都會購買威尼斯的政府公債以防萬一，情形就和現代的獨裁者把錢存在瑞士銀行的道理一樣。

威尼斯是歐洲國家第一個發行長期政府公債，同時也是最早擁有直接稅觀念的國家。但威尼斯政府並不是將發行的政府公債賣給想買的人，而是強迫購買。被強迫中獎的人都是一些高所得者，其中也包含了具有威尼斯市民權的外國人。

一三七九年到一三八〇年，威尼斯政府為了籌措對抗熱那亞的戰爭費用，做了一次資產調查，這個記錄至今仍然保存著。記錄中被列為資產者，共有兩千一百二十八人。雖然不清楚那一年的確實人口數目，但是從前後關係來推算，大概是十五萬人。也就是說，大約有百分之一強的人是被課稅的對象。當然，這是以一家之主作計算。

這些人當中，在一三〇〇年代初的政治改革得到參政權的貴族階級，就占了一千兩百一十一人，貴族階級可說幾乎全部上榜。其餘的九百一十七名市民的職業則遍布各領域，連果菜商人也有上榜。

資產申報是以住所設籍的地區分別進行，這也立刻讓人聯想到申報的公正性，但由於威尼斯人靠的不是訴諸良心，而是以包含鉅額罰款在內的嚴懲加以遏止，所以申報的情況一般還蠻老實。

政府便是依照這些被列為富豪的富裕程度，分配政府公債，強制他們購買；先前提到過的元首，拉尼耶利．詹諾的遺書中那筆龐大的政府公債就是這麼來的。這個例子也顯示出，謹奉「給統治者正義，給人民麵包」箴言的威尼斯統治階級，即大商人們所抱持的統治，不，經營國家的觀念。

我想寫的「威尼斯商人」，是群既不同於莎士比亞書中的主角，也不像馬可波羅這樣的冒險家，他們是一群極平凡，可是也非一成不變的商人。與十二世紀後半的羅馬諾．邁拉諾自己帶著商品出海終其一生的類型相比，這群人逐漸有了改變，而幫助他們轉型的正是航海技術的進步、船隻結構的變化，以及商業技術的革新。可以說，如果沒有這些元素，或是威尼斯政府保護培植中小商人的政策，便不會有安得烈．巴巴利格 (Andrea Barbarigo) 這樣的男子出現。

從巴巴利格的姓氏來看，他是威尼斯的貴族階級，不過他的經商生涯是從身無分文開始起家的。他的生辰年不詳，根據推斷，一四一八年時他應該是十八歲。

安得烈的父親原是擔任定期航路船隊隊長，一年前在亞歷山卓航線的回程中，由於違反航海規則，被處以一萬達卡特的龐大罰金，巴巴利格家族也因此破產。安得烈的經商生涯於是就從一四一八年，他母親給他的兩百達卡特資金——一筆絕對不用擔心被強制購買政府公債的資產開始。

他首先嘗試的是國家專門替沒落貴族子弟安排的職務，即商用槳帆船上戰鬥員之一的弩弓手。擔任這種職務，一來可以學習航海技術，二來由於所有船員都能攜帶貨物上船，所以也可以從中學習到如何將貨物帶到東方銷售，然後再轉買其他貨品帶回威尼斯出售的經商技巧。當時的貴族子弟在學習過文法和算術後，通常會在十四、五歲擔任商用槳帆船的弩弓手出海，學習實際的學問。也就是說，安得烈在十八歲前，應該就曾有過類似經驗。只是，有父母親在一旁庇護與自己獨立的學習，中間畢竟有差距，十八歲以前的安得烈縱使有過當弩弓手的經驗，但想必是在父母親的呵護下學習的。

青年們在反覆航海的過程中逐漸成長，變成船員、勇士和商人。這個階段結束時，他們多半會擔任父親手中事業的海外駐派員，同時接受擔任其他人的海外駐派員之工作。此時的手續費，代銷是抽取百分之二，代買則是抽傭百分之一。

不過，安得烈．巴巴利格可沒那麼幸運。他在經歷過弩弓手的航海經驗後，接著做的是另一份國家為沒落貴族子弟安排的工作，這回是海上法院的法官，一個學習法律的絕佳場所。

一四三一年，他三十一歲，資金也累積到一千六百達卡特，加上借來的款項，他開始投資貿易。雖然不知這時巴巴利格究竟是身處威尼斯還是海外，但是依據我的想像，他應該身在海外，而且還是擔任海外駐派員，周旋於各國之間。因為若非如此，他怎麼可能在往後的日子裡有效地掌控二十名各地的代理人呢。

三十九歲那年，他結婚了。貴為巴巴利格家族，結婚對象當然也是威尼斯的貴族。新娘的嫁奩是四千達卡特，這些錢後來全被用來投資經商，因為過度的投資，他還曾經為了十達卡特而不得不將戒指拿去典當呢。

威尼斯的商人似乎都有把妻子的嫁奩和其他財產拿去投資的習慣，其中還有像羅馬諾．邁拉諾這種鹵莽漢子，甫新婚燕爾便拿著妻子的嫁奩出國，一去便二十年沒回來的，但是此刻的安得烈．巴巴利格決定留在威尼斯。不過，與其說他是下定決心留下來，不如說是因為時代已經過了兩百年，與邁拉諾那個時代相比，此時的威尼斯商人已經可以即使人留在國內，仍能活躍於海外貿易的第一線吧。

之後十年內，他沒有離開過威尼斯。威尼斯貴族通常有義務在男人最成熟的四十歲前後回到祖國，從事政治或軍事等工作，巴巴利格雖然有過許多曲折，但經歷大致與他人相仿，他與政治的關聯到底有多深，世人並不清楚，但他積極從商則是不爭的事實，因為他的簿記被完整地保留下來。

根據他的簿記顯示，他與巴勒斯坦、敘利亞、西班牙、法蘭德斯和英國等地將近二十名的駐派員或代理人簽有合約，由他們負責海外業務。自己則將從西歐各地進口的毛織品出口到東方，然後把從埃及買進的香料、從敘利亞買來的棉花、從君士坦丁堡採購來的金飾，以及在黑海的塔納買來的奴隸等，出口到西歐去。貨款的支付與領收，都是透過銀行以匯票交易，可見他當時已經知道如何使用票據有效地運用資金。

一切的商品運輸都是利用定期航路的商船，所以儘管生意興隆，但他卻沒有半艘屬於自己的船隻。他只是每天到利亞托去，從事海外貿易而已。

像他從事這種工作的人，必須知道很多事情，尤其是底下這幾項更是不可一日不知：

一、政府（其實是元老院）所決定的關於各船隊的停靠港、裝載貨物的種類，以及數量等訊息。

二、埃及蘇丹與拜占庭帝國皇帝對待威尼斯商人的態度（一如貓眼般善變）之最新動態。

三、準確預測海盜的行徑、敵國態度是否影響到航海安全，然後再依照商品的重要性，決定是要利用安全但運費較高的商用槳帆船呢，或是不保證絕對安全但運費低廉的帆船。

四、確實且盡早得知各地物產當年的產量、品質與價格動向等。

五、熟知各地政情，以便能在即將發生戰亂時，事先購買貨物囤積。

這些消息的來源有些是從和安得烈．巴巴利格同階級的元老院議員口中得知，有的則是來自各地駐派員的報告，或是同行間在利亞托交換得來的消息。

巴巴利格就是根據這些情報作決定，然後以限時信函傳送給各地的駐派員。所謂的限時信，並不是由一艘船負責投遞，而是在各個停靠港轉換船隻送達。如果是重要交易，巴巴利格便會寫七封相同的指令函。例如送到巴勒斯坦的阿克雷的信函，其中便會有三封經由克里特，三封經由亞歷山卓，剩下的一封則自己留在手邊。那時候因為沒有電話或傳真機，所以中世紀的商人還真是勤於寫信。駐派員當中有的是親戚，有的是外人，但不論是誰，同樣都不只受雇他一人。這些駐派員全是依據合約索取手續費，同時為多人代辦工作，所以對巴巴利格這樣的商人來說，能夠盡早將交易的指令傳達給這些駐派員當然愈好。

安得烈．巴巴利格在這十年中，似乎是開花結果。一四四三年，他買了新家；一四四九年他去世時，還留下一萬五千達卡特，雖然稱不上什麼大富翁，但已屬於要被強迫購買政府公債的階級了。

以上描述的威尼斯商人的模樣，雖然沒有絲毫戲劇性的魅力，但卻是支撐威尼斯經濟的棟梁。這些商人從事政治時又是什麼模樣呢？這點將留在下面第五章中作說明。

第五章

政治的技術

對威尼斯人來說，創造一個具有優異統治力的政體，是件由不得他們賣弄意識型態的切實課題。

我們真正該認真思考的，是如何將實際的傷害減到最低，這才是真正的目的，應該特別著力的。因為一個完美無缺、沒有任何缺陷的制度，在這世上是不存在的。（節錄自馬基維利《政略論》）

時代要進入十四世紀時，威尼斯準備進行一項改革，以決定共和國未來的政治體制。但不論是有力階級或是一般百姓，沒有人會料想到，經過這項改革所確立的政治體制會持續五百年不變，直到共和國瓦解為止。

推動改革的是名剛滿三十八歲的男子皮耶托．格拉狄尼哥 (Pietro Gradenigo)。也只有他和幾位跟他有著相同理念的人，明確地意識到他們即將進行的改革，成敗將攸關到威尼斯共和國未來的命運。

對威尼斯而言，這個時代充滿了各種危機。

東地中海地區的獨占體制瓦解，重建無望。教皇又因十字軍的潰敗而震怒，下令禁止與穆斯林貿易，生意極為難做。西歐各國的動向，此時明顯走向中央集權，影響所及，原先就為民主政制走進死胡同所苦的義大利各個社會體，紛紛探尋建立更強勢政治體制的可能性：先有自立為王的僭主制，後又演變成要求教皇或皇帝承認既成事實的君主制，政治上出現激烈變化。

威尼斯同樣無法置身這場時代巨變之外。尤其是與死對頭熱那亞的戰爭，打打停停，已經過了五十個年頭，不要說止息的跡象了，威尼斯甚至居下風，對於一個具有優異統治力政體的渴求，在威尼斯人心中同感迫切。只不過，素有中世紀最商人化國家之稱的威尼斯，選擇的是一種不同於米蘭、熱那亞，以及佛羅倫斯的政治體制——他們「開創」了嶄新的制度。

從外海經麗都進入威尼斯的潟湖，只要沒有霧氣籠罩，整個威尼斯城便能盡納眼底，一覽無遺。宮殿、鐘樓和元首官邸浮在遠處海上，彷彿在觀賞電影的弧形寬畫面。從麗都到威尼斯，在海上只須直行便可抵達，情景讓人聯想起造訪佛羅倫斯郊外時，大門口有排柏木林蔭樹延伸的別墅：往前走去，別墅的正面一點點地呈現眼前。同樣地，當船隻接近威尼斯時，你先是可以看見清晰可數的宮殿窗戶，跟著是精巧蕾絲般的窗飾映入眼簾，等船隻行駛到右手邊看得見威尼斯城東的國營造船廠，左手邊是聖喬治島 (San Giorgio) 和朱德卡 (Giudecca) 島時，那些站在玫瑰色元首官邸涼廊的人物表情便彷彿歷歷可辨。再往前去，就是大運河河口了。

這裡是威尼斯的正門玄關。海都的正門當然是面朝大海。無論是東方來的船隻，或法蘭德斯航線的定期船，全都走這條水路回到威尼斯。一二八九年十二月三日，原本擔任卡波迪斯特利亞 (Capodistria) 總督的皮耶托．格拉狄尼哥，在被推選為威尼斯地位最崇高的元首而返國任職時，就是在祖國派出的十二名特使與五艘槳帆船的簇擁下，經過這條水路回到聖馬可碼頭。

今日的威尼斯雖然只是一處觀光名勝，冬季裡冷冷清清，但在七百年前，十二月份的威尼斯，卻是個充滿朝氣的季節。為了搶在聖誕節前夕將貨品銷完以便趕回家，槳帆船隊接二連三地進港，原先在鄰近亞德里亞海沿岸行商的小帆船也為了與家人共度這個神聖的節慶，紛紛趕在此時回國，海港被擠得一片水泄不通。玄關深處的利亞托一帶就更不用提了，到處充斥著想賺完今年最後一筆生意就返回家的日耳曼、佛羅倫斯和米蘭商人的鼎沸吆喝聲。國營、民營造船廠和帆布紡織工廠更是沒閒著，因為當所有船隻都回來的冬季，正是他們趕工、全力運轉的旺季。冬季的威尼斯，船隻和人口的數目都比夏天來得多，處處洋溢著一片蓬勃生氣。當新任元首乘坐的船隻駛向聖馬可碼頭的同時，碼頭右側附近造船廠內船工敲打的鎚聲想必仍然不絕於耳。

聖馬可碼頭位於元首官邸的正前方。當軍艦抵達碼頭時，皮耶托·格拉狄尼哥走下船來，迎接他的是政府各委員會的委員、元老院的議員，以及有力家族的代表們。

擔任政府官職的男子們分別身著紫紅色、紅色等代表各人職務的寬鬆長袍，長度幾乎拖地，袖子是寬袖口的拜占庭式，冬季的服裝多了一層毛皮內裡，單邊的肩膀上一年四季垂掛著細長的黑絨披肩。元老院議員身穿著同類型但是是黑色的長袍，再搭配上紅絨披肩；非官員、醫師、律師和有力商人也是作黑袍打扮。所有人頭上都戴著與長袍顏色相仿的無邊帽。當時整個西歐，包括義大利其他各國，全部流行緊身衣外搭華麗短外套的穿著，相形之下，威尼斯男子的這身裝扮簡直就是非常拜占庭。在威尼斯，會穿緊身衣和短外套的，只有還沒長鬍子的少年而已。

說到鬍子，這點威尼斯的男子依然堅持拜占庭，也就是很希臘式。他們在下巴蓄起濃密的鬍子，讓細長的臉型看來比較有威嚴。威尼斯男子的平均身高較義大利其他地方高，穿上長可及地的長袍，動作看來更是慢條斯理，予人穩重的感覺，應邀前來的外國使節與威尼斯男子同席時，往往會被他們的氣勢震懾。從僅存不多的記錄中，我們得知皮耶托．格拉狄尼哥似乎也是這種典型的男子。格拉狄尼哥應該已經發現在這群歡迎他的威尼斯有力階級中，大部份都是鬍子已經花白的長者。三十八歲的元首，實在是個特例。

為了慶祝新元首上任，聖馬可教堂等威尼斯全境的教堂，鐘聲齊鳴。年輕元首在鐘聲中穿過面向碼頭的 *Piazzetta*（編按：聖馬可教堂前與大運河接臨的廣場），被引導進入右側的元首官邸，來到官邸中庭的臺階上，準備進行就職典禮。

就職典禮從宣誓儀式開始。元首當著政府所有官員和全威尼斯有力階級的面，娓娓誦讀元首應當遵守的義務，並發誓將全力完成。威尼斯共和國沒有成文憲法，這種宣誓也就等於憲法。宣誓中甚至包括不得迎娶外國女子為妻的條文，就是為了避免共和國最高元首受到其他國家任何影響所制定的一項對策。

宣誓結束後，元首由旁人褪下黑帽、黑外套，換上金色錦緞披風，並戴上通稱為角(*Corno*)的冠帽，正式就職。盛裝的新元首接著率領參加儀式的所有人員，來到元首官邸旁的聖馬可教堂，接受等在那裡的威尼斯市民形式上的承認。

寬廣的聖馬可教堂裡，別說平坦的空間了，連二樓的走道臺階也站滿了人，不過百姓們的反應卻出奇冷淡。無論是皮耶托．格拉狄尼哥入場，或是彌撒結束後退場時，就算中間曾有少數人發出歡聲，也立刻被冰冷的沉默掩蓋。年輕的新元首一定知道原因何在，對市民的冷淡反應想必也早有預期。

一個月前的十一月二日，前任元首喬凡尼．丹多羅去世。死訊一傳出，市民立即聚集到聖馬可教堂，召開市民大會，會中選出新元首賈冠莫．提也波羅（Giacomo Tiepolo）。雖沒有明文規定，但是新元首由一一七二年創設的共和國國會（*Maggior Consiglio*）選出已經是個慣例，而且已行之百年。換言之，這件事對國會議員來說，想必非常不是滋味。賈寇莫．提也波羅不想成為市民大會與國會對立的藉口，主動離開了威尼斯，回到故鄉特列維索（Treviso）蟄居。稍後，國會在經過審慎的評估後，從包括賈寇莫．提也波羅在內的候選人名單中，選出了皮耶托．格拉狄尼哥為新任元首。

議員們並不是覺得顏面掃地，才故意選出與市民大會相左的人物作為還擊，而是他們判斷的標準有別於一般市民百姓。

嚴格說來，賈寇莫這號人物倒沒有什麼缺點，他膽大心細，而且從他日後的舉動來看，可知是位中庸、冷靜的人。國會議員認為他不適任的原因有兩個：一是賈寇莫的父親和祖父都曾出任過元首，二是他身為軍人的經歷過於輝煌。老百姓向來對於出身名門、經歷又輝煌的富豪有著沒來由的景仰，賈寇莫之所以能獲得一般市民的支持，也是因為三項條件他都具備的關係。然而，對國會議員來說，這些卻正是對共和國的威脅。

那麼，新當選的皮耶托．格拉狄尼哥又是如何呢？以出身名門來說，他可不比賈寇莫來得遜色，威尼斯人仿照基督十二使徒的說法，將建國初期的有力家族通稱為*Apostlica*（使徒），其中，格拉狄尼哥家族便榜上有名。可以說，與格拉狄尼哥的家世相比，提也波羅家族只能算是新興一派。

不過，格拉狄尼哥家的祖父雖然是克里特總督，父親是著名的海軍健將，但這個家族卻從沒出現過一位元首。跟其他的名門子弟一樣，皮耶托從十四、五歲到國外，耗費二十年學習軍事和經商，回到陸地擔任的第一份工作，不過是卡波迪斯特利亞的總督，沒有什麼特別值得一提的政治或軍事經歷，唯有官員之間才知道他是個沉著冷靜的人。只不過，究竟在推舉他擔任元首的議員當中，有多少人真正意識到自己的這項判斷，將會決定共和國的命運？或許多數議員心中只是想，不要讓義大利步其他國家後塵走上君主制，因為在威尼斯共和國的歷史中，已經多次出現過這樣的危機——選擇人才時最讓人感到為難的就是，那些讓人不放心的，卻也偏偏是在政治和軍事上有卓越功勳，並且在擔任元首後，的確為共和國做出深遠貢獻的人。

第一個例子就是第二章中提到的奧賽羅二世。他對亞德里亞海制海權的確立，可以說奠定了威尼斯後來的商業發展基礎。雖然在統治末期，他曾試圖將元首改為世襲制，任命自己的兒子共同擔任元首。只是這項在其他國家非常有可能被視為功德圓滿的野心，在威尼斯卻無法實現。經過這次事件學乖的威尼斯人，更是在放逐了奧賽羅二世的子孫後，另行設置兩名元首輔佐官，規定如果沒有他們的同意，元首不能單獨作任何決定。

第二個例子是元首維塔·米凱二世 (Vitale II Michiel)。在過去的七十六年當中，有六十二年是由米凱家族擔任元首，而且個個表現優異，受到人們的讚許。但是當維塔二世有意讓自己的孩子擔任要職的動作頻頻出現後，人們照樣投以懷疑的眼光。儘管維塔二世在經濟面確實做出過許多貢獻，但他沒有與元首輔佐官商量便擅自與拜占庭帝國皇帝簽訂協約的舉動，卻明顯違反了元首的義務。感受到周圍氣氛有異的元首雖然馬上發表退隱聲明，但仍於事無補，就在他準備退隱的聖撒迦利亞修道院 (Chiesa di San Zaccaria) 前，元首米凱二世遭到殺害。

同一年，共和國國會創立，用意就是要防範以往知名度高的有力人士容易在市民大會中勝出的弊病。要想左右市民大會，讓自己的意願成為市民的意願，其實遠比想像中容易。只須稍加計畫，再找幾個共鳴的人一鼓作氣就行了。威尼斯以往便不乏一人登高一呼，幾個人立即聲援，在這股氣勢下全民擁戴的例子。但是在一一七二年後，這種選舉模式有了修改。元首改由共和國國會選出，再經由市民大會認可後產生。新制度首次實施時，選出來的元首是新興階級的代表人物賽巴斯提亞諾·茲亞尼，顯然就是國會顧慮到米凱等名門的蠻橫所作的選擇。

靠著地中海貿易而一代致富的茲亞尼，以其與生俱來的企業家直覺治世，對務實的改革派而言，這確實是收穫豐碩的一段時期。剛剛創設的共和國國會首先選出四名代表，然後由這四名代表共同選出一百名議員，任期一年。在格拉狄尼哥改革之前，這種方式除了一些細節上常有的變動外，其他像是先選出多少名代表，再由這些代表選出全體議員的方式，基本上是固定的。階級問題並沒有被挑起，市民大會雖然只能認可決議事項，但仍然是國家最高的政治機構。

不過，選元首雖是國會的責任，卻不是所有議員都有選舉權。由於有了前車之鑑，威尼斯人不相信多數人的集會就能做出公正抉擇，所以就連投票權，威尼斯人也堅持用選的。他們用的是一種抽籤與選舉合併的威尼斯特有方式——光靠抽籤或許公平，不過容易選到不適當的人選，但光靠選舉，卻又無法完全避免選舉活動可能產生的弊端。

首先，他們從共和國國會議員中，以抽籤的方式選出三十人，然後這三十人再抽籤，減少為九人。由這九人負責推選四十個人，被選出來的四十個人再用抽籤的方式留下十二名。這十二名再推舉出二十五個人，然後這二十五人再抽籤減少為九人。接著，這九人再推選四十五人，然後四十五人又抽籤減為十一人。這十一人再推選四十一人，最後剩下的這四十一個人，才是真正有權選舉元首的人。元首必須要獲得這四十一個人之中二十五人的贊成，才算順利當選。慎重再慎重的複雜性，是這項制度的優點，內含敗部復活的理論，則是其精髓。

但即使是這麼嚴格選拔才產生的元首，威尼斯人還是覺得有必要對其權力設限。在道地的生意人茲亞尼擔任元首時，輔佐官由兩人擴增為六人，六個行政區各選出一名代表，這使得原先不跟這些元首輔佐官商量就辦不成事的規矩，明確成為法制化。元首的家族親戚一律不得擔任輔佐官，而且任期只限一年，不得連任。

威尼斯人在政治上如此煞費苦心，但共和國的政治體制是否就此擺脫了君主政體的威脅呢？此話稍嫌過早。在茲亞尼和歐力歐·馬斯特洛皮也諾 (Orio Mastropiero) 這兩人（從姓氏上可以看出他們屬於新興家族）接連被選為元首，以經營民間企業的態度運作政治的期間，的確是不令人擔心，問題是在之後接下棒子的安利科．丹多羅。

在第三章〈第四次十字軍〉曾經提到過丹多羅。他在第四次十字軍東征時順水推舟，把投資的部份連本帶利拿回來，生意人的直覺可不比茲亞尼或馬斯特洛皮也諾遜色。但問題是，他姓丹多羅，名門中的名門，像這樣顯赫家世的人物以一老人之姿，不僅征服了全球最大的城市——拜占庭的首都君士坦丁堡，同時還占領了克里特等各個地區，為威尼斯構築起東地中海的獨占體系，受到威尼斯人民熱烈的愛戴。如果安利科．丹多羅想要將威尼斯改為君主國，自行入主，威尼斯市民想必非常歡迎。就算他沒有這個打算，只說想讓他的兒子接下元首的位置，我想要反對的人，可能也需要極大勇氣。大眾喜歡英雄，而安利科．丹多羅在各方面就是個不折不扣的英雄。在遠征之前，他把去國這段時間的元首職務囑託給兒子拉尼耶利(Raniero)負責，並且說沒有人選比他更合適自己託付後事。由於安利科在贏得完全勝利的一年後，沒來得及回到祖國便客死君士坦丁堡，從情勢上來看，推選拉尼耶利出任下屆元首，似乎是順理成章的事。

可是拉尼耶利想得更深遠。他想到自己不僅出身名門，父親的記錄又如此輝煌，若真出任元首，恐怕會使先前因為接連出現兩任新興家族元首，好不容易才使舊階級沉寂，新舊勢力針鋒相對的情形緩和下來的局面再次面臨考驗。因此便推薦處事向來謹慎、有能力的皮耶托

(Pietro)，亦即賽巴斯提亞諾．茲亞尼的兒子，作為下任元首候選人，並在皮耶托當選元首之後，以艦隊司令的身份出海鎮壓克里特島，結果戰死當地。像他這樣為國甘居次位的人才，在日後威尼斯歷史中，又不乏出現了好幾位。

最後一次就是這次市民大會選出賈寇莫．提也波羅的事件。只不過，明知自己當選，人卻遷居海外的賈寇莫，想必也有著和拉尼耶利相同的看法。

以三十八歲之齡就任元首的皮耶托．格拉狄尼哥，第一件要做的就是想出一套能夠將不穩固的威尼斯共和國政體改革成強而有力，但又不會變成君主制的統治體系的方法。

在中世紀西歐的基督教世界中，權力結構的定義有兩種：從上而下，以及由下而上。從上而下指的是：天主↓教皇↓皇帝↓君主，權力結構由上而下遞減。這也是教皇黨和保皇黨互相爭執彼此地位孰低孰高的根源。由於地位是由任命的方式決定，所以是君主制。由下而上則是：由居民共同體依法選出代表，權力結構由下而上，也就是民主政體。兩者都建築在各自的意識型態上，在中世紀的基督教世界中，也都有著不可忽視的缺陷。首先，從上而下的權力結構允許宗教的介入。本來應該是「凱撒的歸凱撒，上帝的歸上帝」，卻由於基督的繼承者無此共識，把皇帝的也錯當成天主的，平添問題的複雜性。

另一方面，從下而上的權力結構也不是沒有缺點。控制人類欲望的介入本非易事，先前不就曾經提過，要左右市民集會其實並不困難。

務實的威尼斯人於是選擇避開意識型態，只就如何減低實際損害作考量，最後想出了將兩種型態合璧的方式。

首先是防止宗教介入。威尼斯人是基督徒，一國之長（元首）的權威來自天主的授與，國旗與貨幣上面印的也是聖馬可之獅的圖案，這點屬於第一種型態。不過，若提到元首是由人民代表選出，為新元首加冕的也不是身為教皇代理人的主教，而是輔佐官中年紀最長的成員時，則又屬於第二種型態。

另外，相較於其他國家的鎮國教堂即主教坐鎮的教會，有威尼斯鎮國教堂美譽的聖馬可教堂，卻是元首個人的禮拜堂（威尼斯的主教仍和從前一樣駐守在造船廠林立的堡壘區，遠離政經中心）。祭祀威尼斯守護聖人聖馬可的聖馬可教堂所收到的大量善款，也不是交由接受教皇支配的主教，而是選出類似財團理事的監察官來負責「經營」。這些監察官屬於無給職，名額一共九人，任期與元首——威尼斯共和國唯一終身職的政府官相同，用意是要排除來自羅馬教會的壓力。

在威尼斯，甚至連與民眾直接接觸的教區神父也是先由教區內的居民選出，然後才由主教給予認可。教皇葛列高里十三世 (Gregory XIII) 為此便曾經喟嘆：「我在任何國家都是教皇，唯獨在威尼斯不是。」

但威尼斯人其實是認為謹守耶穌基督的教誨，讓凱撒的歸凱撒，上帝的歸上帝，才是對天主、對人類最有益的做法。

同時期的佛羅倫斯人嘲笑威尼斯人的聖物信仰，說他們簡直難以理喻，打從骨子裡就是生意人的威尼斯人，竟會相信來路不明的人骨?!雖說威尼斯人的聖物信仰是種受到拜占庭文化影響的風俗，但若從防範宗教介入的對策著眼，實在讓人不得不佩服這是項高明的作法。

信眾需要有信仰的對象，藉由信仰，會讓他們覺得已經在天堂預約了位子。信仰的如果是一片傳聞中的聖者遺骨，或是釘過基督的十字架碎片，就算再怎麼虔誠，物品畢竟無法煽動人群，不會造成實質傷害。聖遺物是需要花錢沒錯，但還稱得上划算。相反地，自認講求理性的佛羅倫斯人雖沒有聖物信仰，但由於崇拜活生生的聖者，導致受左右的情形層出不窮，薩佛納羅拉（Girolamo Savonarola，編按：多明尼克派修士，在佛羅倫斯曾權傾一時，後遭人民以其未行神蹟刑以火焚）就是個典型的例子。威尼斯和佛羅倫斯的作法，到底哪一種才能為人們帶來真正信仰上的和平、減少傷害呢？我想是威尼斯略勝一籌。

如此嚴謹的思慮也提供了威尼斯人一個避開十字軍狂熱、宗教與反宗教改革的偏激、獵女巫，以及審判異端等瘋狂行徑的根基。中世紀的言論自由只有在羅馬教會權威鞭長莫及的地方才能存在，在這方面，威尼斯可說是個不折不扣的天堂，路德、伊拉斯莫斯和馬基維利的書籍，在威尼斯隨處都可以買到。

到此為止，威尼斯人在力排宗教介入的負面因素上堪稱成功，但若要控制民主政體下容易產生的人性欲望的橫流，在當時的情勢下，還是要小心行事。

我手邊有一張地圖，上頭以顏色區分一三〇〇年代和一四〇〇年代義大利的勢力範圍。在一三〇〇年代的地圖上，從中部以北的部份，分別以不同顏色區分群居社會與僭主國，五彩繽紛，彷彿打翻了水彩盒。但是到了一四〇〇年代，小的獨立共同體全部消失，色塊的版圖擴大，諸國紛紛統合成君主國或是共和國。僅在百年間勢力範圍所起的重大變化，彷彿是一束色彩斑斕的捧花裡的小花朵，全都變大了的感覺。

先前曾經提過，在皮耶托·格拉狄尼哥進行改革前的共和國國會是以大運河為界，每岸各三區共同選出兩名代表，再由這四名具有投票權的人選出百位（約國會總人數的一半）國會成員。理論上，這種方式確保了每位成年男子都可參加，而每位具有威尼斯市民權的人也有可能入選為議員。

但事實上，有力家族獨占的態勢還是比較強，只要幾個家族一致行動，要想順利選上四名代表並不困難。再說，這四名擁有投票權的人又各是自由心證，一二九二年的共和國國會成員中，孔塔里尼家族（Contarini）占了十八人，佛斯卡利家族（Foscari）有十人，摩洛西尼家族（Morosini）也有十一名的例子，便是個明證。而如果連共和國會議員都已經呈現這種獨占的局面，那麼由國會指名的政府各級委員之分布，當然也相去不遠，這對於必須極力防範權力集中於個人才能成功的共和體制來說，實在不是可喜的現象。

任期只有一年也是個大問題。當任期有限時，人們往往會急著把想做的事在任期內做完，但勉強行事卻會給國家帶來傷害。除此之外，優先拔擢內親，忽略經驗豐富適任者，也是一項流弊，人才的運用不但沒有效率，也非一個有心在對外競爭上取勝的國家應有的做法。

當時威尼斯人所面臨的就是這樣一個，表面上儘管是反映每位市民心聲的民主體制，事實上卻是由少數人，或由幾個家族的意願為依歸的窘況。

皮耶托·格拉狄尼哥上任後的第一件事，就是想辦法將這些弊病降到最低。不過，他並沒有立即付諸行動。

最主要的原因是怕刺激共和國最高的決定機構市民大會。由於大會中還殘留著選舉賈冠莫·提也波羅時的餘溫，他不希望有力階級與民眾結合的典型反政府運動在威尼斯上演。還有那些滿足現狀的有力家族，也不能輕易刺激他們。這些在各方面都擁有廣大民意支持的階級，給他們藉口與民眾勢力結合，無異是自找麻煩，萬萬不可。

其實早在格拉狄尼哥就職的三年前，共和國國會就曾提出過一次改革案，規定唯有祖先曾具有國會席次者，才具備議員的資格，但在以元首喬凡尼·丹多羅為首的現狀維持派的反對聲浪中，遭到了否決。格拉狄尼哥在等時機成熟，一等就是八年。

一二九七年，四十五歲的元首提出了國會改革案：

共和國國會所有現任議員，並溯及前四年內擁有席次的議員，若能獲得「四十人委員會(*Quarantia*)」中十二票的支持，即可成為終身職。

這項改革獲得了多數現任議員的支持。不僅現狀維持派沒有提議反對，連向來視市民大會為國家最高政治機構的民主派，也因為這項改革法案的實施將會使得議員的人數增加至現在的兩倍，民意將更能獲得反映，所以也沒有提出意見。

兩年後，元首格拉狄尼哥又提出一項法案，用以增強上述的改革案。

經元首與六名元首輔佐官推薦，並獲得「四十人委員會」半數以上成員贊成者，得成為共和國國會的終身職議員。

這項法案同樣在沒有反對的情況下，通過了立法。

如果這項法案沒有通過，前一項改革案在格拉狄尼哥眼中，想必只成功了一半。因為在第二次改革方案中，他成功地讓許多非有力家族出身的人才有機會成為國會的一員，這在以前根本是不可能的事。以往，這些長年身居海外，不曾回到故里，與祖國關係薄弱的人才根本不可能被選上，但在經過這次改革之後，許多人都當選了。其中最特別的是，在巴勒斯坦阿克雷地區長期具有重要地位，後因一二九一年埃及軍隊趕走十字軍、攻陷當地，而在當時撤回祖國的威尼斯僑民中，有十二個家族在這次成了共和國國會的新成員。

與其說這是為了安排歸國者的出路，倒不如說是格拉狄尼哥在這群歷經困境存活下來的人們身上，看見了威尼斯共和國要在未來可預期的政治困局中賴以求生時，足堪倚重的力量。

後世批評皮耶托·格拉狄尼哥的這項改革是將市民排除在外，讓政治被既有的貴族階級獨占。但這項批評卻弄錯了對象。到目前為止，我一直避開貴族這個字，而只以名門或有力階級稱呼，主要就是考量到威尼斯在這次改革之前，貴族與平民並沒有明顯區分，一直是等到這次改革之後，在共和國國會中擁有席次的人才開始被稱做貴族 *gentiluomo* 或 *nobile*。換言之，我們一般印象中的「貴族」，在那之前是並不存在的。

馬基維利也說：

在特權階級存在的社會中，共和國是不可能成立的。或許有些人會認為，威尼斯共和國的存在適巧與我這項論點相矛盾。因為在威尼斯，除了貴族以外，其他人都無法達到任何（政治上的）地位。

但這種現象並不能攻破我的理論，因為威尼斯共和國所謂的貴族階級，其特權只在於頭銜。他們並不仰賴不動產的收入，龐大的資產來自於通商。而且也沒有一個人擁有自己的城堡，或是足以影響他人的裁判權。威尼斯的貴族，是一點也沒有享受到其他國家貴族能夠享受到特權的貴族。（節自《政略論》）

約翰·霍普金斯大學的雷恩教授，亦即威尼斯史的最高權威甚至拒用「關閉國會」(*Serrata dell' Maggiore Consiglio*) 來形容。在他看來，這個威尼斯史研究者向來慣用的詞，並沒有傳達出真正的史實。皮耶托·格拉狄尼哥的改革根本不是封閉，簡直就是開放。

誠如雷恩所言，共和國國會的席次增加，非但沒有將市民阻絕於這扇大門外，相反地，還有從市民中拔擢人才的功績。將議員改為世襲制是在皮耶托·格拉狄尼哥死後十三年，根據一三二三年所制定的法源施行的。

議員的任期改為終身制，既強化了國會的權限，也等於將市民大會變成有名無實的單位。雖然市民大會直到晚後才正式失去國家最高機構的名號，但此時權限其實已等於零。議員改為世襲制，也算是皮耶托·格拉狄尼哥的改革於焉告成。

一提到世襲制，今日人人喊打。但請試想，在十四世紀，有哪些機構能夠培育足堪大任的政治人才？當要起用這些人才時，又有哪些公正的遴選制度？在那個時代，這方面的教育唯有依賴父傳子的承繼方式來解決。

國會的成員改為世襲制，等於培育了政治上的專業階級，成功地壓制個人野心，以及容易與個人野心相結合的群眾暴力。拜此之賜，威尼斯才不至於走上因牽扯到由上而下的權力結構，而無法全面防範教皇或皇帝介入的君主制這條道路。也就是從此時期開始，威尼斯成為了貴族制的共和國，一種立憲政體。

下文中便會開始用到貴族這個字。貴族的子弟如果是嫡子，在他二十五歲那年，只要之前不曾犯過刑事案件，即可被登記為共和國國會的議員。十六世紀後，年齡限制更降到二十歲。議員人數依據人口的增減而定，約占成年男子的百分之三。一三一一年為一千零七十一人，一三四〇年為一千兩百一十二人，一四三七年為一千三百人，一四九〇年為一千五百七十人，一五一〇年為一千六百七十一人。

會議在每週日於元首官邸的專用會議室舉行，議長由元首與六名元首輔佐官擔任，且不對外公開。原因與其是為了保密，倒不如說是為了避免議員意識到旁聽席的反應，會有不尋常的舉動。英國幾年前曾經就是否將攝影機搬進議會有過爭論，當時反方的理由就是如果把攝影機搬進來，議員可能會因為意識到觀眾的存在，而採取不尋常的舉動，據說現在還是有人抱持此種看法。

此後五百年內，包括元首在內的所有政府官員全都是由國會議員中選出。有力階級與一般市民的區別也是從這時起，變成以是否在國會中擁有席次而定。能夠參與國政的是貴族，不能參與的是市民。不過，正如馬基維利所說的，威尼斯貴族的特權只有一項——參與國家政治而已。

第四章中我們曾經介紹過在一三八〇年，也就是在這次改革八十年後，威尼斯政府所進行的高所得者一覽表。從表中可以看出，富豪並非全部都是貴族階級，其中甚至有許多被列為貴族的人物，恰與馬基維利所說的龐大資產家相反，經濟狀態比起其他國家的貴族只能用「樸素」兩字形容。講求經濟的中產階級永遠都是穩健派，這種特質也成為支撐威尼斯政體不容忽視的穩定因素。

法律對中產階級自然也是平等的，甚至有保護市民權利免受貴族侵害的委員會，但卻沒有保護貴族權利的委員會。任何一個市民都可以向這個委員會提出告訴，完全遵照「給貴族正義，給國民麵包」的箴言所示。

在稅制方面，貴族同樣也沒有特別待遇。我們在第四章中提到類似直接稅的長期政府公債，採行強制分配，依據資產多寡決定應購額度，所有被列入資產家的人均得購買，貴族亦不得倖免。威尼斯的貴族就是如此與他們在其他國家的同伴不同，他們享受唯一的特權與身為貴族階級的榮譽，其代價就是：率先守法、率先納稅，以及率先站在戰爭最前線。

雖然皮耶托·格拉狄尼哥極力讓統治階級獨立的目的是為了避免統治階級的內部對立，但是就在他實施改革後的第十年，一三一〇年，發生了威尼斯共和國千年史上最大的叛亂——馬可·奎里尼 (Marco Querini)、拜雅蒙特·提也波羅 (Bajamonte Tiepolo) 的反政府陰謀。參與叛亂者，幾乎都是在共和國國會擁有保障席次的貴族議員。

這場叛亂被視為是民眾為了恢復自格拉狄尼哥改革以來，自身所失落的權利而發起的民主反撲，因而得到了五百年後的法國革命志士給予高度的評價。姑且不管事實真相究竟為何，以格拉狄尼哥力排獨裁與全民統治，亟思確立精英政治之不遺餘力來看，當然是毫不猶豫加以弭平。尤其，真相背後其實隱藏著一段如果雅各賓派（Jacobin，編按：法國大革命中最著名的政治團體，後與極端平均主義、暴力密不可分）了解後，一定會改變先前評價的內情。

內政的混亂，往往導因於外政的失敗。此時的叛亂也不例外。威尼斯趁著費拉拉發生僭主制大亂之際，以軍事力量介入。未料，不僅軍事上受挫，政治上也吃盡苦頭。這項威尼斯為了確保亞德里亞海西岸的權利而進攻費拉拉的舉動，惹惱了當時費拉拉主權所屬的教廷。當時設於亞維儂（Avignon）的教廷，因此決定將所有威尼斯人逐出教門。對威尼斯人來說，被摒除在教門外雖已稀鬆平常，宗教方面縱然稍有不順，忍一忍也就過去了，但這次的禁令卻包含了禁止他人與威尼斯人通商一項，違反者將被處以逐出教門的重罰。這對依賴通商維生的國家來說，不能不說是項打擊。

在共和國國會議席上，奎里尼批評被公認為抗戰派領袖的格拉狄尼哥元首的政策。格拉狄尼哥請他再忍耐一會兒，反對了他所提出的與教皇妥協的提案。究斯汀尼安家族、摩洛西尼家族等人亦相繼表示贊成，國會成員亦多持相同意見。格拉狄尼哥本身早就承認這是一項失策，已經就是否要派遣密使前往亞維儂，收買教皇解除逐出教門的禁令進行考量，希望能以不損及名譽的方式全軍撤離。只是，這種事在進行的過程必須保密，所以只有六名元首輔佐官和三位四十人委員會的主席知情，不可能向人數超過千人的國會議員報備，但不了解內情的馬可·奎里尼卻誤以為這正證明了格拉狄尼哥改革後的政體缺乏政治能力。

其實，格拉狄尼哥並非一個食古不化的人。我們曾經在第四章中提到當教皇禁止威尼斯人與穆斯林通商時，威尼斯想到了利用遠在羅馬教皇權威外的東方基督徒亞美尼亞人仲介，先由他們與穆斯林通商，然後自己再與小亞美尼亞人做交易，亦即今日經濟術語中稱為 dummy 的鑽漏洞方式，當初想出這個點子的人正是格拉狄尼哥，你可以形容他是個行賄教皇也面不改色的基督徒。更何況，當時在位的教皇，是但丁筆下那位欠缺法治觀念、行徑污穢的克萊門特五世（Clement V），如果公開向他表示屈服，接下來將會遭受何等刁難，實在令人難以想像。大多數的議員即使不知道暗中進行的工作，至少也了解這些情形，所以決定信賴元首，倒是馬可看得不夠深遠。但棘手的是，他是有力家族的當家，要想湊齊必要的黨羽人數並不困難。

馬可本身也有私人恩怨牽扯在內。身為費拉拉戰爭指揮官的他，對於戰敗後被究責的處置，始終感到不平。他心想著在殺掉元首後，解散格拉狄尼哥一手創建的共和國國會，改行君主制，屆時最適合當君主的人選，當然就是他的女婿拜雅蒙特·提也波羅。

拜雅蒙特的父親就是當年獲得市民大會推舉，後來被皮耶托·格拉狄尼哥擠下臺的賈寇莫。當初賈寇莫為了避免國家分裂而急流勇退，但兒子拜雅蒙特可恨透了皮耶托。

除此之外，他還有一項憎恨皮耶托的理由。十年前，當拜雅蒙特擔任莫頓總督時，由於生活奢豪程度不下君主，經政府派員前往調查的結果，查出他濫用公款屬實，裁決必須繳納龐大的罰金。由於數目過於龐大，逼得他最後得向友人及妻子的娘家借貸才能還清，拜雅蒙特始終認為這件事的幕後指使者是皮耶托；雖然該次事件並無損於拜雅蒙特在民眾心中的地位，其豪放不羈的個性依舊深受百姓欣賞，每當他與大批隨從走在街上時的那種氣派，總是能吸引稱許的目光。拜雅蒙特決定要參與馬可的陰謀。

另一位主謀叫做巴德耶洛・巴德爾（Badoero Badoer），也是位貴族，七年前曾經擔任過元首輔佐官，與皮耶托似乎沒有私人恩怨。他在擔任元首輔佐官期間負責的是拉攏帕多瓦的教皇黨，由於當時義大利保皇黨的勢力明顯衰退，皮耶托和他的同黨又向來不服從教皇，許多人因此將他們歸類為保皇黨。巴德爾心裡想，如果將威尼斯的未來交在這種勢力明顯衰退的保皇黨手裡，將來一定有危險。他準備造反，純粹是基於錯覺上的愛國心使然。

造反的程序擬定好了。馬可和拜雅蒙特的豪宅都在聖馬可廣場對岸，隔著大運河相望的利亞托橋市場再過去那一帶，因此決定就於六月十四日夜半時分前在此集結，迨隔天十五日天剛亮時再兵分兩路出發。提也波羅隊經由利亞托橋南下聖馬可廣場東側，奎里尼隊則走幾乎平行的路線到達聖馬可廣場西側，雙方在廣場上會合；巴德爾隊則是經由帕多瓦順著布倫塔河（Brenta）而下，駛出亞德里亞海後，通過吉奧佳港進入威尼斯潟湖，將船隻停泊在聖馬可碼頭。等到從東、西、南三方前來的叛軍在廣場會合後，便一舉襲擊元首官邸。

一切進行得似乎很順利。十四日入夜後，利亞托橋上有個人影快速走過，接著又是一個人影，沒有人察覺到有何異狀。

到了半夜，有兩名男子來敲元首官邸的大門，一位是平民，另一位是這名男子居住區域的首長。格拉狄尼哥原本正準備進入寢室，在聽到僕人的傳喚後折回客廳。客廳裡除了僕人之外，還有兩名男子，其中一名嘴巴幾乎合不攏地全身顫抖。這個平民男子經常出入奎里尼家，原本也加入叛軍的行列，但臨到要發動時，卻又心生畏懼，趕忙將一切告訴住區的首長。元首得知消息後，在這個重要時刻，充份發揮了他畢生不變的冷靜與優異決策力，開始擬定對策。

首先，召集令飛也似地傳到國營造船廠員工的家中。由於威尼斯沒有禁衛軍，一遇緊急事件，向來是由國營造船廠的員工負責警衛要務。

對於包括元首輔佐官等在政府任職者，只要確定是親元首派，也都派了人前往住所傳令，要求這些人員帶著武器前來。

元首當然也沒忘記下達嚴厲指令給吉奧佳總督，要求他將巴德爾的船隊牽制在吉奧佳，並且捉拿這幫人。就在政府的快速船駛往吉奧佳時，天色頓時詭譎起來。

接到召集令的人陸續穿越元首官邸大門。暴風雨在這時刮起。武裝的國營造船廠員工在聖馬可廣場警戒，官邸則有貴族們戒備。

同一時間，叛軍這邊卻出了紕漏。提也波羅隊襲擊位於利亞托的國庫並不順利，延誤了趕往聖馬可廣場的時間。巴德爾隊也因為天候惡劣，先是延遲出發，後來又在途中遇到重重阻撓。唯一按時抵達廣場的奎里尼隊，於是被迫孤軍與久候的國營造船廠員工發生激烈拚鬥。以原定人數三分之一的叛軍要應付人數一如預期的政府軍，戰況當然漸居下風。馬可最後戰死，他的一個兒子也死於戰鬥中，只剩下馬可的弟弟皮耶托和幾個人逃脫，奎里尼隊潰不成軍。

延遲前往廣場的提也波羅隊，尚未抵達聖馬可廣場，便提前面臨與政府軍交鋒的命運。雙方在狹窄的巷道對峙，人數有天壤之別。後頭不斷推擠的壓力迫使政府軍向提也波羅隊展開攻擊，戰況激烈，提也波羅隊漸感不支。就在這時，從小巷兩側並排的房子窗口，一名女子拿了一個小石臼（另有一說是花盆）朝著提也波羅隊的旗手丟下。石臼準確命中，旗手當場喪命。看不見我方旗幟的提也波羅隊士兵頓時鬥志盡失，開始四處潰逃，拜雅蒙特．提也波羅也跟著落荒而逃。眾人在過了利亞托橋之後，破壞了橋梁，躲在提也波羅家中。

格拉狄尼哥在元首官邸伺機而動，身邊不時傳來捷報。馬可．奎里尼戰死、巴德爾就擒；曾經身為年紀最長的元首輔佐官，也擔任過副元首的巴德爾，連同他的隊員全被鐵鏈串綁著，帶到聖馬可廣場的碼頭，送進監牢。剩下來就是如何處理拜雅蒙特．提也波羅的問題了。元首從拜雅蒙特的個性判斷，知道此時如果採取強硬的對策，雙方難免又是一場無謂的流血衝突，於是派人前往遊說，允諾只以流放海外為條件，要求解除圍城，拜雅蒙特接受了這項提議。

以巴德爾為首的叛軍在接受正式審判後，紛紛伏法。巴德爾於一週後公開斬首，拜雅蒙特的豪宅被拆毀，空地上立起一座石碑，內容描述他叛國的史實。馬可的豪宅則是被拆掉三分之二，因為奎里尼家三兄弟之一的喬凡尼（Giovanni）沒有參與。但是，只剩三分之一的房子哪裡能住人，政府於是向喬凡尼買下，讓喬凡尼拿著這筆錢另行購屋。將石臼丟向提也波羅叛軍旗手的女子，也從政府那裡得到她想要的獎勵。她要的是節慶時可以在她家窗口懸掛威尼斯國旗，以及不得調漲房租的權利。這名女子的房東是聖馬可教堂「財團」，換句話說，也就是政府，根據一四六八年的記錄，這個房子的房租在一百五十八年後仍舊維持不變。

別以為逃到國外的拜雅蒙特跟他的同黨們，就可以悠然自在地享受逃亡的生涯。他們的一舉一動全都受到監視，而且還逐一回報給威尼斯政府。閱讀這些記錄，就好像看間諜小說一樣有趣，其中還不乏女間諜。根據這些情報，只要這群人的行為稍有異樣，威尼斯政府便會立即要求駐在國予以流放，因為在以拜雅蒙特為首的這幫人當中，仍有不少希望鼓動各地教皇黨捲土重來的黨羽。亡命者四處流轉，久而久之自然解散，有機會的話，威尼斯政府派去臥底的人亦會「做掉」幾個。當然，是在不引起外界質疑的情況下；馬可．奎里尼的一個弟弟就是這麼被殺的。拜雅蒙特．提也波羅最後求援於母親那方面的家族，逃往克羅埃西亞。他在事件發生後第十八年去世，死因不明。

這就是被十八、十九世紀的人們視為民主先聲的事件真相。參與者當中，只有一位畫家行會的男子屬於平民。

除了國會的改革之外，格拉狄尼哥遭到後世猛烈批評的另一項作品，是在叛亂後兩個月內成立的，通稱為"C．D．X"的「十人委員會」。

原先以處理叛國陰謀為目的而成立的十人委員會(*Consiglio dei Dieci*)，權限隨著時間擴張，成了一個決議機密與重大審判的機構。

成員的遴選是由出身共和國國會的元老院議員中，選出三十歲以上的成員十名，任期一年，不得兼任其他職務，不得連任，再次當選至少須間隔一年。委員長由三人出任，每人輪流各作一個月，理由是委員長有義務絕對避免與外國人、甚或有意影響判決的人物進行私下接觸，因此不要說參加宴會了，連走在路上散步都不能，像這種非人的生活，實在不能讓一個人承受太久。但話說回來，能夠進入「十人委員會」畢竟是每位貴族的渴望，不論就討論議題或決策的重要性來看，少有從政者能抵抗得了它的魅力。附帶一提，「十人委員會」的委員是不支薪的。

要被選為「十人委員會」的委員，不光是年齡三十歲以上，和身為元老院議員就可以，所有與元首或元首輔佐官同家族的人，選前就被摒除在外。這是由於「十人委員會」雖名為十名成員，但在運作時，同時列席的還包括了元首和六名元首輔佐官，一個家族一名成員的原則必須貫徹。除此之外，與教廷有關聯的人士亦不得出任候選人。某個家族中如果有人出任樞機主教，或是該樞機主教當上了教皇，該家族的男子就得放棄出任「十人委員會」委員的希望，直到那名樞機主教或教皇陛下過世為止。在威尼斯人眼裡，「十人委員會」乃接觸國家最高機密的單位，這種顧慮的確有必要。

「十人委員會」在法國大革命後的風潮下雖飽受批評，但在文藝復興時代則沒那麼糟，甚至得過重視政府功能更甚意識型態的現實主義者的讚美。

共和國的行政速度其實是緩慢的。不論立法或行政，皆無法由一人單獨決定，一般皆由數人商討，因此光是彙整眾人意見便極為曠日廢時。此等慢工出細活的裁決方法，在十萬火急時便非常危險，為了因應這種情形，共和國必須預先設置（類似古羅馬帝國的）臨時獨裁執政官制度。

威尼斯共和國是近年來一個強大的共和國，在緊急時，不經過國會或元老院的一般討論，僅經少數獲得授權的成員討論便可決定政策。一個共和國若無法體察此一制度之必要，只想著保持固有政體，則國家恐將走上亡途；若不想亡國，便勢必得面對破壞政體的難題。

（節錄自馬基維利《政略論》）

「十人委員會」原則上是由十名委員、元首，以及六名元首輔佐官共十七人組成。如遇事態重大，在講求保密和時效的考量之外，有時會再求慎重，從元老院議員中選出二十名臨時委員，一共三十七名成員組成委員會。第一次有這種情況發生是在一三五五年，肇端的事件和奎里尼、提也波羅當年的叛亂不可同日而語。這次不僅震撼了義大利，連整個歐洲宮廷都為之側目，因為叛國的主謀正是當時的元首。

時間距離皮耶托．格拉狄尼哥於奎里尼、提也波羅叛亂隔年逝世後，又過了半個世紀，在這五十年間，無論是威尼斯與熱那亞的膠著狀況，或是歐洲各國君主制帶來的小國整合趨勢，都沒有新的變化。

陰謀的發生，起因於極瑣碎的事。

元首官邸一樓海軍部的一個房間裡，丹多羅家族的喬凡尼對著船長依撒雷洛發飆。原因是喬凡尼．丹多羅下令要讓一名船員上船，但被依撒雷洛拒絕了。

喬凡尼．丹多羅問道：「你為什麼不聽從上級的命令？」

依撒雷洛回答：「即使是上級的命令，不合格的人就是不能讓他上船。」

依撒雷洛一點也沒有讓步的跡象。在威尼斯，雖說是上級的命令，也不是絕對，喬凡尼只能暴跳如雷。但是走出海軍部的依撒雷洛可沒就此罷休，他立刻就到附近的海軍集會所，把心中的憤怒向聚在那裡的同夥一吐為快：「什麼嘛，不過是個年輕小伙子，拿貴族的身份趾高氣昂的，哪裡了解現場的實際狀況！」其他同伴們也跟著附和。才在不久之前，一隊完全由民眾指揮組成的艦隊，被緊急派去替代好不容易才從與熱那亞艦隊苦戰中脫困回到威尼斯港的艦隊出征，結果竟然凱旋歸國，依撒雷洛和他的朋友此時自然是意氣風發。

「就是因為交給貴族管理，威尼斯才會戰敗。」不曉得是誰帶頭這麼一說，所有人紛紛表示贊同。

此時眾人的憤怒仍然是只針對喬凡尼．丹多羅，他們決定要好好教訓這名年輕人。就在他要下班前，將近十個人在元首官邸門前徘徊，就等丹多羅出來。喬凡尼．丹多羅得知此事後恐懼萬分，同事都下班了，依然不敢走出大門。最後，他決定告訴元首。

元首馬利諾．法利耶（Marino Falier）叫人把依撒雷洛帶來，責罵他無論有什麼理由也不能做出這種不當的舉動。依撒雷洛依照元首的命令解散了這群人後，喬凡尼．丹多羅才得以回家。

不過就在當天深夜，元首派人前往依撒雷洛家中，要他前去官邸。言談之間，元首馬利諾．法利耶要求平民依撒雷洛協助他共同打倒貴族制度，創造更強大的威尼斯。依撒雷洛立刻同意了元首的要求。他還提出建議，讓他的好友，也就是在平民階級間擁有影響力的卡連得力歐（Calendaro）也加入。卡連得力歐是切石工人的工頭，也是位擁有私人船隻的富豪。依撒雷洛大致算了一下，他和卡連得力歐可以湊齊二十名領班，每名領班又可召集大約四十名的同志。元首法利耶表示一切就交由依撒雷洛和卡連得力歐去辦，並決定在四月十五日深夜於元首官邸前集合。四月十五日的隔天是星期四，正好是元老院、十人委員會和各部會陸續召開會議的日子，之所以不選在星期天所有貴族齊聚一堂召開國會的日子，是因為考量到以八百人的叛軍要去對抗千人以上的貴族，自己肯定是處於不利的局面。

只可惜，這項陰謀在召集同志的階段就滯礙難行。受邀者大多拒絕參與，部份是因為他們不知道背後有元首撐腰，而且預定參與陰謀的人數也太多，風聲不脛而走。聽到傳聞的幾名貴族立即稟報元首，法利耶的回答當然是事情不致太嚴重，並沒有下令查辦。但直屬「十人委員會」的諜報網卻掌握到了陰謀的確實情報，參與陰謀者接二連三迅速地遭到逮捕，並未釀成流血事件。

貴族們這會兒聲音也大了，他們要求元首及六名元首輔佐官召開評議會。既然有人提出要求，元首當然就得遵從。會中決議進行調查。只是誰也沒料到，查出的結果，陰謀的核心人物竟然會是元首本人。元首立刻被關進了元首官邸的一間房間裡。

四月十六日，「十人委員會」召開。為了研討這件非比尋常的大事，另外又選出了二十名臨時委員，加上原先的十名委員和六名元首輔佐官，共計三十六人參加。當然，這回元首一定是缺席了。

當天傍晚，已經被捕的依撒雷洛和卡連得力歐接連被宣判絞刑，並於當天夜裡立即在官邸中行刑。連同日後伏法者，共有十一名被處以絞刑。

經過將近二十四小時不眠不休的持續討論，關於元首馬利諾·法利耶的判決終於定案。十七日，元首被帶到「十人委員會」的會議庭中聆聽判決。當天傍晚，這位七十一歲的元首就在元首官邸通往二樓涼廊的寬階上（同時也是他六個月稍早前宣示就職的同一地點）接受斬首。在所有政府機要官員的見證下，只見褪下金線織花冠帽後白髮蒼蒼的頭顱隨著刀落，應聲噴出鮮血滾落地面，「十人委員會」中一名委員手執長槍刺起元首頭顱，從元首官邸的陽臺上大聲向民眾喊話：

「正義，已對叛國者加以伸張！」

這件事件的後續發展如下：

斬首者一名，絞刑者十一名，無期徒刑者三名，一年有期徒刑者一名，放逐者五名，緩刑者三十一名。馬利諾．法利耶的財產被沒收，他的妻子露西亞 (Aluycia Gradenigo)，也是皮耶托．格拉狄尼哥的孫女，自請隱遁修道院。

時至今日，當您造訪威尼斯的元首官邸時，在最大的一個房間，也就是共和國的國會廳裡，會發現牆上有一排歷代元首的肖像，其中唯一畫著黑幕替代的地方，就是馬利諾．法利耶的肖像。黑幕上的文字這樣寫著：他以叛國者的罪名遭到處刑。

整個事件如此戲劇化，連帶地也刺激了十九世紀浪漫派藝術家的想像力。德拉克洛瓦（Delacroix，法國畫家）以繪畫、拜倫以文章，唐尼采蒂（Donizetti，義大利作曲家）和羅西尼（Rossini，義大利作曲家）等人也將這個故事譜成了歌劇。不少作品均將馬利諾．法利耶的悲劇歸咎於他的妻子和一名年輕貴族米凱．史特諾 (Michele Steno) 之間的愛情，認為整件事都是因為年輕貴族中傷元首夫人，但卻只受到輕微處罰，元首在憤怒之下才會挑起整次事件。不過，這只是民間稗史，缺乏史料佐證。在這次事件四十五年後，米凱．史特諾被選為元首。

如果威尼斯變成君主國，應該沒有人比馬利諾．法利耶更能勝任的吧。他的家族在十一世紀出過兩位元首，而他本身也在壯年時先後出任過負責君士坦丁堡周邊警衛的海軍統帥，以及克里特總督，並曾無數次以宮廷大使的身份派駐各國；在他被選為元首時，當時就正在亞維儂教廷與熱那亞進行和談。此外，他與外國的重量級人物也有交情，當時號稱最有知識的詩人佩脫拉克 (Francesco Petrarca) 也是他的摯友之一。

換句話說，當時的威尼斯就數他的名聲最為享譽海外。當然，他也是位稱職的威尼斯貴族，他擅於經商，在忙於奔走各國之餘，仍能指使各地代理人進行頻繁的生意往來。如此一位在政治、軍事和經濟都舉足輕重的人物，當然也受到人民極為愛戴，在他被選為元首，從亞維儂趕回祖國時，全民彷彿迎接一位凱旋將軍。

如果生在義大利其他國家，馬利諾．法利耶或許早就是位君主了，不幸的是——他生在威尼斯。

奎里尼、提也波羅的叛亂與馬利諾．法利耶的陰謀策動，是威尼斯共和國經歷過的「唯二」反政府陰謀，兩次都集中在十四世紀前期。在接下來的半個世紀，相形於激烈政爭不斷的佛羅倫斯與熱那亞兩個共和國，威尼斯政局的平穩，簡直可用天壤之別來形容。這一方面除了是「十人委員會」的嚴密監控外，也和威尼斯政體本身在設計時，便已考慮到極力避免將權力集中在個人、單一家族，以及不使單一機構握有過大權力可供發揮有關。

元首由六名元首輔佐官負責制衡，元老院主管外交，「四十人委員會」掌管財政，彼此相互牽制。總理府與內閣政務不作明確劃分，以方便制衡；就連公認權力極大的「十人委員會」，也在兩百年後（十六世紀），多了個同級的「國家審問委員會」加以監督，成員三名，由「十人委員會」與元首會議選出，每個家族照常只有一人出任。如下頁圖表所示，所有職務除了元首之外，都有好幾個名額（即使元首也得先和輔佐官商議，才能召開會議），合議制徹徹底底地落實到威尼斯政體每個角落。——這是個連船隻的航路也採行合議制，而不是交由船長一人決定的國家。

決定國家航路的政治採行合議制，在他們看來，應該也是理所當然。

在官職方面，威尼斯的作法同樣獨特，他們規定必須每隔一段期限才能再次登記候選。除了元首和國會議員是終身職之外，能夠連續連任的職位只有任期一年的元老院議員。其他諸如元首輔佐官必須任期一年休息兩年，「十人委員會」的委員是任期一年休息一年，內閣職務則是任期半年休息半年。

在年齡限制上，如果想在共和國國會註冊有案，剛開始規定是二十五歲，後來改為二十歲。但如果想要被選為重要的職位，至少得三十歲以上。年輕貴族成為國會的一員，首先必須擔任的職務有個非常優美的名字，叫做*Signore di Notte*（夜的統治者），其實就是警察。由六區各推選一名，任期一年。用意大概是要讓他們在管理國政之前，先了解民間的情形吧。在擔任過兩次夜的統治者之後，就可以「升格」進入海軍部，這也是內閣所有職務中，唯一不須具備元老院議員身份資格的官階。

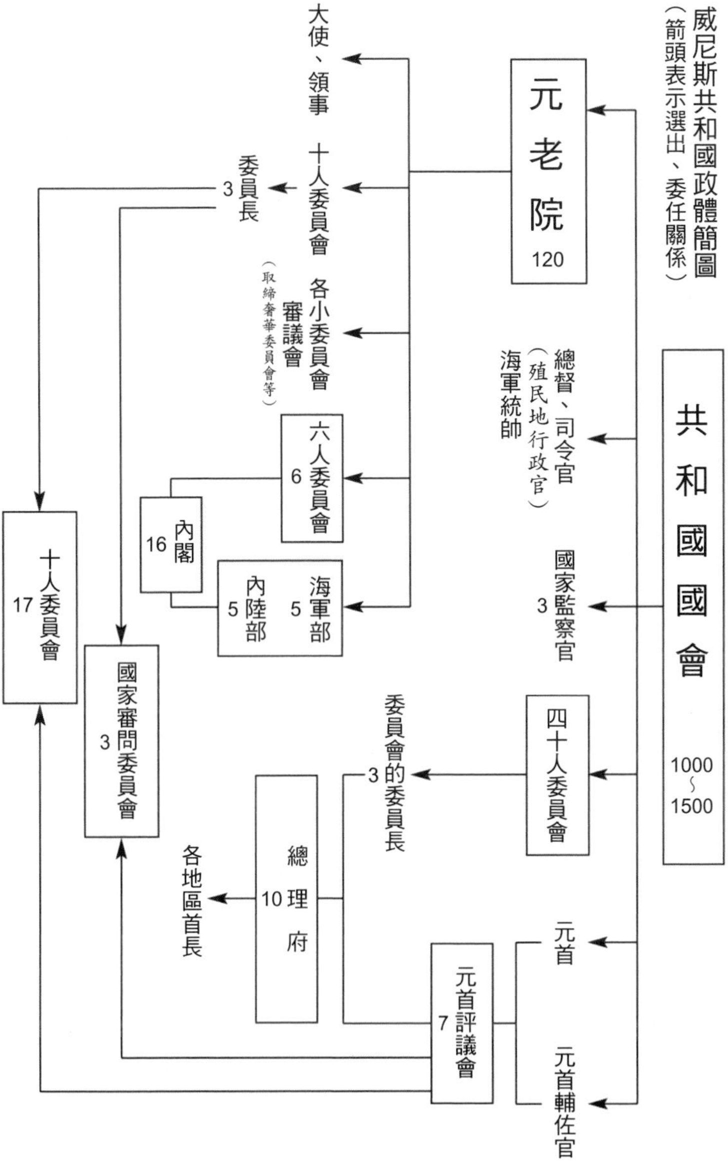
威尼斯共和國政體簡圖
（箭頭表示選出、委任關係）
共和國國會
1000～1500
元老院
120
大使、領事
十人委員會
委員長
3
各小委員會
審議會
（取締奢華委員會等）
六人委員會
6
內閣
16
海軍部
5
內陸部
5
十人委員會
17
國家審問委員會
3
總督、司令官
（殖民地行政官）
海軍統帥
國家監察官
3
四十人委員會
委員會的委員長
3
總理府
10
各地區首長
元首
元首評議會
7
元首輔佐官

編者註：關於威尼斯共和國的官制，多採原文直譯，如

Doge→總督

Maggior Consiglio→大議會

但因本書是以威尼斯共和國為一獨立且完整的政權作敘述，且「總督」一詞又極易與「代表君主治理屬地的長官」產生聯想，故本書所有官名譯法均採作者原意。下面所列重要官職之義大利原文及其直譯譯名，僅供讀者對照參考。

元首：Doge→總督

元首官邸：Ducale Palazzo→總督府

共和國國會：Maggior Consiglio→大議會

元老院：Senato→元老院

四十人委員會：Quarantia→quaranta 意為「四十」

元首輔佐官：Consigliere Ducale→總督顧問

十人委員會：Consiglio dei Dieci→十人議會

六人委員會：Savii Grandi→大智囊團（savii 原意為賢士、智士）

海軍部：Savii ai Ordini→司令智囊團

內陸部：Savii di Terra Ferma→州陸智囊團

總理府：Signoria→統制

內閣：Collegio→議政團

國家審問委員會：Inquisitore delle Stato→國家審判官

說到這裡，即使不像日本人馬上聯想到內閣改造劇的其他國家的讀者，大概也會懷疑，像威尼斯這樣替換個不停的作法，怎麼施行政治的一貫化？每隔半年或一年就換一次「部長」或「首長」，而且不休息個半年或一年就不能回到原崗位的方式，實在叫人存疑。雖然威尼斯人也想到，如果一次換掉所有委員會成員，將會使得政務停頓，所以一次只替換一半的人，但是對於任期一事，立場倒是挺堅定的。除此之外，認為理想的從政應該是轉換各種工作崗位，而不該老是擔任相同職務的威尼斯式思維，也頗令後世人們大感不解。不過，在此想先請大家細想一下所謂內閣改造劇的特色：即使部長或政務次長換人，只要事務次長以下的官員們不跟著動，行政上就不會產生問題。

也就是說，威尼斯人認為職業政治家不可專業化，但行政上的專職者卻非箇中翹楚不可，從中我們也看到了威尼斯官僚體系之完備——支撐、延續威尼斯政體，使實際損害降至最低，並以效率，或說符合經濟效益的方式經營此一政體時不可或缺的要素——實為其他國家望塵莫及。

他們被稱為 *Cittadino*（公民）。這些行政專家的職務與身為政治專家的貴族不同，採行終生雇用制，人數與貴族相當，不能參與政策擬定。不過，擬定政策時所需的資訊都是由他們整理分析之後，才提供給職業的政治家，亦即貴族們使用。換句話說，縱使他們不能加入討論與決議，但每次委員會召開時必定在場的不是貴族，反而是他們這群老面孔。

在這些官僚中位階最高的是祕書長。凡元首出席的場合，一定可以看到他也列席，即使是關於開戰或談和等極機密的會議也一樣。元老院會議固定是由一百二十名元老院議員與元首，以及六名元首輔佐官，再加上祕書長率同二十五名祕書及兩名書記在一旁記錄；再再再機密的會議，至少也會有祕書長和兩名書記列席。在這樣的體制下，除了元首之外，最精通政府一切事務的人自然就非他莫屬了。由於獲選的元首一般年紀都較長，平均治世十年左右，因此同一個祕書長效命好幾任元首的情形並不罕見。像是被斬首的法利耶之前的元首安得烈．丹多羅的祕書長，當時就是以二十四之齡被拔擢任用，由於祕書長採行終身職，到了晚年根本成了活字典，各國無不想盡辦法對其採取懷柔政策，只是從來沒有成功過。我想他本人大概也十分清楚，即使當上了法國宮廷的貴族，八成也會難逃威尼斯「十人委員會」的窮追不捨吧。

從很多的記錄裡我們發現，許多前來威尼斯作外交談判的外國使節，在拜會元首及主管外交部門的委員們時，一知道站在披著金線織花大披風和美麗諾羊毛皮的元首身旁那位身穿金色披風，裝扮得比貴族的紅色上衣還奢華富麗的人，竟是平民而非貴族時，全都驚訝地傻了眼。因為這種對待平民的待遇，在當時的其他國家根本無法想像。如果這些外國使節再去看看祭典時元首的隊伍的話，恐怕就不只是驚訝了：元首隊伍由大主教負責「開道」，灑聖水；元首走在隊伍中央，正前方有兩個人，一位是穿戴整齊的祕書長，另一位是負責數投票用的布製圓板的平民小孩。如果要給這個隊伍打上聚光燈的話，焦點一定集中在這三人身上，因為他們代表的正是威尼斯共和國的政體象徵。

在威尼斯，百分之三左右的成年男子為負責政治的貴族。行政專家「公民」的人數也差不多是這個數目。至於其餘的絕大多數人民，威尼斯是如何滿足他們對政治的興趣呢？人類天生是政治的動物，老是壓抑他們的性向，總有一天會爆發的。為了中和這種情緒，威尼斯有一種行會（編按：類似今日的公會）叫做 *Scuola*，相同的組織在佛羅倫斯稱為 *Arte*。

在佛羅倫斯，支撐國家經濟的產業有行會，例如毛織品行會、絲織品行會等，但在威尼斯卻找不到諸如海外貿易商、水手等國家主要經濟產業成立行會的例子。原因就在於，威尼斯是由國家培植海外貿易，船員的權益也有海上法加以保障，不須要特地組織行會確保自身的權利。造船工人同樣沒有行會，國營造船廠的員工對於沒有機動部隊的威尼斯政府來說，是國家在緊急狀況時仰賴的對象，政府對他們一向信任，對這些從事國家主幹事業的人員，國家的照顧早已無微不至，實在看不出有另行組成行會的必要。不過，民營造船廠的員工倒是成立了行會，但是是以職能區別成木工行會、油漆工行會等組織。小型企業的經營者有同業行會的組織，商店老闆有行會，畫家也有，醫生和律師則沒有。

佛羅倫斯的行會是以確保自身權利為出發點，為了要求政府給予承認而成立的政治性組織；相形之下，威尼斯的行會則是類似合作社的團體，用意在使成員彼此互助，至於個人權利的部份，則交由國家專門設置的常設委員會負責監督。

這些行會不論大小，全都擁有各自專屬的會堂，有些行會甚至還有醫院和養老院，營運上由行會成員完全自治。雖然法律並不限制貴族不入會，但有項常規是貴族不得擔任行會要員——對於這些稱為 *Popolano* 的一般市民而言，行會就是他們的城堡。十四世紀以後的市民團體活動，除了反體制運動嚴格禁止進行外，其他一切都是自由的。他們可以聘請替元首官邸繪製壁畫的畫家來為自己的會堂繪出氣勢不輸、甚至更勝元首官邸內的作品，政府也絕對不會干預；像是聖洛可會堂裡就滿是丁多列托的傑作。

祭典是政治的工具。*Cittadino* 需要有個出場領域，*Popolano* 當然也要有個華麗的聚光舞臺。威尼斯的祭典，各行會從來不缺席。每個行會都以自己的旗幟領隊，後頭恭敬地捧著只有在祭典這一天才會迎請出來的聖遺物珍藏，隊伍意氣風發地在人海中前進著。在這個舞臺上，「十人委員會」的委員沒有資格上臺，威尼斯祭典的主角既非貴族也非公民，而是一般市民。

資源豐富的陸地型國家，即使統治的效率低落，總還能延續好一段時間，如同古羅馬帝國、拜占庭帝國，以及稍後崛起成為威尼斯宿敵的土耳其帝國，都屬於這一類，惡政再久也不會馬上垮臺。但威尼斯共和國是個資源不豐的國家，對於這種沒有資源的國家來說，一次的失敗便關係到整個國運的存續，都市國家和海洋國家所以壽命較短，似乎也是必然。

威尼斯的統治階級深知，對於一個人口只有十到十五萬的國家，即使一次飢荒都是存亡的致命傷。管理國營小麥倉庫的官員每個月不僅要將正確的庫存量，以及能夠養活所有人口的糧食天數做一次報告，還必須想辦法將小麥存量確保在委員會規定的最低限度以上。靠著這樣縝密的思慮，威尼斯因此一次飢荒也沒有。

在資源不豐的海洋都市國家中，威尼斯共和國算是成功維持一定國力存活下來的特例，這其中應該記上一筆皮耶托·格拉狄尼哥改革政體的功勞。因為，對威尼斯人來說，創造一個具有優異統治力的政體，是件由不得他們賣弄意識型態的切實課題。而這也是為什麼建基在信任人類良知上的佛羅倫斯共和國體制於一五三〇年瓦解後，不信任人類良知的威尼斯共和國政體仍能存活近三百年的道理。

第六章

對手熱那亞

威尼斯和熱那亞的對決，不像當時一般的戰爭，不是人種間的對立，也不是宗教上起衝突，純粹是經濟上的利益針鋒相對。

義大利的國旗是綠、白、紅三色旗，這點我想很多人都知道，但那是陸地上的旗幟。海上的旗幟稍有不同，中央白色的部份多了一個由四個徽章組成、四周圍以金索環繞的東西；軍艦用的旗幟則在徽章上頭又多了一個皇冠，其餘圖案和商船一樣。

這四個徽章代表什麼意思呢？這是義大利四個海洋都市國家的國旗。上排左右分別是威尼斯、熱那亞，下排左邊是阿馬爾菲，右邊是比薩。

環地中海龐大區域的昔日統治者古羅馬人，將地中海稱為*Mare Nostrum*（我們的海）。是的，當時的地中海可說是羅馬帝國的中庭。不過，隨著陸地上的「羅馬和平」結束，地中海等於「我們的海」的日子也宣告結束，羅馬帝國瓦解後的地中海，成了拜占庭希臘人以及北非穆斯林薩拉森人肆虐的所在。希臘人還算好，令人頭疼的是不做貿易專做海盜謀取暴利的薩拉森人，這段時期也因此成了地中海的黑暗中世紀。

慢慢地，西歐的勢力捲土重來。如果說太陽從東邊升起，那麼居於最早接受陽光位置的義大利人，當然就是這場「反撲」的急先鋒了，尤其他們還承繼了古羅馬文明的龐大遺產。

以經商而非海盜途徑恢復地中海往日活力的，正是四個崛起於九世紀的義大利海洋都市國家——阿馬爾菲、比薩、熱那亞和威尼斯。這四個在史學中稱為「四個海洋共和國」的國家，興起於九世紀，在十四世紀後半國運達到頂點；直到十五世紀末，因為土耳其的崛起與哥倫布和達伽馬等人帶來的大航海時代的衝擊而開始走下坡。但是，至少在他們意氣風發的年代

義大利商船旗幟（1945 年以後）

裡，絕對是有資格稱呼地中海為 *Mare Nostrum*。也許就是看中了這一點，第二次世界大戰後的義大利海軍和商船也選擇了這個圖案。只是，若對照於今日地中海的制海權操在美蘇兩強間的現實（編按：原著成書時間為一九八九年），這個舉動卻只更突顯了義大利人在單獨行動時往往多所建樹，湊在一起卻是一事無成的事實。接下來，我要為各位介紹的就是他們單打獨鬥、互較長短的時代，也就是地中海還是「他們的海」的時代的故事。

如果問到這四個城市為何會發展成海運國家，我想從地理和歷史的層面都可以做出某種程度的解釋。

首先是靠近那不勒灣的阿馬爾菲。由於那不勒灣西側的坡佐里(Pozzuoli)為古羅馬時代重要軍港，在歷史淵源上，阿馬爾菲人對於航海事務想必早就不陌生。加以地勢上一來土地狹小不適耕作，二來陸路交通也不方便，單以今日貫穿阿馬爾菲、連接薩爾魯諾與那不勒斯的公路為例，從山腹上的巴士每逢轉彎就響一次的喇叭聲不時傳入港內的情形來看，當時要走陸路與外界連繫可得有心理準備才行。今日已經開闢公路都尚且如此，一千多年前這裡若說是座陸上孤島，相信也合情合理。除了出海討生活外，阿馬爾菲的男人們可說沒有別條出路。

除了向海上發展之外沒有別條出路，這一點，北義大利熱那亞和南義大利阿馬爾菲的情形非常類似。

熱那亞也是背後緊鄰山地，城中多斜坡，連塊像樣的耕地都沒有的地方。今日我們看見的義大利第一大港熱那亞，高樓林立，叫人眼花撩亂，但若以居住環境來看，即使在今日，熱那亞也算不上是個好所在。環形高速公路上的隧道一個接著一個，才剛穿出一個，馬上又進入另一個，唯一能夠一瞥大海景觀的機會，只有趁著隧道與隧道之間才能辦到。

不過，熱那亞在陸路方面比阿馬爾菲幸運，除了古羅馬時代起就有奧里利亞大道（Via Aurelia，當時距離海濱沙灘十公里）連接羅馬和南法的里昂（Rouen）外，同時也是連結羅馬與馬賽的海路中繼站。從歷史上來說，熱那亞男兒身上的船員血液確實是其來有自。

威尼斯的部份在第一章中已經提過，這裡不再重複。比起阿馬爾菲和熱那亞，威尼斯背後雖然沒有群山環繞，但是從有限的國土（土地在供人們居住後，幾無耕地），以及一切交通都得仰賴船隻等條件來看，地形的惡劣可說比誰都徹底。

位於義大利中部的比薩，是這四個「海洋共和國」中唯一情況較不同的。它並不面海，是流經佛羅倫斯的亞諾河 (Arno) 注入海洋前的河岸城市，最早的發跡地為古羅馬時代的奧里利亞大道穿越亞諾河的地點，現在距離海岸線少說有十五公里。由於是河畔都市，所以耕地發達，但缺點是必須為大型船隻另闢面海的港口。另外，比薩也是這四個「海洋共和國」中最早發跡的一座城市。

不過，義大利的城市中，擁有優於這四個「海洋共和國」的天然良港何其多，像那不勒斯就是一個好例子，為什麼就沒有發展成海運國家呢？這可能與它後頭接鄰的是廣闊的平原，農業富饒有關。在中世紀，一提到資源，人們第一個想到的就是農地。也因此，即使擁有極佳的港口，大概也不會有人特意選擇高危險性的航海作為職業。

那麼，是不是所有沒有「資源」的面海城市都能成為海運國家呢？倒也不盡然。在這麼多城市中，縱橫海上的始終只有這四座城市。索倫托 (Sorrento) 雖然具有和阿馬爾菲完全相同的條件，但最終還是沒有發展成海運國家。歷史，不是只照著歸納的原則發展，這也正是歷史有趣之處。

觀光客離去的秋天，氣氛讓人只想要全身沉浸在地中海柔和陽光下睡個午覺的小漁村，這就是我們今日造訪的阿馬爾菲。讓人很難想像當初西歐人首次渡海與東方阿拉伯人貿易，恢復自古羅馬後中斷的東西方交通的男子們，竟是出自這個寂靜的漁港。

唯一能讓人想起阿馬爾菲昔日榮華的，大概只有跟這小漁村極不搭調的華麗教堂，以及山腰上修道院裡明顯受到東方文化薰陶的拱廊吧。為西歐航海技術帶來劃時代變革的羅盤，是阿拉伯人從發明地中國買入後，阿馬爾菲商人再從阿拉伯人手中買進，帶入西歐，並在義大利進行過改良後，再賣回給阿拉伯人的。當時的沙漠行走就好比海上航行，在沒有路標的沙漠中，羅盤想必非常好用；即使到了十六世紀，攜帶型羅盤仍是穆斯林前往麥加朝聖時的一項必需品。一想到義大利商人在東方將西歐製的小型羅盤賣給阿拉伯人，我的嘴角便不禁浮現笑意。

阿馬爾菲在古羅馬時代是什麼樣子，如今已不可考，或許和今日的小漁村相去不遠吧。不過，當時那不勒斯近郊是羅馬上流階級的別墅，坡佐里又是一處繁榮的軍港，與那不勒斯近在咫尺的卡普里(Capri)全島又都是皇帝別墅，所以漁民捕獲的魚類八成不愁沒有銷路，情景說不定比今日還繁盛。

在羅馬帝國瓦解未滿百年，也就是六世紀的記錄中，阿馬爾菲已經成為主教區。一般來說，會在當地設置主教，表示該地照顧信眾的神父為數不少，需要有個主教來負責統率這些神父。而神父多，當然是因為人口多，也就是個熱鬧的大城市。再或者，以基督教向來重視傳教活動的程度，選擇在傳教士往來頻繁的定點設置傳教活動據點，甚至任命專任主教亦不無可能。人群往來頻繁的定點，當然也是座交易熱絡的城市。換言之，一個城鎮什麼時候成為主教區，便成了判斷那個城鎮什麼時候開始活躍的最佳標準。像威尼斯成為主教區的年代便比阿馬爾菲晚了兩百年，到八世紀中葉才實現。

海洋國家阿馬爾菲的黃金時期，從十世紀中葉到十一世紀中葉。在這近百年之間，舉凡海外商業的中心地，沒有一處找不到阿馬爾菲商人蹤跡，君士坦丁堡甚至為駐在當地的阿馬爾菲人興建了教堂以及兩座修道院；當時的修道院也提供旅客住宿，以方便短期滯留的阿馬爾菲商人利用。在十世紀，一提起地中海的海事國家，指的是阿馬爾菲和威尼斯。以那不勒斯為例，軍事上靠的是阿馬爾菲海軍的保護，以防禦海盜的襲擊，經濟上用的也是阿馬爾菲的貨幣。正如一位來訪的阿拉伯人在記錄中說的：當時的阿馬爾菲是個比那不勒斯重要，且繁華許多的城市。

阿馬爾菲的繁華，主要與他們和地中海的穆斯林藉由通商建立良好關係，以及扮演著穆斯林與羅馬教會中間人的角色有關。事實上，他們買自東方的貨物，也正是賣給羅馬教廷與座落於那不勒斯與羅馬之間、勢力宛若獨立國的蒙提卡西諾修道院(Abbazia di Montecassino)。

全盛時期的阿馬爾菲和威尼斯極為類似，都是名義上接受拜占庭帝國統轄，實則推選元首的共和國。不過，相形於威尼斯的堅決反對世襲，阿馬爾菲的元首卻有逐漸向世襲制靠攏的傾向，最後更進一步發展為與君主國無異的體制，這點兩國在做法上便有明顯的差異。

不曉得是不是與這種個人主義式的人生哲學有關？阿馬爾菲商人當中，飛黃騰達者相當多，其中有個叫做摩洛的商人，算是最典型的代表。他以累積自東方貿易的財富，在耶路撒

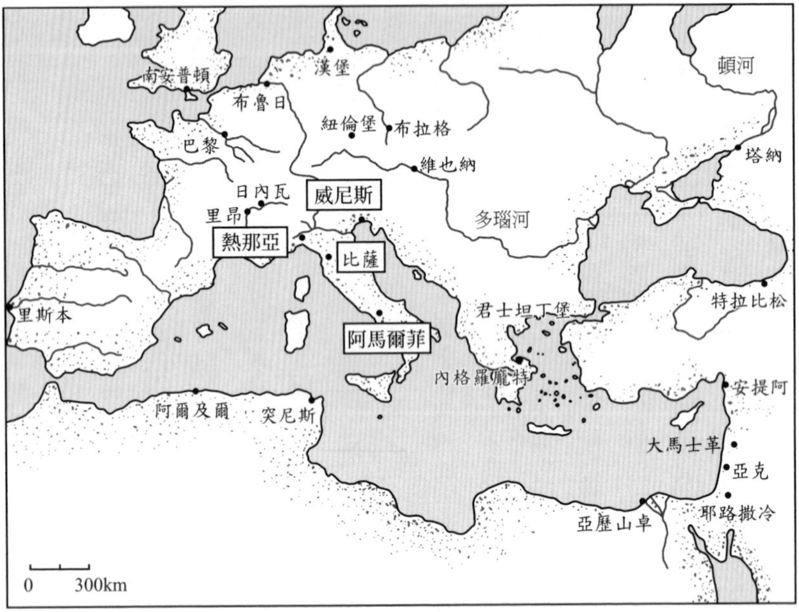

中世紀的地中海世界

冷為前來朝聖的基督徒們創立了聖約翰騎士團；在耶路撒冷被穆斯林奪回後，根據地轉移到羅德斯，所以也稱羅德斯騎士團；後來又因土耳其的攻擊，再從羅德斯轉到馬爾他(Malta)，因而又有了馬爾他騎士團的稱號。聖約翰騎士團是中世紀一支非常具有代表性的騎士團，創立的目的主要是提供朝聖者住宿的場所和必要的醫療救護，同時也是歷史上這類組織中唯一由單一商人創設的團體。他們徽章上的徽紋與阿馬爾菲相同。

只是，諷刺的是，阿馬爾菲的衰退同樣和聖地耶路撒冷脫離不了關係——他們來不及參加，不，應該是說他們錯失了投資十字軍遠征事業的大好機會。

第一次十字軍東征走的是陸路，結局雖然圓滿，但卻得借助海上補給保住戰果。自第三次十字軍東征起，整個行動更是改弦易轍，棄陸路改採海路向巴勒斯坦推進。熱那亞與比薩因為地理位置鄰近十字軍運動的主流國法國，因緣際會負責了當時的海運。威尼斯雖然和阿馬爾菲一樣都沒趕上那波行動，但是他們藉由第四次十字軍東征時的全國總投資，一舉便挽回了落後的頹勢。可以說，沒有參與這項中世紀最大的海運事業，從此注定了阿馬爾菲衰退的命運。

但是以當時阿馬爾菲的處境，根本就是有心無力。一〇七三年，諾曼人取代拜占庭帝國成為南義大利的統治者，阿馬爾菲淪陷。在復國心的驅使下，君士坦丁堡居留區等地的海外阿馬爾菲人，自然是將大量捐款投注在有著共同敵人的拜占庭帝國身上。這對當時正在為諾曼人的虎視眈眈頭疼的皇帝來說，想必是心存感激。

不過，真正讓諾曼人野心受挫的卻是威尼斯海軍。諾曼人雖然成功登陸希臘，隨即就被威尼斯軍隊擊潰，遑論征服拜占庭帝國了，眼前先逃回南義大利要緊。因此，相較於後來皇帝以免除關稅的優惠酬謝威尼斯人，阿馬爾菲商人只獲得了與比薩、熱那亞同等的待遇。賞賜恩典，為的是期待日後還能有援助，失去祖國的阿馬爾菲商人個人的財富再雄厚，終不能療國家層級不成氣候的致命傷，這也成了日後兩國前途一明一暗的分水嶺。

這就是原因了！阿馬爾菲在需要國家作為後盾的大海運事業以及十字軍的運送上，從頭到尾缺席的原因。商人們或許仍不放棄以個人的名義承包一些小額運輸，但若想要進一步活用，不停留在只是承攬業務，而是獲得巴勒斯坦或敘利亞等國許可，設立居留區作為貿易據點以擴張生意觸角的話，前提還是要有個強大的祖國在背後撐腰。阿馬爾菲在這一點上，完全被其他三個海洋共和國給拋在後頭。

儘管阿馬爾菲商人的活躍似乎沒有受到影響，依舊是穿梭各地努力經商，但是很快就淡出了人們的記憶。經濟活動與政治外交向來緊密互動，對這群祖國相繼淪於諾曼、安茹（Anjou，編按：法國歷史上的王朝）、亞拉岡（Aragon，編按：西班牙歷史上的王國）等與海運事業無緣的陸地型國家支配下的大海子民來說，昔日的家如今已經歸不得，活躍於海外的商人逐漸融入各地，旋即消失蹤影，「海洋共和國」中的一員，就此正式步下地中海的舞臺。

提到比薩斜塔，無人不知。在參觀過斜塔後，建議你再去看看旁邊的教堂、洗禮堂和修道院，相信一定有人會覺得不可思議，在這樣的小城鎮，竟然會有如此不搭調的華麗建築?!如果只是昔日一個繁華的農產品集散地，這樣豪華的建築物當然蓋不成，但若說是用貿易賺來的錢蓋起來的，那就另當別論了。這跟一般人以為只要不是面海的港都，就不可能成為海外貿易重鎮的想法似乎有些出入。不過，從前的比薩可是個不折不扣的海洋國家。由於中世紀的船隻體型一般比較小，位於河口不遠處的河濱城市比薩要想發展成海運國家，自然不像我們想像中那麼困難。

西元前九〇年，托斯卡那地區最古老的城市比薩誕生了。到了四世紀初，基督教成為羅馬帝國國教後不久，這裡更是成為主教區。由於位處奧里利亞大道旁，又是托斯卡那地區物產運送海外的唯一出口，自古以來便相當繁華。

但是在周邊眾多天然港都的環伺下，這座位於平原的城鎮比薩是如何成為強大的海運國呢？這就不得不提到薩拉森海盜了。為了對抗強敵，比薩人一步步茁壯為海上男兒。

如果背後有群山環繞，那麼即使薩拉森人來襲，至少可以逃到山裡，可是比薩就位於亞諾河沿岸平原的中央，附近根本沒有藏身所，唯一的方法是蓋更堅固的城牆，據守城中。但這種戰術對於少數精銳主義的薩拉森海盜來說，實在有欠高明。比薩人於是改採出海迎擊的戰略。一來是這種戰術比起老弱婦孺都得參加的死守戰法，更能讓士兵專注於戰鬥；二來，如果能藉此一舉拿下制海權，經貿往來上也大可放心。從九世紀到十世紀為止，比薩人與薩拉森人之間還是拉鋸戰，但是到了十一世紀初，情況有了改變，比薩海軍已經可以直逼薩拉森人位於北非沿岸的根據地附近，威力之大，叫薩拉森人無法逼近第勒尼安海 (Tyrrhenian) 一步。

海軍威力增加，帶動了經濟的活絡，十字軍東征則又提供比薩一個躍升海運國的最佳機會，整個十二世紀因此成為比薩的黃金年代。以設有比薩商人居留區的商業基地為例，光舉出其中重要的據點就有：君士坦丁堡；敘利亞的安提阿公國、的黎波里 (Tripoli)；巴勒斯坦地區的雅法、阿克雷、泰爾；埃及的亞歷山卓、開羅，以及北非沿岸各都市等等，不勝枚舉。著名的比薩斜塔也是在這段比薩最光榮的時期完成。

不過，比薩在海陸雙方都有敵人。海上的敵人初期是薩拉森人，後期則是與其稱之為敵人，毋寧更像是對手的熱那亞。一直到十一世紀以前，比薩與熱那亞還是合力對抗薩拉森的盟友，但是自從兩國為了爭奪薩丁尼亞 (Sardinia) 的所有權，有了利害衝突時，關係便演變成了敵對狀態。

陸地上的敵國是佛羅倫斯。衝突的起因是由於佛羅倫斯共和國動了占領比薩的念頭。對經濟力增強的內陸國佛羅倫斯來說，對海港的需求一日比一日殷切。雖然以今人的想法，需要海港不見得非比薩不可，例如開拓鄰近的利佛諾 (Livorno) 作為專用港就不失為一個良策。但海事國家之所以為海事國家，主要就是因為它掌握了周邊的制海權。利佛諾早被比薩覬覦，就算佛羅倫斯想要，比薩不肯，佛羅倫斯仍舊沒轍。一方不肯點頭，另一方又不肯放棄擁有海港的理想，固執的佛羅倫斯人為了奪下比薩，硬是斷斷續續持續了三個世紀的戰事。恨透了比薩人的佛羅倫斯人，當地直到現在還流傳著這樣一句話：

與其讓比薩人站在家門口，不如讓死人站。

當然，對於死纏不休的佛羅倫斯人，比薩人的恨意也絕對不下於此。

不過，比薩卻犯了一個大錯。它雖然是個強大的海事國家，但是對一個陸地面積上的小國而言，有些行為——像是「高舉意識型態」——其實是做不得的。然而，它不僅公然地做，而且還做得過火。

比薩是義大利保皇黨的基地，歷任神聖羅馬帝國皇帝從日耳曼南下到羅馬接受加冕時，一定會過境此地。像但丁這類被教皇黨扔石頭趕出城的保皇黨人士，到了比薩可以大搖大擺走在街上，情形看在教皇黨勢力下的熱那亞和佛羅倫斯眼裡，當然也就成了師出有名的最佳藉口。對外的情形如此，內政也好不到哪裡。比薩國內同樣不乏教皇黨人士，在上者大張保皇黨旗幟，造成貴族與市民之間爭端不斷，直到比薩滅亡的那一刻，人民仍不知政情安定為何物。面對無比混亂的內政，比薩人在大感無奈之餘，還曾一度想說外國人會不會比較中立，而將國家大事交由威尼斯的摩洛西尼治理呢！

除了威名之外，比薩人在文化上的功績也遠遠超過其他海洋國家。他們是最早將阿拉伯數字介紹給西歐，為數學發展打下基礎的功臣；而且還以尋獲自君士坦丁堡的古抄本為依據，致力於羅馬法的研究。但是，自從十三世紀後半起，比薩沒落的徵兆開始出現了。神聖羅馬帝國皇帝腓特烈二世逝世，保皇黨的勢力在整個義大利中明顯消退，面對一片教皇黨相對勢力大增的大海，比薩儼然成了一座孤島。

真正決定這個無視周遭變遷，始終一本保皇黨色彩的國家步向衰亡的關卡，出現在一二八四年的麥洛里亞 (Meloria) 之役，也就是比薩對抗熱那亞的海戰。在該場戰役中，比薩輸得一敗塗地，不僅喪失許多居於領導地位的強人，就連沒有戰死的人當中，被熱那亞當成俘虜帶走的也不計其數，人數甚至多到有人戲稱「想見比薩人就到熱那亞去」的程度。戰敗後的比薩從此退出第一線海事國家的行列，再也無法恢復昔日地位，不僅海外貿易大幅落後熱那亞，就連手工業也不及佛羅倫斯。

但是，都市國家比薩仍是存在的，比薩商人換成以單打獨鬥的姿態繼續活躍於東方的港口。只是，若說到海事國家比薩，則是在十三世紀末便已繼十二世紀前葉步下舞臺的阿馬爾菲之後，喪失了稱呼地中海為「我們的海」的資格。到這個階段還屹立不搖的，只剩下熱那亞和威尼斯這兩個國家。

馬基維利曾將佛羅倫斯與威尼斯這兩個文藝復興時期的共和國代表，比喻為性格迥異的兩個人。如果他比較過威尼斯和熱那亞的話，應該還是會這麼說。有別於佛羅倫斯以金融業和手工業為經濟基礎，威尼斯和熱那亞都是在海外貿易上功成名就，進出口商品幾乎完全一樣的國家。外在條件這麼相似的兩國人，令人不解的是，竟有著完全不同的人生哲學。

談到忠誠度，除了對上帝之外，中世紀的忠誠度是種只對貴婦才有的玩意兒。具有共同體意識，對國家忠誠的威尼斯共和國，是當時的一個特例。相形之下，熱那亞人就沒把它當成一回事。

熱那亞是個徹底的個人主義樂園，他們認為才華可以放任展現，相信自己比其他海洋國家的男人更天才，尤其是與死對頭威尼斯人比較時。事實上，他們也真的是天才，不論是當船員或是生意人。

我們可以回想一下在第四章中介紹過的「威尼斯商人」的模樣。先不管馬可波羅這個特例，想想看羅馬諾．邁拉諾和安得烈．巴巴利格吧，他們才是實際支撐威尼斯經濟的棟樑。但不可否認的，他們總是讓人想起追求穩定成長的公司老闆。相形之下，熱那亞商人就鮮活多了，雖然任性不負責，從第三者的立場來看，卻讓人覺得有趣。班乃迪特．札卡力亞 (Benedetto Zaccaria) 就是這樣一個典型的熱那亞商人。

班乃迪特．札卡力亞一二四八年出生於熱那亞，家族為擁有土地的貴族，在海外貿易的成績並不理想。十一歲時，班乃迪特渡海到了東方，之後不知經歷了哪些過程，只知道他後來成了尼西亞帝國 (Empire of Nicaea) 皇帝米海爾八世的密友。尼西亞帝國是第四次十字軍征服君士坦丁堡後，從那裡逃出來的希臘人組成的王國，不用說，對於第四次東征的功臣威尼斯人當然沒有好感。他們對威尼斯的死對頭熱那亞的善意相待，其實有部份也是出於對抗威尼斯的心理；那時候的尼西亞帝國是公認的熱那亞商人的大本營。

班乃迪特也在這群以尼西亞帝國為根據地的熱那亞商人之中。他的好運來臨，是從皇帝將福察 (Focea) 賜予他和他弟弟曼紐 (Manuele) 的時候開始。靠近小亞細亞士麥拿的福察，乍看之下是塊不起眼的土地，地底卻蘊藏著明礬礦脈。不曉得皇帝是不是也曉得這件事，總之，他把這塊土地給了班乃迪特。班乃迪特於是決定就以西歐染色業不可或缺的明礬，作為他開展事業的基礎。

但是，福察產的明礬品質比西歐以往從黑海沿岸進口的差。札卡力亞家族於是動作頻頻，要求交情好的皇帝禁止西歐商人在黑海購買明礬，但卻遭到札卡力亞家族其他熱那亞同胞的群起反對，皇帝只好撤回成命——要是威尼斯的商人也學札卡力亞的作法，大概立刻就會被祖國的「禁止獨占委員會」舉發，而且不是一筆勾銷就沒事，還得繳納一大筆的罰金呢！

不過，班乃迪特對於自己同胞似乎沒有共存共榮的意識。因為，接下來，他又有意藉由壓低自己礦區的明礬價格，再次建構獨占體系。這次他憑藉的是他在價格上的優勢——稍早前他剛建造了自己的商船隊，不像其他競爭對手必須支付給船東大筆運費。但是，這個方法還是無法讓他獨占市場。直到下一步，他在祖國設廠精煉明礬後，才總算擊敗了從黑海買進明礬的對手。他滿意了嗎？並不！大勢底定之後，班乃迪特又繼續將目光鎖定黑海市場，直到整個明礬市場完全操在札卡力亞家族的支配下為止。像這種情形，如果在威尼斯，想必早就訂有國有船行駛定期航路、私有船隻運費上限等相關規範，務使所有商人都能得到均等機會，絕不可能讓班乃迪特這類的商人有生存的空間。

班乃迪特籌措資金的方法也很熱那亞。他採用了當時海洋國家慣用的方式，也就是威尼斯的 *Colleganza*，熱那亞則稱為 *Commenda*。不只如此，他還想到了以現代資本家經營股份公司的模式，讓有才幹的經營者幫他賺錢。而這些屬於短期性質的組織，也的確讓經營者個個都能盡情地發揮經商長才。

想到海上保險的人也是他。一開始，或許是他覺得自己的船隊光是投保金額就占了買賣的百分之二十到百分之二十六，實在是門不錯的生意，於是設立了保險公司，除了保自己的船隊之外，也接受別人的船隻投保。

最厲害的是，他靠著熱那亞發行的政府公債又狠狠地賺了一筆（他回到祖國熱那亞也是為了這件事）。除了染指明礬市場外，他還進口烏克蘭和保加利亞的小麥、南俄的毛皮和魚到熱那亞，也把香檳地區的紡織品和米蘭製的武器出口到東方。科西加的鹽被裝在帆船上載往東方，連染色工廠都有他的份。當然，奴隸的買賣他也沒放過！這麼忙碌的生活，班乃迪特一直是在自己的船上運籌帷幄，縱橫地中海，而不是固定停留一地。他所搭乘的船叫做「富裕號(Divicia)」，在那個經常以聖者或基督教名稱命名的時代，他這個堂而皇之將船隻冠上充滿「資本主義」色彩名字的行為，實在是很有趣。

這位札卡力亞「財閥」的總帥，在扮演一名海軍軍人的角色上，也發揮了他超乎常人的才華。當然，這與當時的時勢所需不無關係。

在班乃迪特三十六歲那年，熱那亞與比薩的關係惡化，眼看戰爭一觸即發。他被選為熱那亞艦隊司令官之一，率領自己的十二艘船參加戰役。在對戰的過程中，熱那亞軍採納了班乃迪特的建議從海上封鎖，故意讓想要突圍的比薩海軍突圍成功，其實卻是有效地把比薩海軍一分為二，致使比薩在這場麥洛里亞外海的海戰中一敗塗地。雖然三年後，比薩試圖做最後的抵抗，不過這回不僅布在港口的鐵鏈被鼓足風帆的札卡力亞「富裕號」撞斷，連鐵鏈都被帶回熱那亞當作戰利品。從此以後，西地中海的制海權歸熱那亞所有，比薩也完全退出戰線。

經過這一役，班乃迪特的威名響徹了整個地中海。卡斯提爾（Castile，編按：西班牙歷史上的王國）國王委託班乃迪特助其取得直布羅陀海峽。法國國王攻擊英國時，受託前去技術指導海軍創設、擔任指揮的是他；敘利亞的的黎波里一有危急，熱那亞方面派去解決的人也是他；班乃迪特每次出任務都是以自己的艦隊獨力完成。掌握住直布羅陀海峽，等於為義大利的海洋國家開闢了大西洋航路，也等於為他的祖國熱那亞帶來極大利益。但是，除開這一項與防衛的黎波里的任務之外，所有他其餘的功績其實與祖國並無密切關聯。換言之，在某種程度上，班乃迪特不過是在做傭兵的工作。熱那亞人對於同胞們的這類行為，向來不干涉。

一三〇八年，班乃迪特坐擁著莫大的光榮與財富，死於熱那亞沿海的豪宅。他的一生正證明了有才華的人所可能達到的最大成就，地中海對他而言，應該才是名副其實的「我的海」。

班乃迪特一生沒有做出違背國家利益的舉動，多少與他的生年正好與熱那亞的巔峰時期重疊有關係。對個人主義的放任，在國力上升期，並不至於帶來災害（許多情況下甚至還會帶來好處）。但只要一遇上了障礙，國力與個人才華就未必成正比了。以追求個人利益為人生哲學的熱那亞人，即使明知幫助亞拉岡王便等於威脅熱那亞在西地中海的勢力，卻還是選擇違背國家利益，去替沒有海軍的亞拉岡王擔負海上防衛，這種現象在威尼斯就絕對看不到。

但熱那亞人這種過度個人主義的傾向是有苦衷的。他們不像威尼斯的同行，有政府保障自己的利益與權益。每個人雖然都非常優秀，唯獨不擅長與他人協調配合。這一點，熱那亞人和佛羅倫斯人其實非常相似。但丁曾經將他的祖國佛羅倫斯共和國比喻為受不了痛苦，老是輾轉反側的病人。但熱那亞共和國政變的激烈程度，其實並不亞於佛羅倫斯。

熱那亞共和國的統治階級向來由四個家族組成：多利亞 (Doria)、史匹諾拉 (Spinola)、菲仕其 (Fieschi) 和格利馬地 (Grimaldi)。四個家族從來不曾共同執政，因為他們總是分為兩派成天搞政治鬥爭。如果是多利亞和史匹諾拉得勢，菲仕其和格利馬地家族就會遭到放逐，而這些實力不下於執政者的流亡者，接著便會蟄伏在距離熱那亞僅咫尺之遙的摩納哥 (Monaco) 伺機復權，只要看到反對派的船隻通過，管它是不是商船，總之先攻後搶。一等到菲仕其和格利馬地家族重掌政權時，流亡者又換成多利亞和史匹諾拉家族與祖國敵對，如此周而復始。班乃迪特的相對愛國，除了是他最活躍的時期正值多利亞和史匹諾拉家族得勢之外，札卡力亞家族與多利亞家族之間的姻親關係也從中使了不少力。如果當時執政的是菲仕其和格利馬地家族的話，班乃迪特會不會一樣率領自己的船隊為國效命呢？那就很難說了。

統治者之間爭鬥不休，被統治階級被迫只好自己保護自己。熱那亞共和國曾經出現過兩次市民政權，但是最後都因得勢後的權益分配不均，導致內部分裂而曇花一現。獲得政權的中產階級對待下層階級的方式，比以往的貴族階級還要苛刻，也是失勢的原因之一。

諸如此類同胞對立的情形還不僅限於國內。熱那亞人的經商長才在為他們於海外殖民地或商業基地內的居留區掙得了一片天的同時，與祖國政府對立的情形也經常上演。尤其當掌權的是令他們反感的家族時，甚至還會全面採取反國家行動。

在這種情形下，到底要以個人利益還是國家利益為優先，其實就像先有雞還是先有蛋的問題。因為眼見政局安定無望，基於與其向敵對的同胞妥協，不如將政權交給外國人的心態，熱那亞人一度乾脆將政權讓給法國國王和米蘭公爵。此時正是十四世紀，熱那亞與對手威尼斯的對決進入勝負關鍵期。另一方面，威尼斯正在做什麼呢？他們正在致力完成恆久政體，極力排除個人或多數人的蠻橫武斷，進行國家一體化。

只要有必要，威尼斯人願意遵守相當於直接稅的政府公債強制配額，有錢階級並且視之為應盡的義務。但熱那亞的有錢階級可就不這麼想，他們寧可攻擊島嶼，拿它作殖民地經營來籌措戰爭經費或物資；巧斯島(Chios)就是在這樣的情形下，成為熱那亞領土。

威尼斯和熱那亞的對決，不像當時一般的戰爭，不是人種間的對立，也不是宗教上起衝突，純粹是經濟上的利益針鋒相對。這兩個最後的「海洋共和國」究竟孰存孰亡，除了憑藉著軍事、經濟上的優劣之外，更是兩種完全不同人生哲學孰勝孰敗的競賽。

兩國的對立因為偶發的事件浮上了檯面。一名住在巴勒斯坦阿克雷地區的威尼斯商人因為小事，殺了一名熱那亞商人。當屍體被運回居留區時，群情激憤，滿腔復仇怒火的熱那亞人立即拿起了武器，襲擊隔壁的威尼斯人居留區。威尼斯人在毫無預警的情形下，商館被燒、房舍被夷為平地，連倉庫中的物品也被掠奪一空。

熱那亞人不過是將以往的積怨發洩出來罷了。半個世紀前，威尼斯藉由第四次十字軍東征的成功，不僅獲得了君士坦丁堡等希臘各地的基地，更將競爭對手比薩和熱那亞趕出這些區域，讓他們無法經商。雖然市場不久後重新對他們開放，但威尼斯趁著該時期在希臘和中近東所建立的優勢，卻不是他們輕易撼動得了的。走下坡的比薩只能忍耐，成長中的熱那亞可沉不住氣了。他們對威尼斯的對抗意識高漲，情勢一觸即發。尤其，阿克雷對於素有東地中海女王稱譽的威尼斯來說，原本就是個勢力相對薄弱的城市，不像熱那亞由於與十字軍的淵源甚早，一直在此地維持強勢的地位。自己的同胞被殺，當然沒有坐視的道理。雙方稍早前便為了居留區邊界上的修道院主權問題爭得反目，這會兒情況更是雪上加霜。

不久，阿克雷便在這兩大勢力的對峙下，分裂為兩個部份。威尼斯有聖殿騎士團(Knights Templar)、比薩、普羅旺斯(Provence)和馬賽的商人依附，熱那亞則有自十字軍東征後便在此落腳的當地法國貴族支持。具有優勢的熱那亞派封鎖了港口，阻止威尼斯船進入。威尼斯政府迅速做出回應。一二五七年，比照戰時軍備，派遣了由十四艘槳帆船組成的艦隊(如同戰時一般)，護衛前往敘利亞、巴勒斯坦的定期商船隊——巴勒斯坦航路的終點站正是東方物產重要的集散地，阿克雷。

抵達阿克雷港的威尼斯艦隊雖然沒有高掛戰旗，但從港口望去，即使不是明眼人也都看得出，艦隊已經做好萬全準備。商船位於艦隊最後方，前方的軍艦船舷上豎著成列盾牌，以備敵人的不時攻擊。盾牌後的划槳手們在划槳之餘，腳邊的戰斧想必也已就定位；桅杆下方還有一群武裝完畢的弩弓手們正在待命中。

司令官羅倫佐·提也波羅一看見港口果然掛有粗鐵鏈，一如情報中所說的，立即下令所有軍艦張滿風帆，全速朝鐵鏈直衝，成功突破封鎖。艦隊一舉占領了港口，停泊在港口的熱那亞船隻一一遭縱火焚毀，熱那亞人的倉庫也在稍後威尼斯人分海陸兩路進攻的襲擊下，被搜刮一空。

熱那亞居留區當然也在這場風暴中。就在這場浩劫後，熱那亞失去了他們在這座中近東最大的商業基地裡，以往享有完整治外法權的居留區。居住在阿克雷的熱那亞人只能先求保命地逃到鄰近的泰爾，一夕之間，威尼斯和熱那亞在阿克雷的地位做了互換。

熱那亞本國豈有坐視之理。隔年一二五八年，航海季節的春天一到，也立即派出了大艦隊前往東方。不過，威尼斯並沒有陶醉在勝利的氣氛中。羅倫佐·提也波羅得到祖國以及威尼斯海軍基地克里特的後援，完成了大艦隊的編制，規模也不再是當初的護衛艦隊了。

六月，熱那亞艦隊抵達巴勒斯坦海域，第一站就先前往泰爾，與該城的領主菲利浦·蒙佛

(Philip of Montfort)侯爵討論戰略。蒙佛侯爵決定由陸路攻擊阿克雷，熱那亞則負責海上的攻擊。

守候在阿克雷的威尼斯軍隊也已分派好戰時的工作。海上由威尼斯海軍防衛，陸上則交由聖殿騎士團的騎士們保護。威尼斯艦隊由羅倫佐．提也波羅和安得烈．詹諾指揮，船上人員連比薩、普羅旺斯和馬賽的商人們也都武裝登船加入。

高掛戰旗的熱那亞艦隊駛出了泰爾，一天的航程便來到阿克雷外海。大艦隊由五十艘軍艦和四艘大帆船組成，桅杆上白底紅十字的熱那亞共和國國旗迎風飄揚著。迎戰的威尼斯艦隊則共有三十九艘軍艦和四艘大帆船，後頭還有十艘小帆船隨護，桅杆上同樣掛著紅底金繡的聖馬可獅國旗。雙方船隻數目相當，但論戰力則是熱那亞略勝一籌。雙方收好軍艦的風帆，等待出擊的信號響起。

兩軍號角聲飄蕩在海面上，海戰正式開始。船首互撞時發出的低沉聲響，壓迫著周遭氣氛，中間不時夾雜著船槳的拍擊聲。弩弓手們放出的飛箭詭異劃破天際，只見中了火箭的船帆起火燃燒。說時遲那時快，兩軍頓時喊聲震天，划槳手們紛紛丟下船槳，拿起武器，越過架於船隻中間的划槳，跳到敵船的甲板上。

混戰中，原先戰力處於優勢的熱那亞軍漸露敗相。顯然是在開戰前，威尼斯兵分二路，由兩位司令官各自率領部隊從左右夾擊的戰術奏了效。經過半天的激戰，熱那亞艦隊的船隻不是被燒，就是遭到擊沉，數目少掉一大半。人員損失慘重，連同遭俘者算入，一共達到一千七百人。僥倖生還的船隻和人員紛紛逃回泰爾。

但威尼斯不僅在海戰中拿下勝利，陸地的戰情也同樣對熱那亞不利。由於聖殿騎士團的驍勇善戰，以及當地居民厭惡熱那亞人的蠻橫，轉而暗助騎士團的結果，法國騎士陷入了苦戰。當他們得知威尼斯贏得海戰的勝利後，也立即停止了攻擊，退回泰爾，阿克雷因此全面淪為威尼斯的掌中物。

勝利者將阿克雷中央廣場上的兩根精美浮雕石柱運回本國，戰利品今日仍然擺在聖馬可教堂旁。除了石柱外，熱那亞的俘虜也被一併送到威尼斯。在義大利海洋國家間的戰爭中被擄獲，倒是不必擔心會像落在穆斯林手中被當成奴隸對待，這些戰俘只是締結停戰條約時的籌碼，只要付得出贖款，一定可以恢復自由。在阿克雷戰後被威尼斯俘虜的熱那亞人，最後便是在教皇的介入下，很快獲得了釋放。

然而，一二六一年，距離威尼斯獲得大勝不過三年，威尼斯在東方最大的根據地君士坦丁堡竟然被熱那亞商人奪下，成功地扳回一城。尤其令人扼腕的是，這還不是熱那亞人自己流血流汗的結果。

第四次十字軍東征征服君士坦丁堡之後，拜占庭帝國瓦解，取而代之的是以法國貴族為主體的拉丁帝國，這是一二〇四年的事。然而，在不善統治的法國人的經營下，拉丁帝國一開始便積弱不振，始終無法突破周圍尼西亞帝國（拜占庭帝國的殘餘勢力）、新興的保加利亞王國，以及伊比魯斯的僭主國環伺的僵局。這個與周遭人種迥異的西歐人所建立的國家之所以能夠挺立東方達半個世紀，靠的全是威尼斯在經濟和海軍上的支援。當然，威尼斯人也是在天平上秤過從君士坦丁堡到黑海地區的商業利益後，才會支援拉丁帝國的。

可是，受制於羅馬天主教的希臘正教徒心中的不滿與憎恨，卻在這半個世紀與日俱增。正值此時，鄰近的尼西亞帝國內廢皇篡位的僭主米海爾．帕里奧洛加斯也有再興拜占庭帝國的野心。向來與尼西亞帝國交好的熱那亞，當然知道這一點，而且還準備好好利用。

熱那亞與帕里奧洛加斯祕密簽訂了《寧斐歐條約》，相互約定義務如下：熱那亞負責擊退威尼斯海軍，從旁協助帕里奧洛加斯征服君士坦丁堡；帕里奧洛加斯則必須在復興拜占庭帝國後，將威尼斯人趕出包含君士坦丁堡在內的帝國所有疆域。條約於三月簽訂，威尼斯政府絲毫沒有察覺。

簽約後四個月，帕里奧洛加斯在七月出征。當時威尼斯的君士坦丁堡警備艦隊剛好前往遠處的黑海巡邏，帕里奧洛加斯不費吹灰之力便一舉攻下君士坦丁堡。在內神通外鬼，拉丁帝國的高層早被侵入的情況下，原定協助的熱那亞海軍尚未抵達，政變便已結束。

急忙從黑海趕回的威尼斯艦隊，眼見木已成舟，只得趕緊用船將拉丁帝國的末任皇帝、威尼斯大使，以及市內無所適從的威尼斯同胞載往內格羅龐特避難。這是威尼斯的一次重大疏失，也就是從這時起，威尼斯開始建構從中世紀、文藝復興時期到近代，比任何國家都要正確且迅速的情報網。

但威尼斯並沒有就此放棄君士坦丁堡。以威尼斯人在這半個世紀以來所享受到的經濟利益，以及被摒除在君士坦丁堡外就等於被摒除在黑海貿易外的意義來看，這次對他們的打擊可想而知。他們的死對頭熱那亞則充份利用此時以君士坦丁堡為根據地的優勢，徹底扳回了他們原先在巴勒斯坦地區的劣勢。不，不僅扳回，應該說是超前。威尼斯政府立即派遣艦隊至愛琴海與原本應該護衛君士坦丁堡的艦隊會合，聯合編制為六十艘槳帆船的大艦隊，與熱那亞的海軍對峙。

威尼斯政府此時冷靜地檢討局勢。半個世紀以來，他們對拉丁帝國可說是竭力支持，當然也曉得拉丁帝國衰弱不振，更了解天主教徒統治希臘正教徒的困難度。相較之下，西歐各國王侯卻只對彼此間的權力爭鬥感興趣，絲毫不關心拉丁帝國的命運。如此一來，就算威尼斯海軍的實力再了得，單靠自己十多萬的人口要想恢復失地，談何容易，更別提一旦恢復失地後，後續如何維護政權等問題。威尼斯政府決定先撤退，君士坦丁堡的收復留待日後再談。但是，對於第四次十字軍遠征時獲得的其他基地，諸如內格羅龐特、克里特等愛琴海諸島，威尼斯則是選擇誓死守護。大艦隊的任務就是負責這些基地的防衛。而且私底下，威尼斯也展開了祕密外交戰，態度堅毅而謹慎。

艦隊的任務雖說是防衛，實際上卻是積極的：只要遇上熱那亞海軍，就得立刻上前挑戰，就算沒有遇上，也得隨時掌握熱那亞海軍的動向，追蹤、趕上，直到徹底擊敗為止。只是，熱那亞人對於與威尼斯人正面衝突並不感趣。若論海軍實力，威尼斯占上風，熱那亞人已經成功將威尼斯人趕出君士坦丁堡了，沒道理自找麻煩，因此不是拚命閃躲，就是不睬威尼斯的挑戰，躲在港口裡不出來。有一段時間，威尼斯與熱那亞，在東地中海就這樣玩著你追我躲的遊戲。不過，只要是兩軍交戰，不管對峙雙方戰力是否相當，獲勝的一方絕對都是威尼斯。一二六三年希臘近海的戰役、一二六六年敘利亞外海的海戰，在在向人們說明了威尼斯即使失去君士坦丁堡，仍不失身為地中海女王的事實，而這也令尼西亞帝國的皇帝米海爾八世留下深刻的印象。

其實，皇帝在獲得尼西亞帝國的皇位時，根本不需要熱那亞的幫忙，他之所以履行《寧斐歐條約》的既定款項，主要是懼怕威尼斯反撲。只要威尼斯沒有反擊之意，他也用不著繼續對熱那亞負道義責任。更何況，威尼斯的海軍力量大過熱那亞，老是跟這種強國作對，對海軍形同虛設的拜占庭帝國來說反倒不利；何況威尼斯也只是要求在東地中海與黑海地區貿易而已。兩個現實主義者之間於是達成了協議。一二六八年，米海爾八世允許威尼斯商人重返君士坦丁堡，設置居留區，重新取得他們自第四次十字軍東征後獲得的拜占庭帝國舊領地。

再次回到君士坦丁堡的威尼斯人，如果想起以往的地位，難免要覺得落寞了。居留區比以往狹窄了一半以上，隔壁又是比薩人，跟從前自己擁有專用的金角灣港口，現在的條件簡直難以相比。更何況，金角灣對岸就是死對頭熱那亞築了城牆的大居留區培拉 (Pera)。由於培拉正對著博斯普魯斯海峽，威尼斯商船此時如果要前往黑海，就得避免進入熱那亞要塞的射程範圍內。雖然這已經是睽違七年的再次通商，但對威尼斯商人而言，重新起步還真是困難重重。

名為「慕達」的商船定期航路便是於一二五五年創設，那時還是威尼斯獨占君士坦丁堡的時代。按理說，獨占君士坦丁堡，也就等於掌握了東地中海的制海權，但威尼斯卻是無法壓制熱那亞船隻的海盜行為，所以才想出了組成船隊來保護商船的安全，試圖以集體行動降低被攻擊的危險。

熱那亞人在東地中海的海盜行徑，並沒有因為得勢而沉寂，反倒在威尼斯人重返君士坦丁堡時愈演愈烈。首先是熱那亞船隻在君士坦丁堡的對岸培拉蓋起了龐大根據地，使他們可以在更寬廣的海域靈活行動。其次，如果他們與威尼斯艦隊正面衝突鐵定輸的話，那麼採取游擊戰術或許是個不錯的方法。再加上熱那亞人由於性格的關係，艦隊司令官彼此常因意見不合，在戰場上出現步調不統一的情形，這也是他們與威尼斯艦隊每戰必敗的原因。

同樣是商人之國的威尼斯跟熱那亞，同樣從事海外貿易，卻有著不同的手法，展現出不同的性格。

威尼斯依照各自的目的地，將不同船速的槳帆船和帆船組成商船隊，每一支商船隊又都有軍用槳帆船編制的護衛艦隊護航。

但熱那亞人就不同了。他們認為統一步調等於要他們的命，對於需要協調船速的船隊行動向來敬謝不敏，商船也多半獨立行動。即使難得組成了船隊，通常也是帆船跟帆船，槳帆船跟槳帆船。由於組成船隊的情形少，護衛艦隊的必要性跟著降低，熱那亞人於是把不須要派去保護商船的軍艦加以活用，單純只作軍事用途（或說是海盜行為），商船的命運則聽由老天爺安排，碰到威尼斯艦隊的人只有自認倒楣。

相形之下，盡人事而聽天命的威尼斯人，則是以組織船隊並派護衛艦隨行的方式，行駛於定期航運。但在這個時期，這樣的作法卻有三個缺點。

首先，每支船隊必須配備十五到三十艘的軍艦護衛，這使得國家沒有多餘的能力組織軍事用途的艦隊。其次，龐大的船隊在海上航行時，容易成為敵方鎖定的攻擊目標。第三，一旦護衛艦隊被調開後，商船隊基本上便形同毫無防備。

在一二六四年時就曾經發生過以下事件，給威尼斯帶來極大震撼。

那一年，膽大妄為的熱那亞人中尤以大膽著稱的格里洛海軍統帥（更貼切的說法是海盜頭目）依據掌握到的情報，得知威尼斯商船隊正南下亞德里亞海，前往敘利亞、巴勒斯坦的途中。格里洛於是在南義大利各個港口徘徊，散布自己的艦隊正朝著巴勒斯坦、阿克雷前進的消息，其實卻是前往馬爾他等待時機降臨。

威尼斯艦隊不疑有詐，一旦失去了阿克雷，威尼斯人就等於少了一個能將商船隊大部份的貨物售出、再買進東方物產的重要市場。事態緊急，顧不得正在保護單一船隊，護衛艦隊立刻中止保護商船隊的任務，急忙趕往東地中海，希望能趕在熱那亞人抵達阿克雷之前先一步抵達。

格里洛在得知了消息後，也立刻從馬爾他出發，一路北上，並在亞德里亞海出口、杜拉索的外海遇上正在往南航行，沒有艦隊護航的威尼斯商船隊。

這支威尼斯商船隊是以五百噸級大型帆船 *Roccaforte* 為主，外加二十幾艘百噸級的小帆船組成，每艘船都載滿了貨物。當熱那亞艦隊突然出現在水平線時，時間已不容許他們躲進杜拉索港，當下唯有應戰一途。所有船隻先是停泊在海面上，小帆船上裝載的質輕高價品被移到 *Roccaforte*，只留下質重價廉的貨物。*Roccaforte* 正如其名「要塞」，距離海面的高度極高，船上有兩座堅固的艦橋，適合作保衛戰。威尼斯這會兒就是將保衛全部集中到這艘船，小帆船上只留下操控船隻的必要人數，其餘人員全部登上 *Roccaforte*。

在熱那亞的猛攻下，*Roccaforte* 果然支撐了許久。小帆船雖然逐一被熱那亞擄獲，*Roccaforte* 卻邊防衛邊突圍地躲進了杜拉索港。這是一次正確的戰術，但卻也讓威尼斯損失了當年敘利亞、巴勒斯坦定期航路上泰半的交易商品。

自此以後，威尼斯變得更為謹慎，護衛艦隊盡量避免離開商船隊，日後再也沒有類似的事件發生。不過別指望這是因為熱那亞海軍對海盜行為有了收斂——由於熱那亞人允許所有以海盜行徑搶來的戰利品均可由船員瓜分，多數人因此選擇了這種方式，而非踏實經商。

採取了不同戰術的威尼斯與熱那亞，究竟誰的經濟損失大？答案應該是威尼斯。為了組成護衛艦隊，威尼斯沒有餘力另組純軍事用途的艦隊，換言之就是沒有海盜行為。這也使得聽天由命的熱那亞商船多能安然航行，不但商業活動損害降至最低，還有做海盜的額外收入等等。可想而知，當時的熱那亞人一定覺得威尼斯人很蠢，因為威尼斯人堅持腳踏實地，但成效卻不理想。不過，一旦真的在海上開戰，熱那亞人卻又跑得比誰都快。

希望休戰的也的確是威尼斯。因為他們覺得，更多的打擊，對威尼斯的經濟只有不利的影響。不過，凡事順遂的熱那亞可沒空理會休戰的協議。最後還是法王路易九世出馬，熱那亞才被迫接受協議。路易九世當時正在準備十字軍遠征的事宜，由於部隊的運輸需要許多艦隊，熱那亞與威尼斯兩國相爭對大局不利，路易九世於是脅迫熱那亞：如果不與威尼斯休戰，放棄對威尼斯船隻的海盜行為，他將逮捕所有居住在法國的熱那亞人，加以處決。熱那亞這下子無計可施，只好承認和威尼斯的停火協議。一二七〇年，在教皇克萊門特四世 (Clemens IV)、西西里國王卡洛一世 (Carlo I d'Angiò) 和法國國王路易九世的仲介下，這兩個義大利海洋國家終於暫時停戰。

之後二十五年間，地中海成了熱那亞人和威尼斯人的世界。威尼斯的經濟成長卓著，熱那亞更是勢如破竹。這是熱那亞的鼎盛時期，也是班乃迪特活躍的時代。

一二八四年的麥洛里亞海戰，讓熱那亞成功地擊退他們在西地中海的競爭對手比薩，後者從此一蹶不振。而自由通行直布羅陀海峽的權利，也為熱那亞開闢了前往大西洋的航路。到底當時的熱那亞人有多意氣風發呢？我們可以舉韋瓦第 (Vivaldi) 兄弟為例。

這兩個熱那亞人在一二九一年越過直布羅陀海峽，南下非洲沿岸，航向印度，但不幸於非洲中部失去音訊。如果他們的目的達成，那麼達伽馬的豐功偉業，可能在兩百年前就已經有人先行完成。當時熱那亞人的活動範圍不只限於地中海，舉凡亞洲、非洲、北歐等也是他們的舞臺。同一時代的薄伽丘在他的書裡就曾經提到，要論活動範圍最廣的，莫過於傳教士和熱那亞商人（其中說不定曾經也有人想過來日本）了。當然，威尼斯人應該也沒有落後對手太多，因為就在同一時期，馬可波羅才剛從中國歸來。

只不過，熱那亞人的個人主義在這方面依舊不改。即使商務頻繁，往來各國的旅行者眾，但留下旅行記錄的熱那亞人卻不多。不像傳教士一定會有記錄傳世，威尼斯人或多或少也有報告書等文件留下，熱那亞人害怕若將自己開拓出來的市場或通路公開給同胞或外國人知道，將會影響到自己的獲利，所以決定徹底保密。也因為這樣，所以即使他們同樣不乏許多冒險的經歷，但都不為人知；所開拓出來的通路，同樣也在沒有流傳的情況下被人們遺忘了。

如此一個連同胞之間都貫徹個人主義的民族，不用說，在面對經商對手威尼斯時，對於到手的權益當然更是徹底捍衛。而威尼斯對此也是毫不讓步。在休戰期間便不時有些零星戰事的兩國，終於在休戰後第二十五年，一二九五年，公然開戰。原因和第一次相同，都是為了爭奪市場。第一次是為了爭奪巴勒斯坦的阿克雷，第二次則是黑海沿岸。

就在四年前，十字軍征服的土地中碩果僅存的城市阿克雷，在埃及馬木路克王朝的猛攻下淪陷了。這等於是十字軍勢力徹底被趕出巴勒斯坦，義大利海洋國家連帶受到波及——羅馬教皇在對西歐基督徒的敗退感到震怒之餘，頒布了禁止與穆斯林交易的禁令，使得熱那亞和威尼斯在敘利亞、巴勒斯坦和埃及等地的通商日益困難，西歐商人唯一能買到香料等東方物產的地方，如今只剩下黑海沿岸。

但黑海沿岸卻是熱那亞人開拓出來的市場。威尼斯商船是直到兩國休戰時，才正式出現在這個地區。由於阿克雷淪陷後不久，威尼斯政府便與統治黑海沿岸的蒙古大汗簽訂了正式通商條約，原先就擔心市場已經縮小，唯一僅存的市場又將被威尼斯搶占的熱那亞人，愈發堅決要將威尼斯人趕出黑海。明顯的敵意使得各地零星爭奪不斷，但真正開戰卻是在四年後——這是由於兩國為了彌補不能和穆斯林交易的損失，紛紛絞盡腦汁找地方填補的關係；用別的說法就是打破教皇禁令，在國家的支援下兩國商人忙著走私。看來，就生意優於宗教的觀點上，威尼斯與熱那亞倒是完全一致。

一二九四年春天，航向塞浦勒斯和小亞細亞拉亞佐的定期商船隊，在艦隊的護衛下駛離威尼斯，一路南下亞德里亞海。他們在繞過伯羅奔尼撒半島後取道往東，打算經由克里特駛向塞浦勒斯，航行十分順利。然而，早在他們取道向東時，便已被熱那亞人察覺。

位於君士坦丁堡的熱那亞居留區立即組織艦隊。雖然在離開金角灣熱那亞的碼頭時，被對岸的威尼斯居留區察覺，但他們已經沒有時間通知自己的同胞有危險了。熱那亞艦隊一路南下愛琴海，在拉亞佐附近海域張開所有風帆，找到正朝最終航海目的地拉亞佐前進的威尼斯商船隊。全隊都是槳帆船編制的熱那亞艦隊立刻降下所有風帆，進入備戰狀態。

吃驚的威尼斯船隊因為正在揚帆航行中，無法立即做出因應。加上船上滿載貨物，行動遲緩，船員們又因入港在即，精神上比較渙散，使得熱那亞船艦大獲全勝。威尼斯共二十艘船隻被擄，上頭的人員和貨物全被擄獲一空，護衛艦隊的司令官也戰死海上。

這是威尼斯極不名譽的一場戰役。理由是敵方商人僅以自行編組的私有艦隊就攻破了國家組成的艦隊。反之，對熱那亞人來說卻是最意氣風發的一場戰役，因為它證明了光靠海外殖民地的商人就能打敗威尼斯的國家艦隊。得意洋洋的熱那亞立刻在隔年一二九五年組成了一支前所未聞，擁有一百六十五艘槳帆船和三萬五千名士兵、水手的大艦隊，欲藉此一舉擊潰他們的死對頭。迎戰的威尼斯也全是由軍用槳帆船組成，雖然數目少於百年前的第四次十字軍東征時編制的船隊，戰鬥力卻堪稱是中世紀地中海世界最大、最強的艦隊。

威尼斯當然不會坐以待斃，全國十六至六十歲的男子都加入了登記，隨時等候徵召。貴族和富豪階級除了兵役的義務外，還須繳交臨時稅，作為槳帆船的武裝費用。然而，最後仍只完成了六十五艘的艦隊編制，連熱那亞的一半都不到，充其量只夠防禦亞德里亞海的出口。

約此同時，熱那亞的大艦隊在鄰近國家的注視下，南下第勒尼安海。中途停靠西西里的美西納 (Messina) 進行補給，預定完畢後朝決戰的方向前去。

一切行動在美西納補給完畢前，都是按照預定的行程進行，不過在那之後，熱那亞艦隊卻沒有朝著亞德里亞海或愛琴海出發，而是回到了熱那亞。威尼斯固然是鬆了一口氣，但是對於原先期待看到一場海上大戰的各國來說，卻是個個跌破眼鏡。熱那亞之所以會有如此怪異的舉動，主要是由於海軍統帥，即大艦隊司令官多利亞擔心反對派會在自己不在國內時伺機而動，不願去國太久。換言之，熱那亞人原有的鬥志此時不是針對敵人威尼斯，而是消耗在自己同胞身上。多利亞家族與史匹諾拉家族對上菲仕其家族和格利馬地家族，這兩大派的爭執，使得熱那亞再度陷入無政府狀態，熱那亞雖然有能力創建如此規模的大艦隊，但是隔年，甚至再隔年，還是無法派艦隊出擊。

威尼斯人就是利用這個時機開始偷學熱那亞式的戰術。他們讓商船隊獨自航行，艦隊則專門從事軍事活動。這一嘗試就證明了威尼斯人當海盜的能力，絕對不亞於熱那亞人。他們襲擊塞浦勒斯的熱那亞人居留區，掠奪熱那亞在黑海貿易的根據地卡法 (Kaffa)，火攻位於君士坦丁堡的培拉居留地，戰果豐碩不說，商船隊的航海也安全多了。但威尼斯海盜與熱那亞海盜還是略有不同的，其中最大的差異就是：威尼斯對於奪來的財物的處置，不是由船員瓜分，而是大多拿來充當建造艦隊的經費。

一二九八年，熱那亞人的內部鬥爭終於告一段落，正式派遣艦隊向威尼斯挑戰。熱那亞艦隊出港後南下第勒尼安海，經過西西里的美西納海峽向亞德里亞海前進。一進入亞德里亞海之後，熱那亞艦隊便開始襲擊達爾馬提亞的每一處港都。達爾馬提亞是威尼斯的友邦，此舉主要是逼迫威尼斯接受挑戰。威尼斯派出了大艦隊，兩軍在亞德里亞海中部庫佐拉 (Curzola) 外海相遇。

兩軍都是由軍用槳帆船組成，威尼斯有九十艘，熱那亞有八十艘應戰。威尼斯在船隻數占上風的情形下，由海軍統帥安得烈．丹多羅一聲令下，採取弓型陣式包圍敵人。而熱那亞軍則是在海軍統帥蘭巴．多利亞的命令下，分為三隊嚴陣以待。

戰鬥立即展開。多利亞的旗艦一馬當先，破浪向前，威尼斯軍也朝前衝去，船隻的衝撞聲此起彼落，戰況激烈。熱那亞人將船隻由以往兩個人划一支槳的方式，改為三個人划（原始構想來自於班乃迪特．札卡力亞的設計），在船隻的動力上占有優勢，因此順利突破了威尼斯的包圍，展開混戰，使得情勢對自己有利——若論操縱船隻與在船上作戰，熱那亞人可是比威尼斯人要來得擅長。

戰鬥最後果然由熱那亞大獲全勝。威尼斯艦隊被擊沉或遭擄獲的船隻高達八十四艘，只剩六艘逃回祖國。戰死者高達七千，被俘虜的人數雖然沒有記載，但數目應該在戰死者之上。在這次戰役中被擄獲到熱那亞的威尼斯人之中，也包括了剛從中國回來不久的馬可波羅，他的旅行記錄就是這時於熱那亞的牢獄中寫下。

這場有名的庫佐拉海戰戰役，對威尼斯是場不折不扣的失敗。負傷被捕的威尼斯艦隊司令安得烈．丹多羅海軍統帥可能是基於戰敗的自責，在牢房裡多次撞擊石壁，終至自殺身亡。

但威尼斯確實盡了全力。熱那亞軍雖然贏得勝利，所蒙受的打擊卻也不小，死傷人數據說與威尼斯相當，船隻的損失也很嚴重，連想將擄獲的威尼斯船隻拉回熱那亞的人力、船隻數都不夠，很多船隻只能就地焚毀。

就這樣，贏得勝利但元氣大傷的熱那亞軍，連追擊敗逃的敵人的意圖都沒有就返回祖國，遑論要直搗敵人的本部威尼斯了。這場奇恥大辱的戰役擊垮威尼斯人了嗎？沒有！隔年就曾發生過這樣的小插曲：有位名叫多明尼克·斯其亞佛的平民船員，靠著庫佐拉戰役中倖存的船隻組成船隊，率領一行南下亞德里亞海，然後一鼓作氣北上第勒尼安海，將刻有聖馬可肖像的威尼斯金幣釘在熱那亞港的防波堤上，接著又以熱那亞左近的摩納哥為根據地，專門騷擾行經附近的熱那亞商船。當時的摩納哥正是格利馬地家族，在被把持熱那亞政權的多利亞與史匹諾拉家族趕出後建立的反政府根據地。

不過，威尼斯和熱那亞國內主張談和的氣氛漸成主流。威尼斯對海戰失去信心，熱那亞也將精力耗盡於國內的鬥爭。兩國於是在一三〇〇年締結談和條約，但內容只規定了以下事項：威尼斯承認熱那亞在利古里亞（Liguria）一帶的主權，而熱那亞則承認威尼斯在亞德里亞海的主權，但威尼斯不得援助摩納哥的教皇黨，也不得採取反熱那亞的行動。條約中絲毫沒有提及兩國在東地中海地區的勢力範圍。換句話說，這個條約對於解決兩國對立的問題，等於一點幫助也沒有。

說穿了，兩國只是打累了而已。在第一次戰爭中，威尼斯擁有軍事優勢，但無法活用；第二次則是熱那亞無法利用本國的優勢而宣布告終。

我想各位讀者已經察覺，威尼斯和熱那亞之間的戰爭實在很奇妙。兩國直到分出勝負為止，一共耗費一百二十五年的光陰在敵對關係上，但實際上作戰的時間卻不過二十年，等於是打了五年後停戰，然後再開打，一直重複著打打停停的日子。這是由於：一、兩國的實力在伯仲之間，無論威尼斯或熱那亞都無法徹底擊潰對方；二、兩國的對立純粹是針對利益，而非人種或宗教因素。這兩個經濟動物精打細算的程度，到了即使利害爭奪正如火如荼進行中，但是只要發覺戰爭將過度損及自己的經濟利益時，兩國人民便都會有暫時停戰的「智」舉，所以才會在久戰五年後就停戰個二十五年，甚至有像第二次海戰後維持五十年和平的情況。

有些讀者或許認為，既然如此，何不乾脆一開始就不打，想出一個共存共榮的方法呢？惱人的是，不論多麼精明的經濟動物，能夠具備如此高明「洞見」的，縱覽世界史至今未見。即使在現代這樣一個已不可能再訴諸戰爭手段的時代裡，都還滯礙難行。

故事再回到七百年前。兩國在一三〇〇年締結條約後休戰，史無前例地維持了五十年的和平。十四世紀前葉，無論是威尼斯或熱那亞，都是處於想戰也無力開戰，要不就是不打比較有利的情況。

首先是經濟面。在第四章〈威尼斯商人〉中曾經提到，這是經濟上發生大變革的時期。船隻結構改變，無論是槳帆船或是帆船都開始大型化，擴大體積；羅盤的發達則使得航海技術飛躍進步，航海的季節大為延長；另外還有複式簿記、阿拉伯數字的普及，以及金融技術的發達等，這些都使得更有效率、範圍更廣的商業活動成為可能。尤其，這些改良又恰巧與西歐各國的產業發達、物產增加時期同步，東西方的物資交流較以往有了大幅提升。以往被英國羊毛業者視為美夢的希臘產葡萄酒，現在也不再是遙不可及的夢想了。

不僅來往於東西方的仲介商人不得閒，北大西洋航路也同樣進入商用化的階段。由於以往教皇嚴禁與穆斯林貿易的禁令解除，威尼斯的四條定期商船航路得以全線通航。對於向來以商立國的威尼斯與熱那亞來說，此時致力經商絕對比較划算，加上當時市場又大，不至於有為了爭奪市場而開戰的局面。另外，兩國在軍事上勢均力敵也是雙方不太願意開戰的一項原因。

但是若從政治、社會的層面來看，與其說他們是因為停火比較有利而休戰，倒不如說是因為沒有餘力開戰所以持續休戰狀態，可能要來得貼切。

先來看看熱那亞共和國。慣例的政爭始終不斷，浪費他們將近半個世紀，光是把發生在十四世紀前半的主要政變列出，就有下列幾項。（這是因為多利亞和史匹諾拉派以及格利馬地和菲仕其派雙方，都不具有完全殲滅對方的能力，所以內鬥始終沒有解決的跡象。）

一三一一年——兩派疲於內部鬥爭，決定乾脆讓德意志國王亨利七世這個外國人來治理。

一三一三年——德意志國王死後，內鬥再度展開。

一三一七年——格利馬地和菲仕其兩大家族再次成為熱那亞的統治者。

一三三五年——多利亞、史匹諾拉兩家族重掌政權，格利馬地和菲仕其派遭到放逐。

一三三九年——反對貴族的市民階級奪取政權，但不久後同樣因為內鬨而分裂成兩派內鬥。
一三五三年——將政權交給米蘭君主維斯康提（Giovanni Visconti）。

短短半個世紀內就發生了這麼多事。看來，當時但丁所描述的不堪痛苦、輾轉反側的病人，絕對不只佛羅倫斯共和國而已。

如何摸索出一個具有強大統治能力的政體，這是威尼斯、佛羅倫斯和熱那亞等國的共同立場，因為唯有如此，才是缺乏資源、土地與人口均少的中世紀都市國家的生存之道。

威尼斯是其中唯一採取與他國不同作法的國家。那是一種既非君主制，也不是民眾政治，而是威尼斯獨特的共和政體。關於威尼斯人冷靜判斷的統治能力，我們已經在第五章〈政治的技術〉中談過了。論航海、經商、海軍軍人的表現，威尼斯或許都略遜熱那亞人一籌，但只要提到組織能力，威尼斯可是獨占鼇頭，而這點也成了最後決定勝負的關鍵。

一三五〇年，維持近半個世紀的休戰狀態再次打上休止符，並不是兩國已經做好開戰準備，因為兩年前的一場黑死病，才剛造成重大的人員傷亡。

這場因薄伽丘的《十日談》而聞名的一三四八年黑死病大流行，橫行肆虐，將威尼斯的人口驟減為三分之二。在招募組成艦隊的槳帆船船員時，人數只來了五千，僅夠武裝二十五艘槳帆船，不過卻已盡了他們最大的努力。由於身邊隨處可見人們死於黑死病，社會瀰漫著厭世思想。我在第二章中曾提過威尼斯的徵兵制度，不想打仗的人可用付款的方式代替，以往很少人會有這種想法，但在黑死病流行後，開始有許多人逃避徵兵，就連好不容易召集來的男子，也看不出威尼斯海軍向來嚴守紀律的特色，全是一群難以統馭的士兵。以前在幾天內就能編成百艘的艦隊，現在就算從達爾馬提亞和希臘募集水手過來，勉強也才夠組成三十五艘的編制，而且士兵的素質又差，根本不是能夠開戰的狀態。熱那亞情況也同樣好不到哪裡，甚至由於人口數向來不及威尼斯，經黑死病肆虐過後，戰力想必更在威尼斯之下。

兩國之所以會在無法戰鬥的情況下再度開火，原因鐵定與商人們無法忍受市場被奪有關。沒錯，第三次威尼斯與熱那亞的對決又是源於市場的爭奪。

這時的拜占庭帝國終於感受到土耳其的威脅，馬摩拉海東岸已落入這個亞洲新興國家的控制下，當時能夠保護首都君士坦丁堡不受土耳其侵略的，唯有海上力量。熱那亞和威尼斯是當時唯二擁有正格海軍的國家，但是這次拜占庭皇帝拜託的對象卻不是盟友熱那亞，而是威尼斯。原因無它，熱那亞國內的紛擾實在是一項「利空因素」。當然，威尼斯也提出交換條件，他們要求將熱那亞商人趕出君士坦丁堡和黑海沿岸的市場。熱那亞為此大怒，戰火因而再起。

自一三五〇年算起，大規模的海戰在五年內就發生了三次，熱那亞二勝一敗。但是由於熱那亞人每次只要一輸，國內便互推責任、起內鬨，鬧到把國家拱手交給外國人管的地步，可以說是打贏戰爭卻輸了外交，每每在威尼斯提出要求時，雙方就又握手言和。一三五五年的休戰條約，照例不是熱那亞人心甘情願簽訂，而是當時統治熱那亞的米蘭維斯康提公爵，將米蘭的利益放在熱那亞的利益上的結果。由於公爵原就有進軍義大利中部的打算，為了爭取威尼斯的支持，於是強迫熱那亞接受威尼斯提出的談和條件。對威尼斯而言，由於不久後也發生了元首馬利諾．法利耶的反政府陰謀，為了穩定國情，休戰自然是求之不得的好消息。

隨之而來的二十多年休戰期間，熱那亞依舊以他們獨特的方式度過這段歲月，但威尼斯卻面臨一次又一次嚴格的考驗。

從幾世紀前就不斷騷擾亞德里亞海東岸的匈牙利王，終於成功地征服達爾馬提亞地方。亞德里亞海東岸對威尼斯而言，向來與攸關威尼斯生死的亞德里亞海制海權密不可分，因此這次的創擊不可謂不小。自從一〇〇〇年當時在位的元首奧賽羅二世以來，威尼斯元首就一直擁有的「達爾馬提亞公爵」的稱號，也不得不在四百年後的此時放棄。

達爾馬提亞地方，指的是亞德里亞海東岸北半部，包括薩拉、西本尼克、史巴拉托、列西納和庫佐拉在內，直到拉古沙為止的地區。這一帶不僅是威尼斯船隻航行的必經之路，也是募集划槳手的地區，每個港都，都是威尼斯「高速公路」的驛站，重要性不言而喻。再加上這裡距離威尼斯又只要兩天的航程，威尼斯當然更是拚了命固守。

威尼斯這時又使出了他們獨特的「現實策略」外交。匈牙利王是基督徒，所以威尼斯打算動用羅馬教皇，直到匈牙利王答應妥協為止。匈牙利王在陸上勇猛歸勇猛，但畢竟不是海事國家，制海權仍操在威尼斯之手。如果威尼斯撒手不管，達爾馬提亞沿岸準會變成海盜橫行的所在。威尼斯人心中盤算著只要匈牙利王看清這一點，答應讓他們繼續在該地設置威尼斯船隻的基地的話，那麼就算失去達爾馬提亞，也不至於造成致命的打擊。

第二件讓威尼斯蒙羞的事，發生在遙遠的東地中海中的塞浦勒斯。這裡是十字軍被趕出東方後唯一留下的勢力範圍，政治上由法屬的魯吉尼安王族統治，經濟上則歸威尼斯和熱那亞主控。砂糖、鹽和著名的葡萄酒等塞浦勒斯特產，都是在威尼斯人殖民地式的經營下扎根當地。

為了爭奪哪一國大使該坐在塞浦勒斯王的右手邊，威尼斯與熱那亞彼此爭吵，也點燃了兩國人民多年來的敵對意識。由於塞浦勒斯王偏袒威尼斯人，擔心會被趕出塞浦勒斯的熱那亞人，立即從本國調來艦隊，占領了第一大港法馬哥斯塔（Famagusta），逼迫塞浦勒斯王改變方針。由於威尼斯當時正忙於解決附近達爾馬提亞的問題，無暇派遣艦隊前往遙遠的塞浦勒斯，除了撤僑之外，也只好眼睜睜地看著友好的塞浦勒斯王受困。

在經濟上，這件事並沒有給威尼斯帶來多大損失，因為威尼斯政府的「行政指導」在這個節骨眼上發揮了極大作用。威尼斯政府為因失去塞浦勒斯市場而受打擊的商人們，開闢了一條不停靠塞浦勒斯，但一樣可直達敘利亞、巴勒斯坦和亞歷山卓的航路，讓他們得以繼續往常的貿易。以熱那亞一向貧乏的人口，也不可能完全占據塞浦勒斯島，島的南半部仍舊是威尼斯人經營的砂糖農園，砂糖、葡萄酒無一不照樣出口。原本以為這樣就會使威尼斯的中東貿易出現大漏洞的熱那亞人，不到一年便不得不承認自己當初的估算錯誤——這種在困境下所展露的靈活度，舉凡威尼斯商人活動的地點，從地中海到英國、法蘭德斯等都可以見到，同時也是威尼斯人經濟外交的特色。

不過，這件發生於一三七四年的事件，卻在政治層面影響到威尼斯共和國的形象。被威尼斯見死不救的塞浦勒斯王屈服於熱那亞的淫威，承認他們的主權，日後再也無意要求威尼斯的協助了。從王位的安全考量，能在危急時施予援手的，才是足堪信賴的夥伴。威尼斯就在這次事件中，失去了塞浦勒斯王對他們的信賴。

第三次考驗則是發生在克里特的叛亂。自從第四次十字軍東征以來，克里特就被視為威尼斯最重要的基地，有計畫地安排許多威尼斯人前往定居，建構與祖國相同的政治體制。雖說自統領這塊土地以來，原先居住在這裡的希臘人就沒停止過暴動，但這次叛亂的主謀卻是格拉狄尼哥和維尼爾等威尼斯的名門望族，這也讓威尼斯政府在得知實情後簡直無法置信。經歷了將近兩百年的殖民地生活，先前移居克里特的威尼斯貴族們對於這座島的利益之重視，已甚於作為一名威尼斯市民的意識。在反對向克里特課徵重稅的問題上，原住民和威尼斯裔克里特人是站在同一陣線上的。

這無疑是對口中常掛著「先做威尼斯市民，後做基督徒」，深信國民的愛國心是其他國家無法比擬，並且向來以此為傲的威尼斯領導階級打了一記強烈且刺痛的耳光。

更令人無法置信的事還在後頭。克里特的叛軍首腦們竟然跑去請求熱那亞的協助！雖說以前也曾經發生過負責託管愛琴海諸島的威尼斯人統治者與祖國方針唱反調的情形，不過當時可沒人去乞求與祖國敵對的國家前來援助。威尼斯政府察覺到此次事態的嚴重性，決定要做一次徹底的整頓，不能再等到達爾馬提亞的問題解決後再說了。

載滿陸戰傭兵的大艦隊逕向克里特駛去，行動之迅速，絕對足以制熱那亞於機先。叛亂很快平復，主謀遭處極刑，威尼斯政府嚴格挑選忠貞的貴族和市民移居克里特，將這裡的統治階級全數換過。

接下來的第四次考驗，由於沒有明顯的事件形式，處理起來便得格外慎重，也比較棘手。

第三次威尼斯與熱那亞的大對決，由於軍事費用激增，政府財政赤字增加，為了彌補財政赤字所採取的政府公債強制配額制度，將負擔全部集中到了貴族和富豪身上。因經濟實力受到削減，貴族們不滿的情緒開始蔓延，以往威尼斯從未有過資金外流等逃避課稅的情形，也在此時開始出現。

或許有人認為，給菁英份子名譽，他們就該不計報酬地奉獻，好比修道院的修士為了天主可以無條件付出一般。但這實在是不了解人性。修道院裡有天主，可以保證他們死後在天堂裡的頭等席，至少神父們相信這項承諾不會黃牛。但是，沒有向天主宣示奉獻的世俗菁英份子，即使身為基督徒，也沒理由得無償付出。唯有針對各自的能力給予適當且公平的對待，他們才可能願意將才華發揮到極致。組成威尼斯政府的貴族們都是些菁英中的菁英，當然很快體會了這個道理，往後也沒有再次出現這類對特殊階級高壓課稅的情形，不過為了顧及公正性，直接稅形式的政府公債強制配額制度，依然沒有廢除。別的不說，一旦取消這項制度後，首當其衝就是威尼斯政府的國家財政。

從愛琴海進入達達尼爾海峽之前，有座特內達斯島（Tenedos）。這座小島附近有特洛伊（Troy）古戰場，《木馬屠城記》奧德西斯將木馬送入特洛伊城之後，希臘大軍就是在這座小島上待命。威尼斯也相中了這座小島。當時這座島屬於拜占庭帝國所有，威尼斯政府於是慫恿拜占庭皇帝，以達達尼爾海峽絕對需要防衛力量為由，一等皇帝首肯，便在島上興建堅固的要塞。由於掌控達達尼爾海峽也就等於掌控前往君士坦丁堡的海路，這項舉動立刻引起了熱那亞的反感。第四次威尼斯與熱那亞的戰役於是又開火了，這次威尼斯是在沒有準備好的情況下被迫應戰。

威尼斯在外交上同時也犯了一項錯誤。由於達爾馬提亞的問題還沒解決，他們根本無從阻止匈牙利王國與熱那亞建立同盟關係。這不僅使得威尼斯無法使用達爾馬提亞沿岸的許多基地，就連招募水手也得改往別處。更糟的是，匈牙利王不僅准許熱那亞海軍使用他們的基地，也認可他們招募水手，雙方甚至決定由熱那亞負責從海上攻擊威尼斯，匈牙利軍隊負責陸路的攻擊。

和熱那亞結盟的還有一個國家，那就是距離威尼斯不遠的帕多瓦。帕多瓦僭主法蘭契斯科·卡拉拉 (Francesco I da Carrara) 和熱那亞約定，由他負責從西方攻擊威尼斯，對威尼斯進行全面陸路封鎖。像這樣三面受敵的情況，還是威尼斯建國以來頭一次碰到。

這場第四次威尼斯對熱那亞戰爭，亦即眾所周知的「吉奧佳戰役」，也造就了兩位威尼斯英雄——卡羅·詹諾 (Carlo Zeno) 和貝特·比薩尼 (Vettor Pisani)。

卡羅是位風趣的男子，與威尼斯人給人的穩重印象截然不同。他是個貴族，家族中曾經出過元首。由於他的父親戰死於士麥拿戰役，剩下的遺產無法滿足連同卡羅在內的十名兄弟，在威尼斯，遇到這種情形時，為了防止財產分散，不分貴族或平民，一般都是由長子繼承，其餘則過繼給人當養子，要不就是當神職人員，自求多福。卡羅被分配到擔任神職人員。由於當神職人員需要有學問，卡羅於是來到帕多瓦大學留學，在那邊研究神學。

可是這名年輕的神學生壓根兒討厭念書。長得高大俊美的他，非常有女人緣，學生生活一開始就很糜爛。但如果只是單純的女性問題，倒也不用花費太多，偏偏他又熱衷賭博，而且敗績連連，用不了多久，就把學費給賠光了，到最後連教科書都賣了也不夠還清債務。雖然女人和賭博是當時大學生的兩大要事，但卡羅·詹諾似乎也做得太過火了點。

為了償還債務，他只好投身當時義大利盛行的傭兵行列。不喜歡研究學問的他，入伍時搞不好還歡天喜地的呢。卡羅這一去就沒了音訊，因此當他五年後重返威尼斯時，家人甚至以為他已經死了。不過，當初為他準備的希臘神父職位倒還保留著。

卡羅到了佩特拉司教區，在那裡依舊本性不改，成天熱衷與附近的土耳其人發生小摩擦，更勝於做彌撒。主教，也就是他的上司，對於他如此十字軍作風的行為始終抱以默許，但是當他後來竟在決鬥中殺死了比鬥對手——一名當地法國騎士時，這下可無法繼續視而不見了。一來是決鬥的原因跟女人有關；二來，身為基督僕人的神父竟然殺死基督徒，輿論上也交代不過去。主教於是將他喚到跟前痛斥了一番，雖然沒有將他免職的意思，但是卡羅自己卻對這麼麻煩的職業表示不想做了。他拋開了神職，離開佩特拉司，打算到君士坦丁堡從商。

沒有人曉得他是不是真的有意要去君士坦丁堡做生意，可是沒過多久就發生了特內達斯島事件。熱那亞人襲擊興建要塞中的威尼斯人，卡羅剛好就在這時出現在這座死守的小島上，他是來充當志願軍的。可能是他原本就有領導的才華，加上又慣於戰鬥，不久便嶄露頭角，成功地擊退熱那亞人。沒有海戰經驗，也沒當過海軍將領的他，從此一躍成為威尼斯海軍中負責希臘方面的司令官。從他後來的活躍也證明，這才是最適合他的工作。

另外一位英雄貝特·比薩尼，則是一位十足的海男兒。他的身材在威尼斯男子當中屬於嬌小型，雖然不胖，但很結實。他是第三次戰役中，獲得兩次主要海戰，戰績一勝一負的指揮官尼可羅·比薩尼的姪子。在那次海戰中，他也追隨著伯父參戰。

休戰期間，他是商船隊的船長。這絕對不是什麼不名譽的事，一個能夠成功率領商船隊的人，在當時被視為是戰時海軍統帥的最佳人選。他也參加過鎮壓克里特叛亂的戰役。雖然他生性易怒，但是馬上就能恢復平靜。而且與其他貴族不同，他不會看扁別人，下級船員都很喜歡他。除了做人得到好評之外，他身為船員的才華也令人敬佩。總而言之，他在海上男兒間非常具有人望。

威尼斯無論軍船或商船，在出海前的一個月，擔任船長的人都必須帶著書記，坐在船隻停泊的港口接受船員報名。這是船員在即將展開漫長的航行前，選擇將自己的命運託付給哪位船長的制度，並非單純前來分配工作。這種時候，貝特的座船面前通常都排了很長的隊伍。

一三七八年，威尼斯與熱那亞的戰爭已經箭在弦上。貝特受命成為威尼斯海軍總司令官，率領由十四艘槳帆軍船組成的艦隊，朝著敵人的根據地第勒尼安海駛去。

十四艘軍船，數目簡直少得可憐，但也看出失去達爾馬提亞這個水手來源地對威尼斯的影響。三十年前黑死病流行的後遺症，熱那亞雖同受其害，但這回他們有達爾馬提亞可以利用，情況不比昔日。與貝特艦隊同時出發的單人持槳的槳帆船隊，決定先前往克里特，試著在克里特和希臘等地補充划槳手、編組艦隊。

貝特在第勒尼安海馳騁追敵，在安茲歐外海逼得熱那亞艦隊無處可躲。無堅不克的輝煌戰果，讓祖國大大鬆了一口氣，許多熱那亞貴族也在這次海戰中成為階下囚。隨後，貝特的艦隊又前往愛琴海，準備到威尼斯位於伯羅奔尼撒半島前端的莫頓基地，與稍早前剛在克里特完成戰力補充的六艘軍船會合。艦隊整編後，大軍隨即朝塞浦勒斯駛去，打算給熱那亞來個重創，但是結果只讓熱那亞略微受挫。從塞浦勒斯折返後，艦隊再駛進亞德里亞海，襲擊並占領了已淪為敵人基地的喀塔羅和西本尼克，讓敵人了解亞德里亞海的制海權仍在威尼斯手中後，才返回祖國。此時已經接近年底。

貝特向祖國政府提出要求，希望回國讓船員休息並整備船隻，但是元老院不答應，反而命令貝特到伊斯特利亞半島前端的波拉過冬。理由是波拉離達爾馬提亞較近，容易掌握敵人動態，同時也可以直接到海上巡邏，至於船隻整備的必需品，威尼斯方面會派補給船送達。貝特的艦隊只得留在波拉過冬。隔年一三七九年的春天，艦隊先是前往南義大利普利亞地區巡邏，順便保護裝滿小麥的船隊歸國後，便在波拉港岸停靠，過起清洗、修理船隻的日子。

五月七日，熱那亞艦隊突然出現在外海，船上還掛著刀口向上的寶劍旗幟，擺明是來挑戰的。貝特下令吹起號角，召集所有船員。包括補給船在內，能夠立即使用的船隻有二十四艘，熱那亞艦隊則只有十六艘槳帆船（但其實是二十二艘，因為有六艘躲在海角後頭，所以只看見十六艘）。貝特反對接受對方的挑戰，理由是他們的船隻雖然比較多，其中卻沒有幾艘完成戰鬥準備，還是守在港口裡比較好。但是，由各船指揮官組成的作戰本部卻主張開戰，他們以敵人並不是大隊人馬、躲避是膽小的行為等理由反駁貝特的意見。威尼斯一向採取多數決，連作戰會議也不例外，貝特只好下令所有可堪使用的槳帆船全部進入戰備狀態。

這場以波拉港入口處為舞臺的海戰，一開始是威尼斯占上風，貝特搭乘的旗艦衝破敵軍陣式，其他軍船跟在後頭攻擊熱那亞艦隊，敵軍旗艦大敗，熱那亞艦隊海軍統帥戰死。

然而，就在威尼斯幾乎獲得勝利的瞬間，原本躲藏的敵方船隻突然從背後襲來，威尼斯艦隊隨即陷入一片混亂，戰況逆轉，這回換成了熱那亞衝散威尼斯艦隊。威尼斯方面的死亡人數上百，被擄獲者不在少數，其中還包括二十四名貴族。貝特見戰況不利，下令仍在戰鬥中的六艘槳帆船撤退，自己也朝威尼斯的方向逃走。

得知戰敗消息的威尼斯政府錯愕不已。根據他們原先的評估，亞德里亞海只要有貝特艦隊防衛就夠了，所以在一個月前便交代卡羅·詹諾指揮第二艦隊前去襲擊熱那亞商船隊。當時威尼斯政府打的如意算盤是：卡羅負責攻擊商船隊，牽制住前去協防的敵方艦隊，使他們無暇潛入亞德里亞海。但萬萬沒想到熱那亞已經先發制人。

敵軍的艦隊就在左近，友邦艦隊卻形同虛設，北邊又有步步進逼的匈牙利王，西方則是有帕多瓦軍阻斷所有陸路的補給路線，再加上熱那亞軍又在八月十六日占領吉奧佳，給了威尼斯最後一擊──威尼斯面臨到開國以來的最大危機。

由於海陸都被封鎖，所有東西全進不了威尼斯。別說貿易了，連糧食都成問題，威尼斯人被孤立在潟湖的島嶼中，等待卡羅的艦隊歸來成了他們最後的一絲希望。然而，他本人對國人的期待卻全然不知。因為臨出發時他還深信，到年底前只須專注游擊行動就行了。威尼斯政府向熱那亞艦隊的新司令官提出休戰建議，但熱那亞人的回答卻是：「在我們把擺在聖馬可教堂正門前的四匹馬套上韁繩前，休想停戰。」

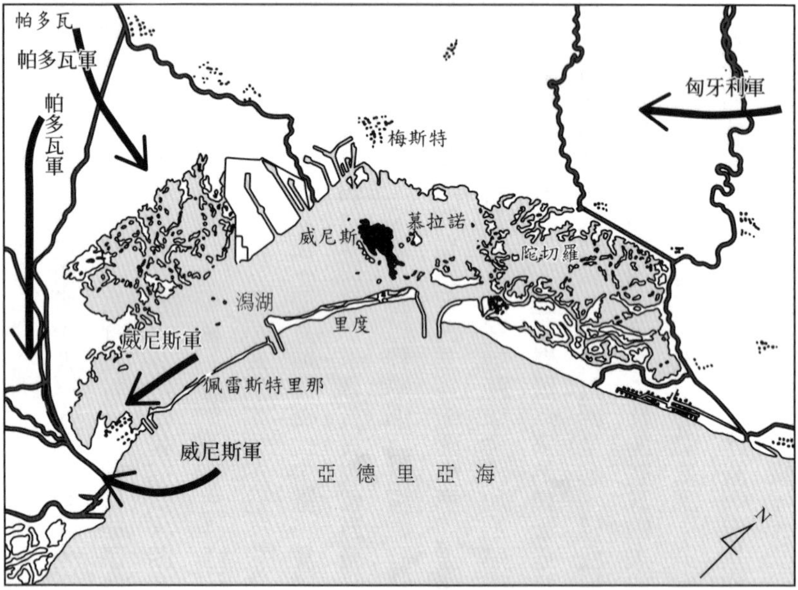

威尼斯周邊圖

威尼斯之前也曾一度遭到敵人包圍，那是在第一章中所提到的，九世紀初查理曼之子丕平率領法蘭克人包圍威尼斯的情形。不過，法蘭克人是陸地民族，他們從海上封鎖海洋民族肯定是漏洞百出，但這次是海上民族從海上進行封鎖，情況不可同日而語。比照陸上封鎖的話語來形容就是：連隻老鼠也跑不出來的地步。

各國都以為威尼斯一定完了，他們相信威尼斯將會繼阿馬爾菲或比薩之後，走向衰退的命運，最後的海洋共和國將只剩下熱那亞。

但是威尼斯人下決心誓死抗戰，就算友軍不可期，也要靠自己的力量撐過去。

首先，糧食改為配給制。威尼斯原就是一個連生活必需品都須仰賴進口的國家，小麥永遠保持三個月的存量。但是這次「圍城」不知會持續多久，所以一開始便從最低配額開始。糧食配給制的採行，使得威尼斯即使在完全封鎖的情況下，仍可免受飢餓之苦。

當然，威尼斯政府也下了總動員令。先前為了編制艦隊所採行的每個行政區十二人為一單位的徵兵制度，現在被援引用來保護城市。

各行政區的防衛工作由該區居民自行負責。特別是和敵軍對峙的區域，行政區內所有男丁均須負起防衛的責任。位居內圍的行政區域除了留下幾名人員守衛外，其餘的人全被派去守護國家的重要建築物，例如造船廠、元首官邸或大運河的入口等。大運河入口處也打下木樁，以防敵船入侵。

另一方面，威尼斯也派出敢死隊，打算突破敵軍封鎖，前往東地中海。他們的任務有二：一是尋找卡羅·詹諾艦隊，盡早要他們回國；二是擔心海外基地和殖民地在得知祖國困境後會心生動搖，敢死隊必須巡迴各地，鞏固海外人心，讓他們做好準備，預防隨時受到攻擊。此次的突圍工作圓滿達成。

威尼斯同時也持續進行外交戰。他們必須切斷匈牙利王、帕多瓦僭主和熱那亞的三國同盟，說服他們個別進行談和交涉。然而，三國都認為威尼斯的滅亡只是時間早晚，對於談判一點興趣也沒有。在外交方面，威尼斯可說完全絕望。

同一時間，熱那亞又從祖國派來援軍，艦隊的戰力提升到兩倍以上，光是軍用槳帆船就有四十七艘。在波拉海戰中殉職的路其亞諾．多利亞 (Luciano Doria) 的職務，也由新任海軍統帥皮耶特洛．多利亞 (Pietro Doria) 接任。

盤據在吉奧佳港的熱那亞海軍隔著潟湖與威尼斯對峙。乍看之下，要越過淺海攻擊威尼斯似乎是件容易的事，但淺海的潟湖比石頭城牆堅固這個道理，身為大海子民的熱那亞人心裡可十分清楚。當然，威尼斯的海男兒也明白，戰爭的勝負就取決於他們如何利用這片潟湖。

在第一章〈威尼斯的誕生〉中曾經提到，威尼斯的運河除了讓船隻通過這項功能外，更重要的作用是引水。源自本土的眾多河川注入潟湖，如果不能順利流向外海，那麼這費盡千辛萬苦才蓋好的水上之都，不僅會面臨被洪水沖走的危險，又因河水比海水更易腐壞，潟湖的水質一旦腐敗，更會成為傳染病的淵藪。為了讓潟湖永遠處於活水的狀態，城內那些乍看之下毫無章法的網狀運河，其實全是考慮到如何讓河水順利流出外海而開闢的。

放眼望去幾近一片汪洋的潟湖中，也有天然的河水注入，作用與運河相同，威尼斯人將這種天然運河連同城內的人工運河一樣都稱做 *canale*。看看威尼斯海運局發行的潟湖航行地圖，上頭的水路依照水深，以不同濃淡的天藍色加以區分，彷彿縱橫在潟湖上的血管一樣。了解水路的深淺，是航行潟湖不可或缺的知識。這裡的水路深度從超過十公尺到不到一公尺的都有，有些地方甚至水面下直接就是海底泥土。天然運河沿途通常設有木樁，好讓船隻了解哪邊是可行的水路，但在一三七九年的戰役時，這些木樁被全數拔起。熱那亞人雖同是大海子民，但因國內的港口比較深，對於潟湖並不熟悉。縱使他們已經占領了吉奧佳，連橫在潟湖與外海間的佩雷斯特里那和馬拉摩可也在他們的掌控下，卻還是進不了潟湖，僅能鞏固封鎖線，等待威尼斯精疲力竭。

面臨名副其實「背水一戰」的威尼斯，偏偏在此時出現意想不到的狀況——船員們不願配合政府的方針。國營造船廠傾全力，好不容易打造出十六艘槳帆船，萬萬沒想到前來應徵的水手僅能勉強編成六艘。追究原因，這是由於船員們對於政府對待貝特・比薩尼的態度不滿，所以決定怠工所致。

貝特在波拉海戰後，因為戰敗的責任問題被關進牢裡。在土耳其等國，對待戰役中失敗的將領們，通常是不由分說一律殺頭。但威尼斯原則上是先審後判，被判處失責者才接受刑罰。貝特的罪狀有兩條，一是沒有給各船指揮官充份備戰時間，便胡亂開戰；二是在戰鬥中途棄守戰場。在檢察官與辯護律師完成證人質詢後，元老院進行投票表決，認為有罪者有七十八人，認為無罪者有四十八人，棄權的人有十四人，檢察官於是依據法律訴請死刑（在威尼斯的海上法中，艦隊的最高司令官，依規定不得在戰爭未結束前撤退）。但因念在貝特以往的功績，元首提議以罰鍰和終生不得出任指揮官的刑罰代替死刑。經過兩次審議，元老院終於決定採用妥協方案，判刑六個月，並終生不得出任指揮官。貝特因此鋃鐺入獄。

不過，船員們可不認同這項判決。在他們的看法裡，當初貝特要求回國讓船員休息和整備船隻，是元老院不准的，所以錯應該出在元老院；被迫在波拉進行船隻整備，本來就不比在國內進行來得有效率。至於在敵軍來襲時尚未準備完成的責任，也不該算到貝特頭上，主要是各船長沒有忠實執行貝特的作戰指令。船員們藉口說接替貝特成為最高司令官的塔德歐・朱斯汀尼安（Taddeo Giustinian）是位不諳海性的貴族，以自己的性命怎可交給這種人為由，完全不理睬國家的號召。

這下子，威尼斯政府可真是走到山窮水盡的地步了。如果政府執意維護權威，那麼舉國團結的體制勢必破裂。現在可是國家瀕臨亡國危機的重要時刻，還是先以全國團結為重，於是決定釋放貝特。

剛被釋放的貝特立即被召喚到元首跟前，元首要他為了國家，放棄心中的不平，為國效忠。隨後，貝特前往聖馬可教堂，做完祈禱後步出廣場，受到等候多時的大海子民們的歡聲喝采。

「萬歲！貝特！萬歲！」

貝特忙著制止他們：

「肅靜！小子們！我們應該歡呼的是萬歲！聖馬可！」

船員們妥協，歡呼道：「萬歲！聖馬可！萬歲！貝特！」

在歡呼聲中，船員們護送貝特回家。

雖說是犧牲了權威釋放貝特出獄，但若再任命他作為最高司令官，這叫元老院的面子往哪裡放，元老院於是安排了一個不太重要的職位給貝特。原本以為會是貝特來帶領，而紛紛前來登記的船員們，在發現最高司令官仍舊是朱斯汀尼安時，開始起了騷動。他們聚集在聖馬可廣場的碼頭，將帽子摔在地上，口出穢言的程度讓年代記作者都羞於下筆。一群人朝著正在進行元老院會議的元首官邸叫囂完後，各自回家去了。

這時候，年近八十歲的老元首安得烈．孔塔里尼(Andrea Contarini)提出了一個絕妙構想，由他自己擔任最高司令官，貝特則出任副手。

這下子，貝特成為實質的最高司令官，船員們也都諒解了，總算暫時先募集到六艘槳帆船的船員。

按照往例，貝特坐在岸邊的船隻前接受登記。爭先恐後的水手們搶著登記，讓書記忙得兩眼昏花。就這樣，威尼斯總算將全國一致劃入體制中。

威尼斯需要很多船，而且是多多益善，在貝特的作戰構想中，至少還短缺四十艘。船隻打造好了之後，也還得有划槳手、船員和戰鬥士兵，如此才能發揮船隻的作戰力。戰鬥士兵和水手不同，不須諳水性，因此可以用傭兵。當時義大利各地戰事不斷，英國、法國、日耳曼等地前來應徵的人不少。徵傭兵，有錢就能辦事，更何況他們知道威尼斯很富有，也不在乎什麼封鎖網，許多職業士兵因此從各地潛入威尼斯，所謂「有錢一切好辦事」，真是說得一點也沒錯！

威尼斯政府開始著手調查貴族和富豪階級的資產，利用政府公債的強制配額籌措資金。但是光靠這些還是達不到目標，所以也開始進行一般勸募。威尼斯政府宣稱，捐獻金額最多的前三十名，國家將賜與擔任共和國國會議員以及貴族的身份；外國人捐款則可立即獲得威尼斯的市民權。以往要獲得市民權，至少要住到第二十五個年頭才可能得到認可。

威尼斯政府的這項呼籲獲得了廣大回響，有人單純只是為國家大局著想，有些則是基於各種盤算，許多人紛紛表示要捐款。我們可以試舉幾個例子：

巴特洛梅歐．帕魯塔——捐出兩艘槳帆船、四十名弩弓手與一百二十名划槳手一個月所需費用。另外還提供十名自費士兵，他的兩名胞弟和一名外甥自費從軍。

馬可．奇科尼亞——提供兩隊自費士兵。

法蘭契斯科．美佐——率領整個家族投身軍務直到戰爭結束，一切開銷由他負擔，並捐贈十名弩弓手兩個月所需經費，及一千達卡特的金幣。

貝納狄諾．戈索尼——捐贈兩百達卡特金幣作為戰死、受傷或被俘者家族分配之用，並負擔最高司令官旗艦上的所有弩弓手一個月的薪水，以及購買面額等於二十五艘槳帆船上所有弩弓手十五天薪水的政府公債。

以上這些都是大筆捐款，還有一些是窩心型的付出。兩名畫家，皮耶特洛和法蘭契司基諾，從五月開始在帕歐洛．摩洛西尼麾下的槳帆船上不支薪擔任軍務，直到戰爭結束。其他採取類似捐贈方式的人也不少，被敵軍奪走家園、身無分文的吉奧佳男子自願將自己的身體「捐獻」給國家，並且獲得了肯定。當然，女性同胞也不分貧富貴賤，紛紛將自己的首飾，尤其是金銀製的，貢獻出來。

在全國的努力下，共有三十四艘槳帆船參加戰線，加上已有戰力的船隻，總共超過六十艘，數量上優於熱那亞，但內容實在不可相提並論。

船上欠缺的划槳手無法從達爾馬提亞、希臘，或克里特募集，而熟練的威尼斯船員又必須負責船隻的操控和升降風帆的作業，於是這項工作便落到了威尼斯市民的身上。

不過，這些平常不是街頭的店主，就是工人的一般市民，完全沒有受過槳帆船划槳手的訓練。要讓這些頂多拿過行駛運河上的小船船槳的人，能在短期間內上陣，當然得先接受特別訓練才行。

貝特耐著性子開始特訓這批平民。船隻來回於威尼斯的斯吉亞渥尼碼頭和麗都港之間的直線距離，每艘船上都有自貝特以下的司令官在一旁教導槳的握法，以及跟隨號令轉換方向時操縱槳的方法等。元首孔塔里尼這位掛名的威尼斯海軍最高司令官，也每天到斯吉亞渥尼碼頭慰問每一位汗流浹背的特訓人員。

當威尼斯全國逐漸在精神上趨向團結一致時，貝特腦子裡的作戰計畫也漸次成形。不過，這個戰術實在是過於大膽，萬一失敗的話，威尼斯恐會有亡國之虞。貝特謹慎而耐心地等候時機成熟。

全面封鎖的情形過了快四個月，海上之都威尼斯送走了夏天、秋天，時序從亞德里亞海上吹來含著鹽味的寒冷空氣，眼看嚴冬就要來臨。

卡羅．詹諾這些日子裡都在做什麼呢？他和他的艦隊已經有八個月音訊全無了。在這段期間，這個浪蕩子雖說是受命，但還真是為所欲為。

他接到的任務是在第勒尼安海設下羅網，攻擊從熱那亞出發前往各地的商船，以牽制熱那亞海軍，使他們無法離開該海域。

任務非常完滿達成。一看見白底紅十字旗幟的熱那亞船，卡羅也不管是商船還是軍船，立刻進行攻擊。擄人、搶奪商品，損傷嚴重的船隻毫不留情當場焚毀。如此在熱那亞與西西里之間來回兩趟之後，接著又出沒在科西加和薩丁尼亞的島嶼間，這回同樣是搶個徹底，熱那亞商船無不陷入恐慌，甚至不願離開本國的港口。

原本卡羅的任務應該重複這種行徑，但是他認為他在第勒尼安海上的任務已經達成，所以不等祖國指示，便擅自移動到任務以外的海域，專注在東地中海從事海盜式的行為，所以才會讓敵人的援軍在吉奧佳淪陷前趕到，也才會不曉得波拉海戰失敗和威尼斯遭封鎖一事。

一開始，他先開拔到暌違已久的特內達斯島看看。在守備軍的歡呼聲中，他指示整建要塞，傳授如何攻擊通過外海的熱那亞船隻，接著轉往君士坦丁堡襲擊培拉的熱那亞居留區，焚毀停靠在港中的熱那亞商船等，把這個熱那亞首要的海外基地徹底大鬧了一番。之後繼續南下，以特內達斯和克里特為根據地，在愛琴海到貝魯特（Beirut）一帶盡情肆虐。對他而言，根據地除了補給的功能外，另一層意義是可以用來處置無法全數帶在船上的戰利品以及俘虜——商品分別裝在幾艘船上運到當地銷售，人員則交付當地留置看緊。

卡羅接到祖國要他立即回國的命令，便是透過將掠奪品運回克里特的船隻所得知。按理說，他應該立即率領十一艘槳帆船趕回祖國，祖國盼他回來，可說是一日如隔三秋。但就在這時，卡羅從在羅德斯臥底的部下那裡得到了寶貴的情報。

情報顯示，羅德斯的港口中，正停靠著地中海區域、同時也是當時世界上最大的帆船——貨物總值達五十萬達卡特的熱那亞商船「里吉紐尼」號。即使是富裕之國威尼斯，資產總額能在五十萬達卡特以上的富豪，也只找得到一位，更何況船上三百名乘客當中有一百六十名是商人，光是想像能從這一百六十名商人身上取得的贖款，就叫人夠興奮的了。即使是法蘭西斯·德雷克（Francis Drake，編按：英國伊麗莎白時代著名的航海家，所搭乘的船隻名為「金鹿號」）也禁不起這種誘惑吧。卡羅決定置國家的召喚於不顧，不，應該說等他做完這件正事後再去理會。

在羅德斯的外海，他先下令由三艘槳帆船打頭陣。在進入港口後，三艘槳帆船立刻展開攻勢，但是大帆船不為所動。卡羅率領的主艦隊此時從海角後方出現，他不直接攻擊大帆船，而是搶占其他停靠在港口中的帆船，然後從這些帆船的桅杆上朝著大帆船猛射火箭。由於這些圓形帆船的船身比槳帆船來得高，桅杆上的瞭望臺自然也比槳帆船上的瞭望臺高出許多，從上往下攻，本來就比由下往上攻來得有利，不敵的熱那亞帆船只得投降。

威尼斯人對於掠奪品一向是從中抽取一部份作為獎金，而不是全部交由船員私下瓜分。這次出擊，每個船員光是「獎金」就可領到二十達卡特，弩弓手則更多，每人四十達卡特。回到克里特後，卡羅船隊開始準備船隻，為踏上遙遠的歸國路作準備，更是為了迎戰熱那亞海軍。迨一切就序後，就等歸國的日子了。

情形轉到威尼斯本國這邊。貝特見時機成熟，一聲令下，展開了大反攻。十二月二十二日黎明，船一艘接著一艘靜悄悄地駛離聖馬可和斯吉亞渥尼碼頭。槳帆船拖著裝滿石頭的船隻，小船上載滿了武裝部隊，比薩尼和元首安得烈．孔塔里尼也登上了旗艦。

黑夜，平常船隻與船隻之間著火把保持距離的慣例，這時為了不讓敵人察覺，當晚威尼斯軍改用白布。船隊在熟稔的潟湖中前進著，大船選擇水深的水路，小船走較淺的水路。

一行人經過馬拉摩可的運河通到外海後，沿著佩雷斯特里那來到吉奧佳附近，船隊在此分為兩隊。第一隊是牽引著裝滿石頭船隻的槳帆船隊，第二隊則是以登陸艇為主的船隊。前者通過佩雷斯特里那的運河，繞回潟湖，後者則是由海上溯河川而上，將船隻停在吉奧佳南端，開始登陸。此時天色開始泛白。

貝特是打算利用吉奧佳突出於潟湖中的地形，將南北兩部份同時切斷，使其孤立。如果成功的話，原本被包圍的威尼斯，將會反過來封鎖熱那亞軍。

從南方登陸的威尼斯軍隊遭到熱那亞部隊的頑強抵抗，不得不撤退。不過，這是作戰的安排。為了讓北邊的港口封鎖作業不受騷擾，所以故意在南方引起敵軍注意的策略。裝滿石頭的船隻順利地沉在吉奧佳港的出口，往大海的出口用大船，往潟湖的出口用小船，好幾艘船就這樣沉在海中，等熱那亞人察覺趕到時，這座海上「障礙」已經大致完成。熱那亞艦隊被封鎖在港口內，想動也動不了。

熱那亞軍立即警覺到事態的嚴重性，抵抗也愈來愈激烈。他們驅船到海上「障礙」附近，想要除掉這道障礙。無奈威尼斯軍隊在前方進行阻撓，兩軍展開大戰。倉促成軍的威尼斯水手不諳海戰，眼見自己同胞一個個死於敵人的飛箭下，口口聲聲嚷著要撤退。老元首大聲斥道，除非自己戰死，要不就是熱那亞軍投降，否則絕不離開。水手們不敵老元首的氣勢，才又再次拿起槳來。

拉鋸戰持續進行著，即使在間雜的停歇片刻，威尼斯軍也沒有停止巡邏。由於南邊尚未完全封鎖，熱那亞陣營的鬥志在帕多瓦援軍加入後，氣勢始終不墜。威尼斯軍隊來回於潟湖中，採取車輪戰法，自貝特以下的威尼斯貴族軍官全部留在船上，只靠著小船發揮補給的功用。在熱那亞船隻無法侵入的潟湖中，沒有比小船更能在退潮時來去自如的了。

十天後，一三八〇年一月一日，久違了的卡羅．詹諾艦隊終於歸國。原本只有十一艘的槳帆船增加到十八艘，另外還拖曳著熱那亞的大帆船「里吉紐尼」號。這不僅增加了戰力，在精神上也是莫大的鼓舞。

卡羅一回來馬上就被派到戰況最激烈的吉奧佳南方——如果不能成功封鎖這一帶，就無法斷絕從帕多瓦河送過來的補給，全面封鎖將會出現漏洞。只是，威尼斯對這個區域愈勢在必得，熱那亞就愈抵死不從，戰況遲遲沒有進展。這邊是陸地戰，戰線上多是外國的傭兵，統率英國和義大利其他地區的士兵正好是卡羅的專長。也不知道是否因為他年輕時的經歷，還是此時已屆四十五歲的他與生俱來的大膽與勇敢，深深吸引了這些歷經久戰的勇者們。總之，在艱困的戰鬥中善用傭兵這項極困難的任務，最後也成了威尼斯的重大收穫。

在這場「吉奧佳戰役」中，安置在船上的大砲首度登場。使用的火藥是拜占庭帝國著名的「希臘火」。西歐自一三〇〇年代初期起就開始利用它的爆發力擊出砲彈。當然，當時的砲彈指的是石彈。吉奧佳戰役是歷史上第一次將大砲裝在船尾艦橋上的例子。

此時的大砲命中率仍然很低，甚至不及弩弓手射的飛箭恐怖。不過直徑二十到三十公分的石彈仍是在擊潰城牆時發揮了功用，熱那亞軍司令官皮耶特洛·多利亞就是讓石彈擊垮的高塔給壓死的。

四月時，三十九艘一月底從熱那亞出發的槳帆船艦隊來到威尼斯外海展開挑釁，似乎準備以海戰來個一次了結。

威尼斯軍隊中，同樣有不少人因為不耐久戰，想要一鼓作氣定勝負，多數人一致主張接受挑戰，但是遭到貝特以封鎖戰與海戰不能同時進行為由，堅定否決了。元首孔塔里尼和卡羅也都贊同貝特的看法。熱那亞艦隊眼見挑釁不成，只好暫時退到達爾馬提亞港口。原因很簡單：

襲擊威尼斯的唯一路線，也就是經麗都港到潟湖這一段水深十公尺的水路，沿岸都是威尼斯的要塞，熱那亞想要突破幾乎不可能，所以只好撤退。

但是，艦隊的撤退對於被包圍的熱那亞人而言，卻像是已經到手的救命繩又斷了般，令他們絕望不已。威尼斯軍隊的封鎖圈愈來愈小，終致港內與陸地的熱那亞防衛軍一分為二。別說火藥不足，糧食的欠缺也讓熱那亞兵的防衛動作遲緩，連好不容易才從帕多瓦送來的軍糧也被威尼斯趁機奪走，平白肥了威尼斯軍隊。

熱那亞軍此時使出最後絕招，想要買通敵軍來獲取糧食。當然，他們看準的對象絕不是威尼斯人，而是那些外國傭兵。這招伎倆果然奏效，但是卻被威尼斯士兵察覺，引發騷動，幾乎形成威尼斯士兵與傭兵之間的武力衝突。幸好卡羅出面解決，一切才平安度過。傭兵們在卡羅的遊說下，改變了心意。

失去最後一線希望的吉奧佳熱那亞軍，終於於一三八〇年六月二十四日無條件投降，記錄中寫道當時情景「模樣悲慘，衣衫襤褸」；當天熱那亞遭虜的人數有四千一百七十人，槳帆船十四艘，再加上兩百名的帕多瓦士兵。威尼斯人從剛開始被包圍的四個月，加上後來雖然轉為封鎖，但日子一樣艱辛的六個月，共計熬過了十個月的艱苦歲月。

但是，戰爭並沒有完全結束。亞德里亞海上還留有三十九艘熱那亞艦隊，只要他們還完好無缺，亞德里亞海的制海權就不是威尼斯的。貝特重新獲封為威尼斯海軍最高司令官，還來不及恢復吉奧佳之戰的疲憊，馬上就又出陣迎戰熱那亞艦隊，這回擔任副座的是卡羅·詹諾。

威尼斯艦隊旗開得勝，但是貝特在海戰中所受的傷卻在此時惡化，緊急被移往戰場附近南義大利的曼夫勒多尼(Manfredonia)港，但仍不治死於當地，時值八月十三日，距離吉奧佳之役結束不到兩個月，享年五十六歲。

卡羅接下貝特的任務，繼續督導海戰。過不了多久，亞德里亞海的制海權便完全重回威尼斯之手，威尼斯也以吉奧佳戰爭的勝利與亞德里亞海制海權的恢復作為籌碼，開始進行推動和談的檯面下動作。

首先，威尼斯透過派駐米蘭的威尼斯大使柯納羅，成功遊說對熱那亞擁有極大影響力的米蘭公爵加雷亞佐·維斯康提(Gian Galeazzo Visconti)。先前曾經提過，他為了實現對中義大利的野心，正在找尋各種可以向威尼斯討人情的機會，避免威尼斯屆時反對。但此時如果動作太明顯，恐怕會刺激到熱那亞內部的反米蘭勢力，和談的正式提倡者最後於是請來了跟威尼斯、熱那亞以及米蘭都無直接利害關係的薩伏衣伯爵阿瑪狄奧六世(Amedeo VI di Savoia)出面擔任。薩伏衣伯爵與法國國王一向友好，十字軍精神也較義大利各國來得強，諸如「兩個具有代表性的海事國家互爭，將不利於對抗異教徒的大業」之類的大義勸說從他口中說來，最具說服力。

一年後，一三八一年八月，威尼斯與熱那亞之間的和談成立，同時參與的還有匈牙利國王、帕多瓦的僭主卡拉拉以及奧地利公爵。加入奧地利公爵是威尼斯的策略，因為威尼斯本土除了是來自日耳曼、法國的商品進入威尼斯的管道外，同時也是匯集威尼斯的東方物產輸送到各國的重要陸路。對威尼斯而言，這是塊非常重要的地區，千萬不能被卡拉拉占領。在自己的能力無法占領的認知下，選擇讓友邦奧地利領有以防卡拉拉的野心併吞就成了威尼斯的計策。而這項策略也成功了。

在這場名為「杜林和議（Pace di Torino）」的和談會議中，決定了下列事項：

一、特內達斯島今後歸薩伏衣管轄，不得繼續從事要塞守防，熱那亞船隻得自由停靠。
二、黑海沿岸地區塔納的貿易在往後的兩年間，熱那亞與威尼斯將享有完全平等的權利。
三、威尼斯承認熱那亞在塞浦勒斯島上享有政治特權。
四、特列維索歸奧地利公爵所有。
五、威尼斯正式承認匈牙利國王統領達爾馬提亞地區，每年支付匈牙利國王年貢，以換取當地港口的使用權。

對於這次和談，許多歷史學家都給了以下評價：造成兩個海洋共和國之間對立的癥結並沒有打開，情形依舊和開戰前一樣。對於這句話，我完全贊同；只是學者們又說，威尼斯贏了戰鬥卻輸了戰爭。這一點我就無法苟同了。我認為，吉奧佳戰役的勝利不是沒有意義的。

事實上，威尼斯國民的團結力量，比起當時其他國家，尤其是死對頭熱那亞，不知要強上多少倍，既沒有內鬨，也沒有政情不穩的困擾。皮耶托．格拉狄尼哥在一個世紀前著手的政體改革，中間雖曾遭遇過多次危機，但政體實質上並沒有受到動搖，根本的政治原理依舊完好。不過，當時國內各階層的不滿情緒確實沒有完全消失，以往威尼斯不曾有過為了逃稅而將資金外移的情形，便出現在第三次和第四次熱那亞對威尼斯戰爭之間的休戰期。

平民，尤其是船員之間對於貴族領導能力的不滿，已到了一觸即發的地步。第三次戰役時，威尼斯國內的不滿情緒更是一度讓戰爭往不利的方向發展。但若對照於同一時期，周遭的熱那亞有西蒙．波卡內格拉領導的平民政權短期執政；佛羅倫斯也正值象徵無產階級崛起的著名的瓊比之亂正盛時，唯獨威尼斯能夠免於將能量耗在無用的社會變動，有效地運用社會各階級的能力增強國力。這主要得歸功於：格拉狄尼哥在十三世紀到十四世紀之間為威尼斯社會量身訂做的基本方向。經過吉奧佳之戰的勝利後，這個基本方向更得到了進一步的落實。

戰爭是非常悲慘的事，但它也有一項積極的意義，那就是讓個人的欲望單純化。以往個人心中的不滿，在經過這場戰爭之後消失無蹤。元首孔塔里尼便曾對封鎖中糧食不足的人民這麼說：

「到貴族家去！他們會將僅有的麵包分一半給你們！」

事實上，貴族們也真的這麼做了。

威尼斯政府在號召募捐時，答應要給三十名捐獻最多的人終生享有共和國國會議員席次和貴族身份，以及給外國人市民權以慰其勞的承諾，這一切都兌現了。對於竭盡所能為國貢獻者，政府除了保障遺族權益和優惠傷者之外，還決定每年從國庫支出五千達卡特，作為不幸者重生的基金。貴族們克盡自己的義務。老元首身先士卒，之後的貝特、卡羅以及他們率領的貴族們，也都留在最前線，而同一群人也正是因購買鉅額政府公債而在經濟上遭受重創的人。

簡言之，威尼斯從第四次熱那亞對威尼斯戰役中所獲得的，只有全國意見的統一而已。不過，這卻也成了日後威尼斯在面臨重新站穩腳步時，最重要的「戰果」。

「杜林和議」締結後，當時所有人，包括威尼斯和熱那亞人在內，沒有人會相信兩個海事國家之間的決鬥已經結束。畢竟，造成兩國針鋒相對的原因，一個也沒有解決。無論是軍事上或經濟上，兩國仍舊保有原先的對等立場。就像第一次停戰被打破，第二次被打破，接著是第三次，第四次總有一天也會面臨有一方出兵的危機，兩國因此都沒忘記未雨綢繆。統治能力優於熱那亞的威尼斯，只要情況對自己有利，運用起來當然也就更迅速、徹底。

「杜林和議」之後的三十年，對威尼斯來說是個豐碩的年代。與威尼斯有極大利害關係的國家逐一發生問題。當然，威尼斯並沒有錯失這個良機。

威尼斯船隻為了停靠港口，每年由威尼斯政府繳交年貢給匈牙利王。但匈牙利王得意的神色也沒有持續太久，因為他與姻親那不勒斯王之間起了爭執。雙方對於那不勒斯王位之爭，使得他無暇統治亞德里亞海東岸的匈牙利屬地，海盜因此伺機而動。當地居民飽受匈牙利王的暴政和海盜襲擊所苦，紛紛希望回歸威尼斯人的統治，但是沒有立即為威尼斯所接受。一直到威尼斯當局確定當地居民的心意不改，以及研判若他們與匈牙利王發生戰爭，熱那亞人不會介入之後，這才接受了達爾馬提亞地區居民的請求。這是一四〇九年的事，威尼斯花了三十年的光陰，統轄三百年的達爾馬提亞才終於失而復得。

威尼斯之所以如此慎重其事，其實是有道理的。因為威尼斯人才剛利用那不勒斯王國內鬥之際，成功取下控制亞德里亞海出口的重要戰略地點科爾夫。這是在一三八六年，威尼斯從那不勒斯一位王位繼承人那裡買來的，之後便開始建築要塞，由於建造的非常徹底，一直到現在希臘海軍還在使用。

陸上方面，威尼斯逐一消滅敵人的方針依然沒變。

一三八七年，威尼斯與米蘭、帕多瓦聯盟，共同推翻了維洛納 (Verona) 僭主安東尼奧 (Antonio della Scalla)。隔年，威尼斯與米蘭的聯軍又打敗帕多瓦的僭主法蘭契斯科。一四〇二年，雖說當初是出於威尼斯不得已的請求，但實力稍嫌雄厚，實在有點礙事的米蘭公爵加雷亞佐去世。沒過多久，維洛納和帕多瓦被納入威尼斯統治。包括奧地利公爵所統領的特列維索，也在此時變成威尼斯的屬地。

亞德里亞海不僅再次恢復自由安全的航行。陸路方面，從西歐來的商人也不用擔心有人從中攔阻。守護亞德里亞海出口的最佳地點科爾夫，現在歸威尼斯所有；東地中海地區伯羅奔尼撒半島前端，號稱「威尼斯共和國雙眼」的莫頓和科隆基地，則負責代威尼斯控制周邊海域。內格羅龐特那就不用提了，連克里特也是在威尼斯牢牢的掌控下。

威尼斯政府又設法將法國人在第四次十字軍東征時獲得的城鎮逐一買下。雷龐多、帕特拉斯、亞各斯、諾普利亞、雅典，以及愛琴海諸島，這些都是法國人因為害怕土耳其人攻來，在「與其屆時被奪走，不如先賣掉」的心態下，賣給威尼斯政府的。當然，賣方必須接受售價大幅被砍的命運，因為買方威尼斯並不是基於絕對必要，只是考慮到萬一被熱那亞取得的話，情況可能不太妙，所以才買下來的。

十五世紀前半，威尼斯再次，不，應該說是第三度迎接全盛時代。他們與東方的通商貿易在毫無阻撓的情況下順利進行：君士坦丁堡的市場繁華如昔，土耳其這個新興國家也在一四〇二年大敗給帖木兒後變得溫馴多了。這是個讓威尼斯商人安心經商的時代，而他們也充份利用了這個好運。

同樣的三十年間，熱那亞又是如何度過的呢？

在吉奧佳戰敗後的五年內，熱那亞經歷了更換十名元首的政局動盪期，接著是法國國王統治，如果連同稍後短暫的獨立和米蘭公爵的統治也算入，那麼直到一五二八年為止，這種局勢一共持續了一百三十年。接著又是將近三個世紀西班牙王國屬地的日子，直到被義大利統一為止。換言之，在這段期間內，只有威尼斯始終維持獨立國的形態。

不過，熱那亞的一切活動並沒有在吉奧佳戰敗後立即停止。如同一一三一年西西里王占領阿馬爾菲時，阿馬爾菲商人同樣活躍海外，以及一二八四年麥洛里亞海戰失利的比薩人，其商業實力在稍後同樣不容忽視一般，熱那亞的每個個體仍舊在地中海貿易中扮演著重要角色。黑海沿岸的熱那亞基地卡法、君士坦丁堡的居留區培拉，繁榮一如往常。熱那亞人最大的特色，也就是船員的天賦，更是在一個世紀後締造了一位英雄人物——哥倫布。

這位家喻戶曉的大航海家，相信應該不須多加介紹了。然而，當他在西班牙嘆道：「吾人身在此地，心繫祖國」時，他的祖國卻是在法國國王的統治下，不再是個獨立國。再來看看當時成功經營殖民地科西加，實力雄厚堪稱跨國企業的「聖喬治銀行」，當我們問到它對祖國熱那亞做了什麼貢獻時，答案也同樣令人納悶。

最能說明熱那亞實情的，應當是雷龐多海戰時的參戰方式。在這個爆發於一五七一年的土耳其對抗基督教國家同盟的大戰中，相較於威尼斯以國家的身份參戰，提供基督教聯軍將近半數的戰力，熱那亞卻只有鎮守右翼的艦隊司令喬凡尼．多利亞(Giovanni Andrea Doria)以個人的名義加入而已。獨立的海事國家熱那亞在十四世紀末已經銷聲匿跡，當初四個地中海的海洋共和國，現在只剩下了威尼斯。

持續一百二十年以上的威尼斯與熱那亞的長期爭鬥，讓我想起東西橫綱（編按：日本相撲選手中最高的位階）你來我往的精彩相撲大賽。只不過，在第四次戰役時，東邊的橫綱力士已經站上土俵（編按：相撲比賽場），西邊的橫綱卻還不見蹤影，威尼斯因此不戰而勝。但不管取勝的方法為何，勝利的果實都是一樣的甜美，所以威尼斯能夠重新站起，但熱那亞卻已欲振乏力。

每個國家都會有一次全盛期，卻鮮少有國家能夠擁有多次全盛期。一次的全盛是因為因緣際會，重複多次卻是有意識的努力換來的成果。威尼斯史的權威約翰·霍普金斯大學雷恩教授曾經下了這樣的結論：

威尼斯與熱那亞的長期對立，最後威尼斯的勝利並非來自海軍的力量或是海戰技術。因為，威尼斯自從一二七〇年以後，在這些方面就已經失去優勢。決定勝利的因素，是兩國在其他方面的差異。換言之，就是組織社會的能力。威尼斯人與熱那亞人在這種能力上，有著極大的落差。

這實在是個稀鬆平常的結論，就像日本也有毛利三支弓箭（編按：相當於中國父親要兄弟折筷子的寓言故事）的比喻。

只是，這裡所謂的稀鬆平常到底指的是什麼意思？永遠的真理，往往不都是稀鬆平常的事情嗎？就好比耶穌稀鬆平常的教誨對不信基督教的人而言，仍然充滿了許多真理一般。

第七章

威尼斯的女性

別看威尼斯的女性無緣當上第一版和第二版的要角，她們在「家庭版」中可是不折不扣的主角呢！

十二年前，也就是一九六八年的春天，喬治．齊尼財團在威尼斯主辦「十五世紀前威尼斯與東地中海的關係」國際學會時，我正準備下筆寫《文藝復興時期的女人》中的最後一人，也就是威尼斯貴族之女、後來成為塞浦勒斯王妃的卡特琳娜．柯納羅 (Caterina Cornaro)，心想這是個好機會，於是前往聽講。當天在場的只有我一位日本人。

記得好像是最後一天的綜合討論會上，有位法國女學者用下列文字，作為所發表的威尼斯共和國第一夫人社會地位研究之結語：

「與同時代的其他國家相比，威尼斯沒有出一位具有政治影響力的女人。同樣身為女人，我實在是覺得很遺憾。」

會場立即有人起鬨：

「所以威尼斯的政體才得以保持健全呀！」

當日坐滿了雷恩、羅培茲等中世紀史世界權威的會場，立即爆出一陣笑聲。這些笑聲與其說是針對這名法國女學者，毋寧是對插嘴的那個人的贊同。雖然已經時隔了那麼久，我仍然確信是如此。

我那時剛寫完令男人汗顏的活躍女性，正在苦惱該如何切入與之前人物完全不同典型的女性角色：作風與同時代的伊莎貝拉．德斯特 (Isabella d'Este) 和凱特琳．斯福爾札 (Caterina Sforza) 迥異，徒有一國女王身份的大好機會，但卻任由祖國威尼斯政府操控的女子。那位觀眾話中的隱意，其實也正好給了我一個深思的角度。

撇開在現代仍屬少數的男女平等的民主國家，女性能夠在政治上發揮影響力的例子，在人類長久的歷史上，能見到的只有兩種。一種是像埃及艷后或伊麗莎白之流，自己站在權力頂峰；一種則是作為站在權力頂峰的男人身旁的妻子或情人。後者用簡單的話形容就是後宮政治。

這種歷史現象只在君主制度下發生嗎？不然。因為有不少情況，外觀雖是共和制，權力卻集中在一個人身上，像是佛羅倫斯、熱那亞、錫耶那 (Siena) 和盧卡 (Lucca) 等號稱共和國的國家，處在僭主制下的時期就比較長，所以與其用君主制或是共和制區分，倒不如用有沒有發生過暗殺單一權力者的事件為判別。例如，著名的帕齊 (Pazzi) 家族陰謀所策動的謀殺對象就不是佛羅倫斯共和國的元首，而是梅迪奇家族「高貴的」洛倫佐 (Lorenzo il Magnifico)。不過這類事件在威尼斯卻一次也沒發生過。

十六世紀初期，威尼斯共和國的「十人委員會」曾經極機密地要求某職業殺手提供暗殺報價單。在這張提報到「十人委員會」的報價單上，詳細列載了暗殺土耳其蘇丹，以及西歐要人每一位所需的費用與報酬。

既然是威尼斯政府要求提報，「報價單」上當然不會有威尼斯要人的名字。不過，如果其他國家也要求殺手提供類似的東西時，當然也不會漏掉當時的大國威尼斯。但問題是，他們該把暗殺的目標設定在哪一位威尼斯政府要員的身上呢？暗殺權力人士，用意是預期除掉那個人之後，可以使該國的政治轉向。然而，威尼斯共和國的政體卻是跨中世紀、文藝復興到近代，無論國內外，都沒有任何人可能預測出目標人選的一種設計。

元首從被選出到逝世為止，可以一直保有他的地位，並享有在本國人民，或是外國君主面前代表威尼斯共和國的權威，一如他的官銜賜予他的。但這樣的元首，如果不能獲得每六個月更動一次的六名元首輔佐官半數以上的贊同，其實是一項議案也無法提出。

從議案提出到通過的整個過程，元首唯一能夠發揮影響力的機會只有利用議場中的演說，而且也的確有許多例子顯示元首富說服力的演說左右了整個會場。但是別忘了，元首跟其他委員一樣只有一票。在共和國國會裡是兩千票中的一票；在元老院決議時，是兩百票中的一票；就連最機密的決議場合「十人委員會」，也不過是十七票中的一票。元首的意志，份量僅止於此。

元首，唯一的終身職，權力都受到這等限制了，其他像是每半年或一年的任期屆滿後，就必須休息一段等長時間，才能再選的各委員會之委員們，當然更不可能從體制中找到集權的機會。最有權力的「十人委員會」任期只有一年，三名委員長更是每個月輪換。若是遇到極其重大的議題時，原本由十名委員和元首、六名元首輔佐官組成的「十人委員會」一共十七人的常態組織，還會特別從元老院中選出二十名議員，共計三十七人參與討論，以期慎重其事。

在這樣組織的國家裡，政治暗殺完全喪失意義，因為不論殺了誰，都不會有太大效果。要想改變威尼斯的政治方向，除非能將共和國國會的所有議員，也就是擔任政治的所有威尼斯貴族全數殺掉，否則陰謀就不算竟全功。這也是為何政治暗殺儘管在其他國家經常可見，但是在極力避免權力集中於單一個人的威尼斯共和國中，卻一次也沒發生過。

走在威尼斯街頭，沒有人需要護衛或保鏢；元首身旁的儀仗隊伍也是為了襯出尊貴感，裝飾的意味其實遠甚今日帝王的儀隊。威尼斯當然也有警察，但負責的是維持日常生活的治安，像是戒嚴等嚴重的事態，通常是交由國營造船廠的員工負責警備。這是一個唯一不曾在國內駐紮軍隊的國家——人民不許攜帶武器，沒道理政府就可以例外，再說，也沒那個必要。不論地位高低，人人均可毫無防備地走在大街上，威尼斯就是這麼特殊。

在這種情況下，女人要如何發揮她們的政治影響力呢？在威尼斯國內當然不可能，除非是到國外去。可是，四名已經身在國外，也擁有機會的威尼斯女子中，卻沒有一位有像引起聖巴托羅繆節屠殺（St. Bartholomew's Day Massacre，編按：發生於法國一五七二年八月二十四日的新教徒屠殺事件）的佛羅倫斯女子凱特琳．梅迪奇 (Caterina de Medici)，同時也是法國歷代風評最糟的王妃一樣的作為。是否因為數百年來一直沒有她們出場的舞臺，所以一旦能發揮政治影響力的機會突然眷顧，想都沒想到可以藉此表現一番呢？事實上，威尼斯的男人也不喜歡自己的女人參與政治。這裡就有幾個好例子。

一四六四年，威尼斯貴族之一的巴爾波 (Barbo) 家族中有人被選為教皇，登基為保羅二世，這是威尼斯人第一次擔任教皇。新教皇有個妹妹叫伊麗莎白塔 (Elisabetta Barbo)，嫁給了同為威尼斯名門的詹諾家族。

伊麗莎白塔由於兄長的地位，變得對政治謀略非常熱衷。威尼斯向來規定只要家中有人出任教皇，在他在世的日子裡，家人即使獲選為元老院的議員，也不得擔任其他重要委員會的委員。像這麼重視政治自主性的威尼斯，當然是不歡迎伊麗莎白塔的行徑。只是，公然與教廷為敵並非政治上的明智之舉，加上這時還有自十年前攻下君士坦丁堡後，勢力便日益強大的土耳其要對付，所以縱使心中不悅，威尼斯政府對於伊麗莎白塔的誇張行為始終沒有徹底解決的辦法。

不過一等到一四七二年，教皇保羅二世去世，「十人委員會」立即就將伊麗莎白塔放逐到伊斯特利亞。幾年之後，伊麗莎白塔總算從無聊的鄉下生活解放出來，但卻仍然擺脫不了被放逐海外的命運。伊麗莎白塔後來到了羅馬，一直到她去世，威尼斯政府都沒有給她再看威尼斯一眼的機會。

從中我們不難理解，為什麼幾乎同一時期的卡特琳娜如此順從了。這位以威尼斯共和國養女名義與塞浦勒斯王結成政治婚姻的女性，在塞浦勒斯王死後，唯一的兒子也先她早夭，順理成章成了塞浦勒斯的女王。但面對如此好的舞臺，她的決定竟然是遵照威尼斯政府的意旨，將塞浦勒斯拱手讓給祖國。當我寫到這裡，一方面既對威尼斯外交手腕之高咋舌，一方面也不禁聯想，要是換做伊莎貝拉．德斯特或凱特琳．斯福爾札時，是否也會這麼任由祖國擺布呢？

十六世紀有個女子比安卡．卡裴洛 (Bianca Cappello)，是興起於佛羅倫斯共和國原址的托斯卡那大公國 (Granducato di Toscana) 第二代大公的王妃。關於她的故事，我之前在《愛的年代記》中已經提過，此時不再重複。以托斯卡那大公法蘭契斯科·梅迪奇（Francesco I de' Medici）對她萬般寵愛的程度，如果有心，想必是怎麼指使大公都可以，然而她在大公夫人這個舞臺上所揮灑的，充其量卻只有服裝和女人特有的小心眼而已。

這也使我想起了十三世紀匈牙利王妃托瑪席娜·摩洛西尼（Tomasina Morosini），她在政治方面同樣也是很安份，這似乎成了威尼斯女性的共通個性。這三位女子都是威尼斯共和國的養女，換句話說，就是以相當於一國公主的身份嫁給他國國王的女子。

不過，倒是有個有趣的女子，名叫雀契莉雅·巴荷（Cecilia Baffo）。

雀契莉雅跟前面三名女子相同，身上流著威尼斯貴族的血液，只是她不像她們是嫡出，也不是以共和國養女的身份嫁作他國王妃。她跟另外三位最大的差異在於她出嫁的國家不是基督教，而是伊斯蘭國家，而且還是威尼斯的宿敵土耳其。沒錯，她嫁給了土耳其的蘇丹當王妃。

雀契莉雅十二歲的時候，陪著父親在愛琴海航行，當時她們乘坐的船隻遭到土耳其海盜的襲擊。一般來說，凡被土耳其海盜俘虜的基督徒都會被當成奴隸銷售，男人被鎖上鐵鏈，做槳帆船的划槳手；女人要不當妾，要不就是做傭人。但是這一次，海盜頭目卻決定留下美麗的少女雀契莉雅，不把她拿到君士坦丁堡的奴隸市場上賣，而是獻給蘇丹的繼承人沙林姆（Selim）王子。雀契莉雅之後改信伊斯蘭，名字也換成土耳其味十足的奴爾·巴努（Nûr Bânû），在沙林姆王子的後宮一待就是二十九年，並在這段期間產下了皇子。當時世界正是土耳其帝國最具攻擊性，給西歐帶來極大威脅的時代。她所產下的皇子，也就是偉大的蘇丹蘇里曼大帝的長孫。

威尼斯政府似乎很早就知道雀契莉雅的事情。一五三八年，在她成為奴隸的一年後，威尼斯的元老院就把證書送達土耳其皇宮，證明雀契莉雅．巴荷是威尼斯貴族之女。

一五六六年，蘇里曼大帝逝世，沙林姆就任蘇丹，這表示雀契莉雅終於可以做些事情了。在君主專制國家中，繼承者的地位遠比人們想像中低落，生死全操在君主一念之間。換言之，即使貴為太子之母、繼承者的王妃，立場也未必絕對安全。

繼新蘇丹沙林姆進駐君士坦丁堡後，他的後宮佳麗也跟著浩浩蕩蕩地來到托普卡珀(Topkapi)皇宮，雀契莉雅的隊伍在前領隊。她們這一行由一百五十名女官和眾多婢僕所組成的隊伍，連看慣了蘇丹寵妃氣派的君士坦丁堡民眾都不禁瞠目結舌，奢華的氣勢壓過了另外三名王妃和其他眾多妻妾的隊伍。先帝的後宮已被放逐到亞得里亞堡(Adrianople)，而即將接替這群一想到往後要過尼姑般生活便不禁嘆氣的上代妻妾們，成為後宮新女主人的人選，就正是她。新蘇丹的母后早已過世，她再也不須特別小心地伺候誰了。昔日的美少女，此時已經四十一歲。

一提到蘇丹的後宮，後世多半聯想到充滿性感美女的花園，但事實絕無如此單純。單以某個層面來說，比起基督教一夫一妻制的男女關係，蘇丹的後宮其實更像是個受實力與命運左右的殘酷世界。

四名王妃的順位基本上是依產下的皇子年齡排列，不過這只是個形式；在眾多妻妾中，有些人甚至一輩子連蘇丹的面也沒見過。不論是身為繼承者的母親或是下女，就奴隸的立場而言，人人都一樣，因為沒有法律保障，每個人的命運全憑蘇丹的心情好壞做決定。在這樣的環境裡，就算雀契莉雅貴為繼承者之母，年過四十的她眼見年輕貌美的女奴接二連三地被送進後宮，心中想必也是妒火難平吧。

後宮生活對威尼斯女子雀契莉雅來說，應該並不愜意。參觀今日托普卡珀宮後宮仿照當時布置重現的裝潢，顯然就沒有同時代威尼斯貴族的豪宅來的氣派；在牆壁貼上金箔、庭院裡種滿鬱金香，請來本土特列維索田園名家帕拉底歐 (Palladio) 負責建築工程，維洛內塞 (Veronese) 執掌壁畫的威尼斯貴族別墅之美，遠比土耳其後宮好上數倍。雖說土耳其在軍事上無庸置疑是個大帝國，但在十六世紀，西歐的文明顯然是凌駕東方；尤其是威尼斯，更是當時走在最尖端的文明國。

不過，從十二歲起就在土耳其人之間生活的雀契莉雅，對此想必早已習慣。不管托普卡珀宮殿再怎麼裝飾，終究都只是流浪民族蓋起來的住所，根本的結構和西歐的宮殿完全不同。換句話說，怎麼看都只是帳篷的變形，不像西歐觀念中的住宅。

在這裡，女性是被禁止外出的。就算偶有出門的機會，也得坐在看不見外頭、在西歐叫做波斯式，日本叫做鎧戶（譯註：百葉門）的格柵裡才能上船遊湖。如果是到大街上，則得搭乘四周厚厚圍起的轎子。

她的死對頭兼同事，全是些無聊的女人。高加索地區的女子素以貌美而特別受到寵愛，蘇丹的後宮中便有不少是來自高加索地區的女奴。

不過，土耳其至少有一件事足以傲視西歐，那就是它的珠寶飾品。不曉得是不是與他們的興趣剛好吻合，這同時也是他們從殲滅的拜占庭文明中，唯一繼承的遺產。觀看托普卡珀宮中的珠寶飾品收藏，在在展現出寶石飾品的極致之美，就連今日我們看了都不禁嘖嘖稱奇；過去後宮的佳麗們唯一不缺的想必就是寶石吧。聯繫後宮的雀契莉雅和絕不可能見到蘇丹王妃的威尼斯大使之間的媒介，靠的也正是寶石。

祕密的聯繫工作是從什麼時候開始的，史料並沒有明確記載，只知道有一名叫姬雅蕾絲的猶太女珠寶商，負責擔任威尼斯大使信差的角色。

一切的開端，或許是從小禮物，像是包在威尼斯特產的蕾絲手帕中的威尼斯杏仁甜點，或是慕拉諾(Murano)特產的黃金透花小玻璃香水瓶之類瑣碎的事情開始的。但不管送的是什麼東西，威尼斯大使和雀契莉雅之間藉著進出後宮的猶太女珠寶商的聯繫工作，在蘇丹沙林姆在世期間，竟然都沒有人察覺。

大使的目的非常明顯，為的是要了解土耳其對於在東地中海地區通商的威尼斯共和國有什麼看法。如果土耳其有意採取敵對行動，只要雀契莉雅察覺便立即通知祖國。

這時候的雀契莉雅到底能做什麼工作，實在令人懷疑。《可蘭經》嚴禁喝酒，但蘇丹沙林姆是個破戒的穆斯林，特技是把葡萄酒當成啤酒喝，根本就是酒精中毒。政務、軍務，全被他擺在一旁，甚至有人傳言他根本不是蘇里曼大帝的兒子。丈夫沉浸在佳釀美女之間，就算隨侍在權力者身旁，雀契莉雅又能如何？獨攬強大土耳其帝國大權的是從蘇里曼大帝時候就擔任宰相的長才，索科里 (Sokollu Mehmed Pasha)。

不過，雀契莉雅至少做到了蒐集情報這一點。她所送來的情報，對於用盡方法收集情報的駐君士坦丁堡的威尼斯大使而言，極其珍貴。儘管這依然無法阻止土耳其對威尼斯屬地的軍事攻勢，因為嗜酒成性的蘇丹沙林姆竟突發奇想，決定要將當時最佳的葡萄酒產地塞浦勒斯據為己有。

塞浦勒斯有一個世紀的時間屬於威尼斯。關於攻擊塞浦勒斯的決定，宰相其實也反對，無奈蘇丹一意孤行。專制君主的欲望無窮無盡，以王妃的立場自然束手無策。在土耳其大軍的猛烈攻擊下，威尼斯位於東地中海的重要軍事及商業基地塞浦勒斯就這麼淪陷了。一五七一年，雷龐多海戰接著爆發，不過這次是威尼斯方面期盼的戰爭，敗北的一方換成了土耳其。但有趣的是，覺得有必要議和的卻是勝方威尼斯。

談判過程中，蘇丹過世。沙林姆有在狂飲後上浴室的習慣，結果在浴室中不慎滑倒，死因是腦部受到撞擊。繼承蘇丹位置的是雀契莉雅的兒子穆拉德 (Murad)，她成了母后，年紀已經四十九歲。

名副其實成為後宮女主人的雀契莉雅，首先著手鞏固自己的地位。她把自己原本在托普卡珀宮中最裡頭的寢宮，搬到離後宮出口最近的地方，此區從此成了母后專區。

占住這個位置以後，她開始藉由後頭長長的走廊監視蘇丹的王妃和妻妾，就連蘇丹要從設於後宮左近的蘇丹寢宮，移駕到後宮旁邊那座名為「狄瓦諾」的房舍，與大臣們舉行會議時，也得經過母后的住所前。這麼一來，蘇丹不管是為了政事出宮，或是會議結束後回來，禮儀上都該到母親雀契莉雅的跟前問個安，雀契莉雅也因此能夠對帝國的各種事務瞭若指掌。甚至有人傳言，母后根本就在隔壁房間旁聽會議呢。

不過有件事可不能忘了，她必須阻止任何一個對蘇丹的影響力超過自己的女子出現。雀契莉雅接二連三地將年輕貌美的女奴送進兒子的後宮，好讓兒子的寵愛不會集中在一個女人身上。新蘇丹繼承了父親的嗜酒與好色，其他的興趣則是組裝鐘錶與繪畫，這對雀契莉雅而言，想必是件好事。蘇丹穆拉德出版的土耳其第一本藝術書籍，上頭的裝飾就是他親筆作的精密畫。

威尼斯大使與雀契莉雅之間的聯繫工作，這時仍舊是倚重女珠寶商，只是，當上了母后之後，外國大使當然也可以堂而皇之地送禮。這時候的禮物可能是邊框雕有精美手工、精巧且優雅的威尼斯鏡子，或是當時西歐男子衣飾上不可少的威尼斯蕾絲，其中價值高昂的真可說是藝術品。

對於威尼斯和雀契莉雅而言，一切進行得似乎都很順利，除了唯一礙事的宰相索科里之外。這位自蘇里曼大帝以來已經侍奉過三代蘇丹的宰相，為人講求務實，一點都沒有土耳其人狂熱的特性。雖然他是眾所周知的親威尼斯派，但只要土耳其的利益與威尼斯的利益一有衝突，他絕對是站在土耳其的利益這邊。在雷龐多海戰之後，他便曾對來訪的威尼斯大使這麼說：

> 從你們的手中奪走塞浦勒斯，等於是斬斷威尼斯的一隻手臂。而你們在雷龐多消滅了我們土耳其的海軍，卻不過是刮了我們的鬍子罷了。砍斷的手臂不會再生，但是鬍子會比以前更濃密。

這位宰相愈是有才華，便愈不能令人放心。

不知從什麼時候起，母后經常在蘇丹耳邊說些殺死宰相的好處。最常見的叛國罪在這裡派不上用場，因為沒有人會懷疑這位三代大臣的忠誠。母后於是灌輸宰相插手蘇丹專賣的火藥，累積鉅額財富的假消息，甚至還出示交易證明給蘇丹看，計謀順利得逞。以布局如此細膩，想必不是在後宮完成的，多半是有人在宮外全盤籌劃好之後，再將物證等送到母后手上，目的就是要宰相難逃一死。

在例行的內閣會議中，被蒙在鼓裡的宰相和大臣們正在商議國是。大門突然被推開，一名黑奴衝了進來，手上還執著半月刀，直直朝坐在中間的宰相衝去，索科里還來不及呼救就被殺了。如此突如其來的變故，大臣們在吃驚之餘試圖上前抓捕殺人犯時，從隔壁房間走出的蘇丹卻號令大家不得對這個人動武。大臣們對蘇丹的說明雖然半信半疑，但仍得接受。

沉冤最後得到洗雪。君士坦丁堡的百姓們紛傳這是母后的權力欲所造成的悲劇，不論是出入托普卡珀宮的大臣，或留意君士坦丁堡大小事物的各國大使，全都沒有人懷疑這件事與威尼斯共和國有關。就連威尼斯最高機密的史料文件中，也沒有一件資料足以叫人起疑。唯獨威尼斯政府「十人委員會」在一五八二年六月做出決議支出兩千達卡特，作為給蘇丹母后贈禮用的這件事，似乎有點蹊蹺。宰相遇害和「十人委員會」這項決議中間的間隔，是否也剛好給人事情降溫期的聯想？當然，歷史學家理應不該做這種推理，但是在雀契莉雅有生之年，威尼斯和土耳其之間沒有發生過戰爭卻是事實。

一五八三年，雀契莉雅．巴荷以奴爾．巴努的土耳其名仙逝，享年五十七歲。在土耳其，不管你是皇太后還是後宮下女，奴隸就是奴隸，知道她墳墓位於何處的人當年便不多。不過，威尼斯百姓似乎對於這位無法在死前再見祖國一面的威尼斯女子無法忘懷，許多讚美雀契莉雅的民謠也在民間流傳著。

書寫傳記，不管傳主是男是女，如果不是認為那個人物的性格具有魅力，就是對該人物周遭的局勢感到興趣。對寫作的人而言，最理想的傳主自然是兩項要素兼備。以我筆下的女性人物來說，伊莎貝拉．德斯特和凱特琳．斯福爾札就屬於這種理想的類型。魯克雷姬雅．博爾吉亞是第二種，威尼斯女子卡特琳娜．柯納羅也是第二類，至於雀契莉雅．巴荷的故事則屬於歷史中的「祕辛」。祕辛由於史料稀少，寫成小說還可以，但要寫成傳記可就不太可能了，若再要判斷是屬於第一類型還是第二類型，當然更加沒辦法。威尼斯超過一千年以上的歷史中，提到與政治相關的女子，即使連「祕辛」的部份也算上，充其量也只找到兩名，而且這兩人還都完全受制於威尼斯男子的命令。也正由於如此不值得一提，雷恩教授等研究威尼斯史的專家們，才會在他們的學術著作中，一句提到女人的話也沒有。

學者們寫的通史，就像報紙的第一版和第二版加上文藝版。因為他們切入歷史的角度多半是從政治、經濟和軍事面。這裡之所以加上「文藝版」，是因為義大利是文藝復興的發祥地，文化之於這些國家的歷史，可謂歷史中的菁華，份量絲毫不比政治、經濟以及軍事來得差。

像這類歷史，根本找不到社會版和家庭版。一般要寫「家庭版」，至少也要有本像是名為「從日常生活看威尼斯史」的書，才有撰寫的依據。「社會版」的資料更是付之闕如，必須耐著性子在眾多研究書籍中尋找散落各處的片段，才有辦法動筆。

少了「家庭版」和「社會版」的歷史，在我認為就不是真正的歷史。所以我打算在這裡提一提「家庭版」，至於「社會版」則利用別的機會再寫。別看威尼斯的女性無緣當上第一版和第二版的要角，她們在「家庭版」中可是不折不扣的主角呢！

完全被排擠在政治外的威尼斯女性，是不是從此就埋首於家事中呢？當然不是。她們雖然沒有政治地位，但是有社會地位，而且出現在正式場合的機會比同時期的他國女子還要多。這是因為威尼斯男性們全是忙一些與社會地位無關的事務，所有宴客招待等工作，一直是由女人負責。

先來看看共和國最高地位的元首的經歷。包括十四世紀時所有元首與十五世紀時五分之四的元首，都是在年輕時曾經從事海外貿易。即使是循十六世紀帕多瓦大學法學院畢業，先活躍於法界再進入政治圈的模式增多的年代裡，依然有五分之三的元首情形如此。他們通常一離開威尼斯就是一兩年，約莫過了四十歲才會再回到岸上，如果有貴族身份的，此時便會開始從政。

不過，就算他們在威尼斯定了下來，忙碌的情況還是沒有多大改變。貴族必須出席每週日舉行的共和國國會，若是當選元老院議員，還得每週參加兩、三次的定期會議。重要的「十人委員會」委員，或是隸屬各部會的官員，每週另外又有三次以上的會議要參加。這些都是例行會議，如果碰到了緊急情況，那可就不管禮拜幾，天天都得出動，而且還經常開到三更半夜。以現代人來說，可能選擇來個幾次敷衍一下就行了，但當年的威尼斯人可沒這麼自由。威尼斯人選擇以鉅額罰鍰的方式，懲罰提不出合理理由便無故缺席的成員，而不是聽憑議員良心，然後再來喟嘆出席率過低。在他們的認知裡，有權參與政治者就該克盡對政治的職責。這也使得威尼斯貴族的夫人們看見自己先生的時間，要比別國相同處境的女子少上許多。

就算丈夫回到陸地，也未必永遠定居在陸地上，因為有可能被派到國外當大使。威尼斯共和國是第一個在重要國家設置常駐大使的國家。從事軍職者則可能被派到中近東，或是北歐等散布四處的領事館，情形類似現代的單身赴任。某些情況下，他們會帶著兒子或外甥前去，但除非派駐的期間真的很長，否則威尼斯人通常不會帶著妻女前往，就算經商也是一樣。其他國家雖然在作法上也大致相同，但威尼斯統治階級被派駐國外的情形，確實多了許多。

丈夫沒空，外國王侯或是丈夫在東方的事業夥伴們倒是絡繹不絕地造訪威尼斯。除了在家中招待這些客人之外，在元首召開的國宴中，女性也經常扮演著增添宴會氣氛的重要角色。沒有一個女人會因為一家之主不在而缺席；當作伴的先生不在時，有親戚中的男性代勞，即使女子單獨出席，也不會有人覺得奇怪。另外，創立於十五世紀，於十六世紀大行其道的年輕人俱樂部 *Compagne delle Calze*，有一項服務就是陪伴貴夫人，這也給了丈夫經常不在家的妻子非常大的方便。

出現在眾人面前的機會增加，女人就會努力打扮，而且真的會變美。威尼斯女人之所以裝扮著稱，可能就跟她們有比較多的機會接受男人的讚美有關。在沒有宴會的日子，她們也不忘跟伴遊的男子出外散步。聖馬可廣場、聖司提反 (Santo Stefano) 廣場、至美聖母 (Santa Maria Formosa) 廣場、聖保羅廣場，一到黃昏，就擠滿了穿著華麗的女子。通往這些廣場的小路旁，滿是精品店，店中陳列的盡是令人目眩神迷的商品。

貴族夫人典禮時的裝扮

貴族小姐的婚紗

在威尼斯號稱沒有買不到的東西。從取名自產地在敘利亞的大馬士革，因而在義大利文中被稱為大馬士革編織的綢緞，到因為敘利亞的貝魯特是主要產地，而被稱為貝魯特的披肩；另外還有綢緞薄紗、東方布匹、威尼斯的厚金線織花錦緞、佛羅倫斯的絲織品，以及高級布料等等都有。威尼斯著名的絲織品圖案，是聖馬可教堂的彩繪玻璃師設計的；人像畫也有畫家負責；但最最有名的還是風靡歐洲的威尼斯蕾絲。由於蕾絲的成功，連玻璃都有人仿照蕾絲的模樣製造，然後再立在衣領上作裝飾呢！

珠寶商當然也是這個圈子中不可或缺的人物。鑽石、紅寶石、綠寶石、藍寶石、紫晶、黃玉到瑪瑙，各式寶石無不齊備。其中又以波斯特產的珍珠特別受到威尼斯婦女的喜愛，她們的珍珠首飾同時也是其他國家婦女羨慕的焦點。

寶石不僅用在項鍊、戒指、飾帶上，直接縫在厚布料上的做法也很盛行。唯一較晚流行的似乎是耳環。在薩努多（Marin Sanudo，編按：義大利歷史學家）的《日記》中，一五二五年十二月六日有這麼一段記述：

可悲啊！把金色小環上面嵌著大顆珍珠的東西，像黑人習慣一樣地掛在耳朵上。全部的人就只有我的親戚她一個人掛著這種玩意兒，真是叫人難堪！

跟這位嚴謹的年代記作者屬於同一家族的女子，似乎是個有勇氣首先嘗試戴耳環的人。不過，這種黑人式的耳飾，隨即就在威尼斯掀起了爆炸性的流行。

隨著時代改變的還有髮型。十五世紀時流行長髮，再以彩帶或髮網束起。到了十六世紀則流行將頭髮盤高，髮飾綴以珠寶，愈來愈奢華。也有人想到利用各色的絲質變形髮帶。由於髮色流行金黃色，威尼斯的婦女於是想出了一種無頂的寬邊帽，戴上後將頭髮撥在外頭，然後坐在陽臺上忍受日曬，好讓頭髮變成金黃色。女人們所做的努力，絕對讓男人難以了解。努力後所得來的略帶紅色的金黃色頭髮，被稱為「威尼斯金髮」，色澤美到連不缺金髮的日耳曼男子都讚不絕口。也許是因為自然的金黃色給人金屬般的冷酷感覺，而「威尼斯金髮」卻有一種柔順又充滿官能美的印象吧。

當時的化妝跟現代很類似。每每讀到年代記的作者們提到當時女性化妝過濃的章節，腦海裡便很自然地浮現當時威尼斯仕女不顧男人們的眼光，坐在鏡子前面絞盡腦汁、熱衷化妝的模

正將頭髮曬成金黃色的威尼斯婦女

下層階級妓女的服裝

樣，跟現在真是沒什麼兩樣。

唯一比較不同的，大概是她們非常熱衷乳房的化妝。威尼斯女子向來以極度的低胸聞名，有時就算感覺太大膽了，也只是略以薄紗或蕾絲遮掩，意思意思。這當然遭到了嚴謹男士們的批評，只是婦女們可沒把他們的批評當成一回事。

老古板男人的批評不是沒有道理的，因為她們的打扮就是模仿妓女。為了防範同性戀，當局允許妓女裸露乳房站在妓院的窗邊。這當然會吸引男人的目光，貴族婦女們因此群起效仿。威尼斯的女性正如提香 (Tiziano Vecellio)、維洛內塞或丁多列托 (Tintoretto) 畫中的人物一般，個子雖然不高，但是豐滿而性感，充滿官能之美，想必非常適合穿著低胸的衣服。而發明能讓乳房堅挺的胸衣的，不是別人，正是威尼斯女性。而從胸部散發出來的香水味，更是她們追求極致美麗的透徹表現。

從女士們的興趣中也可以窺見，威尼斯在海外貿易中，所扮演的東西方橋梁的角色。奢華的服飾、寶石和香水是受拜占庭帝國影響；薄紗和頭巾來自取代拜占庭成為東方之主的土耳其；憧憬的金髮可能是與北歐交流的結果；錦上添花的威尼斯特產蕾絲，則是向妓女看齊的流行。這種風潮直到十七、十八世紀的巴黎風尚興起為止，影響了從義大利到全歐洲的女性，威尼斯風尚蔚為一時。男士們時而皺眉時而微笑，但還是原諒了女人們的狂熱。畢竟，威尼斯的女人是重要的公關人物嘛！

薩努多的《日記》中還有一段這樣的記載：一五二六年一月十七日的元老院正在討論「奢華取締委員會」所提出的議題，內容是關於婦女們的裙襬過長，要以法律加以規定。由於威尼斯婦女的個子不高，藉由裙襬拖地來讓個頭看起來高一點的情形非常普遍，只是後來愈做愈過火。不過，這個議題就連最懂得尊重多數人意見的威尼斯貴族也覺得有些棘手。有人主張裙襬拖地的長度以半布拉裘（九十公分）最為合適，有人則認為四分之一布拉裘（四十五公分）就夠了。議員們開懷大笑，在笑聲中，採取多數決的方式，最後決定裙襬拖地的長度應為四十五公分。議員們回家後，鐵定要面對家中娘子們憤怒的面孔。當然，婦女們怎麼可能屈服法律！她們加高了鞋跟，跟法律鬥智。

威尼斯的婦女們充滿了氣概與熱情，走在歐洲流行的尖端。而威尼斯的男士們呢？此時正值文藝復興昌盛的時代，同一時期的佛羅倫斯和羅馬、米蘭等地，男士們均流行穿著緊身的褲襪和絲質上衣，再搭配蓬鬆的短披風，爭奇鬥豔，但是在威尼斯，流行似乎只屬於女士和年輕

元首夫人的禮服

元首的禮服

威尼斯貴族的服裝

政府官員的官服

人，除了元首和年輕人之外，幾乎都還是很保守的穿著。一四九七年，參觀共和國國會的日耳曼人士便留下這樣的記錄：

> 議員們個個高頭大馬，威風凜凜。身著黑長袍（*toga*），長度及踝，頭頂黑色無邊小帽，短髮長鬚。

不同於女子的嬌小，身高平均較一般高的威尼斯壯年男子，那身長年在海上生活訓練出的健碩體魄，穿上深受拜占庭文化影響的長袍，想必份外合適。這就是威尼斯貴族的官服。

依據官職的不同，長袍的顏色也不一樣。正式場合時，元首的衣著是長袍加大披風，以金縷製成；冬天時外面再罩上通稱皮草之王的羊毛小披風。服裝的布料花樣或是鈕扣的位置等，則依每位元首的品味稍有不同，但基本款式在一四七三年已經定型，一共維持了三百年。通稱為 *Corno*（角）的帽子相傳維持的時間更久，是威尼斯共和國元首的寶冠。

元首的服飾特別華麗，因為他乃威尼斯共和國權力與富裕的象徵。基於相同的理由，政府對於派駐國外的大使也會命令他們的穿著必須比其他國家的大使華麗。當時威尼斯的大使所獲得的禮遇，與日耳曼的神聖羅馬帝國、法國和西班牙兩王國的大使幾乎是同等級的。

除了元首以外，另一個終身職聖馬可監督官（有權威但無實權的無給名譽職位）的官服為紫色。位居權力中樞的「十人委員會」中的三名委員長、國家監察官，以及由非貴族出任的行

俱樂部制服（威尼斯年輕人的穿著）

政部門的最高負責人祕書長等人，則是身穿紅色長袍。各部會大臣的官服是紫紅色，元老院議員是黑色；但黑色長袍並不是元老院議員的專利，其他的貴族，或者不是貴族的醫生、律師、官員們也都穿著黑色長袍。大學教授和大商人等，在工作場所更是清一色著黑色長袍。長袍在夏季時內裡是塔夫綢，天氣冷了就加件毛皮襯裡，之後再繫上腰帶。使用的布料有毛織品、天鵝絨或綢緞等，種類豐富。對於義大利其他國家所流行綴有羽飾的帽子或蕾絲邊的領子等，威尼斯男士們是看也不看一眼，可以說在服裝的品味上真的很保守。

不保守的，是未登記為共和國國會議員的未滿二十歲的男子。"*Compagne delle Calze*" 直譯就是緊身褲襪俱樂部，名稱是取自他們用來作為制服的緊身褲：每個人每隻腳上的顏色都不一樣，有的左右互異，有的上下不同。年輕人的髮長約在肩膀左右，戴著黑色無邊帽，學習婦女的流行，在上身的緊身背心下刻意露出底下的白色絲質襯衫，外紅內白的長披風帥氣地披在單邊的肩膀上，年少的華美，絲毫不比梅迪奇家族的少東或教皇的外甥遜色。威尼斯跟其他國家似乎不太一樣，愈有權力的人裝束反倒愈樸素。

在威尼斯，男性就不用提了，女性只要是結了婚的，還有年輕人也是，都有充份的社交場合供她們活躍。被關在家中、坐等青春流逝的，只有未婚的女性們。在未結婚之前，威尼斯的女性基本上就像是不存在的一群人。

女孩們的教育在家中進行，教的是讀書寫字，再來就是刺繡和樂器，只有舞蹈一項會找老師來教，為的是培養女子優雅的身段。有些家族在雇用優秀的家庭教師負責男孩的教育時，也會讓女兒參加，但這僅限於某些特例，並非一般情況。整體來說，威尼斯女性的教育程度似乎不高，類似以教養著稱的曼托瓦 (Mantova) 侯爵夫人伊莎貝拉．德斯特的例子，即使放眼歷代元首夫人中，也找不到一位。

要在威尼斯尋找有教養的女性，就必須到一種叫做 “*Cortigiana*” 的高級妓院去。*Cortigiana* 本來是宮女的意思，頂著這種稱號的人當然不能光有肉體之美，從彈奏樂器的才華到文章都得有模有樣，還要能吟詩作對，這才算是 *Cortigiana*。換句話說，跟紳士們交談，是她們的第一任務。只在乎第二種工作的人，不配被稱為 *Cortigiana*。

沒有婚約的女子外出服

梅迪奇家族中深具學術涵養的「高貴的」洛倫佐，便曾經讚揚過卡桑朵拉．翡德瑞是個能自由使用義大利文或拉丁文來做深度交談的女子。除了她之外，薇若妮卡．佛蘭佳 (Veronica Franco)、賈斯帕拉．斯坦帕

婚期將近的貴族女子服裝

威尼斯上流階級女子的外出服

(Gaspara Stampa) 等威尼斯的女詩人們，也都是這門優雅行業中的佼佼者。

已婚婦女和 *Cortigiana* 可以堂而皇之地走在威尼斯的大馬路上，獨獨未婚女子不行，而且階級愈高就愈不自由。不如老百姓在任何時代都很自由。

身為貴族的女兒，甚至不能自由外出。唯一的外出機會是上教堂，但這時也得有侍從跟隨，另外再以白色厚重的、不曉得看不看得見外頭景象的面紗掩住臉龐，直到在教堂祭壇前跪下時，才能將覆蓋在臉上的面紗稍微掀起。在這種情況下，年輕人要不就是在教堂中，要不就是瞥見佇立在居家窗簾旁的少女臉龐，才有可能滋生愛慕之情。

即使情況如此，還是有愛苗滋長。不，或許就因為這樣，所以愛苗才會滋長吧。只不過，若想水到渠成，成就戀情，可得費一番苦心。雙方的婚姻被認為是兩個家族之間的事，一般都是經由第三者介紹，或由雙方的父親決定。如果雙方家長都爽快答應，自然再好不過；遇到孩子眾多的父母親，為了女兒結婚嫁妝而傷腦筋的，問題也很容易解決，因為年輕人只要努力說服自己的父母親，允許他娶嫁妝與自己身份地位不符的女子就行了。問題出在如果女方的父母反對時——在這種情況下，不論東西方，年輕人只能採取非常手段。在威尼斯，非常手段有兩種。

第一種方法是在大馬路上，也就是大庭廣眾之前，拉下心儀女子的面紗，擁抱，並且親吻她。第二種方法則是在教堂中搶走她手中的手帕。莎士比亞的《奧賽羅》中有個場景是奧賽羅責問弄丟了手帕的狄絲狄摩娜，如果您看了那幕場景，覺得丟了一條手帕有什麼大不了的話，那可就大錯特錯了。威尼斯貴族婦女的手帕，可是飾有精美蕾絲的高級藝術品，有的甚至在角落繡上姓氏的縮寫。飄著香水味道的手帕，無異是直接接觸到身體的物品，弄丟了手帕又被別的男人撿到的話，等於是屬意那名男子，問題非同小可。

不過，這種非常手段畢竟是違法行為，想要這麼做的人，可得有相當的膽量。一四八九年就曾發生過一名熱戀的男子和一群為他助陣的友人在教堂中搶奪女方手帕的事件。這六名年輕人全是名門之後和有力人士的兒子，結果還是在牢裡待了兩個月。一五三〇年發生同樣事件時，兩名年輕的當事人也被處以放逐海外四年的徒刑。搶手帕雖然簡單，但後頭的問題可沒那麼容易解決。

不論過程如何，能夠結婚的女孩就算幸福的了。當時沒能結婚的女性只有一途——進修道院。雖然很多女孩是抱著將一生奉獻給上帝的精神遁入空門，但為了節省嫁妝而被犧牲掉的女孩人數也不少。連同微薄的捐款，她們哭哭啼啼地被送進修道院。當時威尼斯和歐洲各地頻傳的風紀紊亂與令人皺眉的修道院醜聞，部份也是由於這群非自願成為修女的女孩們的反撲。比安卡．卡裴洛就是因為與後母不合，在知道自己快被送進修道院時，憑著戀人的介紹，離家出走逃到佛羅倫斯後，在那裡與大公熱戀，成為大公的情人，並在大公夫人死後得到扶正。但她的例子畢竟與她的美貌和剛烈的個性有關，只能算是個特例。大部份的女孩其實在被剛送進修道院時，雖然都曾極力抵抗落髮，但終究無法逃離修道院高聳的石牆，最後就在修道院內終了一生。

貴族階級的男子可以跟任何一個威尼斯共和國的女子結婚，不管她是慕拉諾玻璃工人的女兒或是國營造船廠員工的女兒。這是因為威尼斯對於貴族的血統認定，採取從父制。只要是正式結婚後生下的孩子，不管母親是不是平民，在二十歲前沒有觸犯刑法者，都能夠在共和國國會擁有席位，成為威尼斯的貴族。元首之中就有好幾個人是和平民女子結婚的。

貴族出身的女孩子也未必一定要嫁給貴族。只不過，要女人嫁給階級比自己低的人，實在有些困難，所以結婚的關卡也就愈來愈窄。以文化璀璨的十五、六世紀作為分水嶺，隨著結了婚的女人生活愈來愈絢爛，修道院裡頭的醜聞也呈正比增加。當時，連教皇都生子，那些教皇和樞機主教的外甥、姪子等，個個在羅馬過著奢華的生活。不過，一五五一年爆發的醜聞，卻讓即使不是虔誠基督教信徒的威尼斯人，也不禁為之目瞪口呆。

在朱德卡島的眾多修道院中，有一處擁有四百名修女，其中多數是上流階級婦女出身的著名修道院。不知從什麼時候開始，一名神父幾乎每天出入。這名神父是來聆聽修女的懺悔的。由於告誡向來規定由男神父出任，所以只要是擔任這種工作的神父，即使是名男子，也沒有人會去指責他進出女修道院。厭惡修道院內醜聞的威尼斯政府雖然早在法律中規定，不得讓年輕、英俊的神父擔任這項工作，但前往朱德卡修道院的神父既不年輕也不英俊，風紀委員會也就沒有特別留意。

慢慢地，神父似乎成功地攪亂了前來告誡的修女的心靈與肉體。只要剛開始有幾個人聽話，在女人的集團裡，後頭的事情就好辦了。女人們爭先恐後地投懷送抱，原本該是神聖處子的修女們，連同修道院長在內，這會兒卻都成了任憑男人玩弄的平凡女子。

修女們以往用來消磨時間的刺繡和編織蕾絲，現在成了高興的差事。賣掉這些東西後賺來的錢，她們可以拿來買東西令餐桌生色，取悅男人。可以想見，每晚餐桌上一定少不了昂貴的塞浦勒斯葡萄酒。當然，像是山雉肉、生蠔、明蝦等這類特殊佳肴，更是絕對不會吝惜。

修女們有如奴隸般地伺侯神父。不！奴隸只做被命令的事，她們可是爭先恐後地做，所以比奴隸還糟。神父要一名修女脫光衣服，這名修女就非常自豪地褪去修道袍，其他的修女們更是沒有被命令就開始寬衣解帶。要她們光著身子跳舞，每個都彷彿喝醉了酒般跳了起來。反抗的修女則會被神父剝光衣服綑綁起來，以苦行用的鞭子狠狠抽打。

不久，這座修道院除了這名神父外，另外開始有好幾名男子出入。這些人都是這名神父介絕來的。修道院內淫亂的程度與日俱增，如果有修女懷孕了，就依照神父的指示墮胎，死嬰埋在庭院的深處。無法忍受這種現象的幾名修女逃離了修道院，回到家中，但是沒有一個人敢站出來控訴。修女們似乎對外界表現得小心謹慎，連經常前往修道院訪問的近親也沒有察覺出任何異樣。就這樣，她們快樂地度過了十九個年頭。

警察最後是怎麼發現修道院中有異樣的？法院記錄中並沒有明確記載。不管是否因為有人密告，或是出入修道院的男人洩漏了口風，總之內情爆發後，震驚全國，政府甚至為此緊急召開會議。

神父立即被捕，修道院長及幾位年長的修女也被送進監牢，接受嚴厲的調查。審判後，神父被處以絞刑後焚屍的懲罰。當他在聖馬可廣場的兩根石柱間接受行刑時，直到最後，口中還一直高喊著修道院長是無辜的。只是，出身高貴的修道院長終究還是得在牢中度過餘生。修女們被送離威尼斯，每個人分別被送到本土各地的修道院中，在那裡老死。從這次事件以後，威尼斯警察監視的眼光更加銳利了。雖然這確實使修道院中的醜聞收斂了許多，但是並沒有根絕。

跟女孩們比起來，男孩們的生活從小就有很多時候是在外頭度過的。五歲前是在母親身邊，這是男孩女孩都一樣的遊戲時間。過了五歲之後，就由父親或家教老師負責初步的教育，但有些家庭這時候還是男女一視同仁。到了七歲以後，男孩子們開始上學，學習讀寫算術。威尼斯在十三世紀中葉，已經開始用阿拉伯數字教授算術——這些莘莘學子們遲早都要從事海外貿易，所以除了文法之外，算術當然也是必修科目。

他們到十四歲為止所上的學校（相當於今日的小學和中學）都是私立的。這些仰賴貴族和大商人贊助運作的私立學校，任何人都可前往就讀，學費的多寡不明（缺乏史料）。由於當時紙張實在太過昂貴，學生們用的「筆記本」不是紙，而是鋪上蠟的板子。我們今日看到的李奧納多．達文西的素描畫都是放大後的美術書，所以感受可能不深，實際的真品卻是精細地畫在小小的紙上，間隙並填滿了細小的文字，說明了當時的紙張究竟有多昂貴。

用現代的說法，到十四歲為止都是義務教育期。從他們學習的科目包括文法、算術、修辭學、幾何學乃至天文學和拉丁文來看，程度應該相當不錯。由於沒有階級差異的關係，所以貴族的子弟也跟平民的小孩一同學習，學校裡熱鬧非凡。當時曾有人留下這樣的記載：

老師一走出教室，騷動立刻開始。這時候，班上其他同學瞄準資優生拳腳齊飛，大夥兒開始在書桌間追逐。有的學生躲在一旁吃栗子。蠟板不一會兒成了紙上遊戲板，蓋過原本寫在上頭的味吉爾和西塞羅的文章。有的人用紙片折成小船，有的捉了蒼蠅就關到小盒子裡。在外頭的學生抓了隻雞進來，叫牠在教室裡啼叫。偷藏的鉛彈珠，這時也拿出來互相丟擲。有人甚至從家裡拿了口紅過來，開始在臉上塗畫。也有的扭打成一片，咬著對方的腳不放。

老師在的時候，學生也不老實。有的是每個小時都說要去上廁所，試試老師的耐性。有的則是在老師的椅子黏上無花果的樹葉。更有學生算準了老師進來的時間，躲在門旁，拿棒子敲打進門的老師。老師要他唸阿里奥斯托的作品，他卻背起奥維德的詩。下課後，走出教室的學生們彷彿被釋放的惡魔，爭吵的神情好似港口的卸貨工人，一副令人匪夷所思的狂野模樣。等到都鬧夠了，才肯回家……。

從十四歲開始，學生們開始朝著自己的方向前進，但通常是依據父親的工作區分，也就是所謂的實地訓練。如果父親是大使或領事，小孩就跟著父親前往任職地。如果父親是商人，好比馬可波羅，就是隨著父親踏上商務之旅；如果是造船工人或玻璃工人的孩子（這兩項是威尼斯國內地位最高的職業），則是到父親的工廠當助手。至於沒有特殊機會的貴族子弟，也有在遠航商船上擔任弩弓手一途，從中學習航海和經商的技術。前面我們不就曾經提到威尼斯商船從船長到划槳手，個個都有權利攜帶相當於自己階級的等量物品登船，等到把貨物在目的地銷售完後，再將所得拿來購買其他產品帶回威尼斯賣掉的實習方式嗎？

出國對於威尼斯共和國的年輕人來說，其實不算特別。實地訓練讓他們學習到了外交、航海和經商技術，也同時培養了他們冷靜觀察、分析外國局勢的能力。自中世紀到文藝復興時期，威尼斯備受讚譽的外交手腕，正是因為有這種實地訓練作背景。這也是為何昨日的商人在今日被任命為大使、艦隊司令，甚或任職政府重要部門時，都能立即勝任的原因。

不過，也有人沒參加這種實地訓練。他們是進入專門學校或大學的學生。專門學校是威尼斯共和國所設的國立學校，以培育官僚為目的。第五章中曾經提到威尼斯共和國的政治由貴族負責，負責行政的則是被稱為市民的階級。他們除了祕書長之外，各部、各委員會都有祕書官、書記等各種事務官。這些官僚，也就是現在的國家公務員。

負責政治的貴族如果沒有特殊任務，一般都是無給職，但行政職官員有薪資保障，而且是終身雇用，所以是威尼斯最穩定的職業，因此多為世襲，教育也較嚴格。

這種教育是特地自國外高薪禮聘教授，早上四小時，下午四小時，偶爾還有特別課程，課業相當沉重。學費一律全免，但要徹底學會拉丁文和希臘文。拉丁文是當時的國際語言，舉凡共和國國會、元老院以及各種委員會的記錄均以拉丁文傳世。會議首先是以威尼斯方言的義大利文進行，討論的過程經過速記後，立即翻譯成拉丁文記錄，因此拉丁文如果不能達到隨心所欲的地步，根本就派不上用場。給外國的公文也是以拉丁文書寫。至於其他像是希臘文、阿拉伯文、土耳其文、法文、德文、西班牙文和英文等與貿易立國的威尼斯有關係的其他國家語言，也必須要有幾個人懂才行，而且不只是要會語言，他們還得熟悉該國事務。有位外國人的記載就曾經提到，威尼斯派到國外的使節團中有名平民同行，指的就是這樣的人。

十六世紀中葉有個名叫賴麥錫 (Ramusio) 的人，他將許多人的旅行記錄彙整成冊，本身就是官僚階級。從其他絕大多數與賴麥錫這類不僅在威尼斯，連歐洲都名聞遐邇的出版業者有合作關係的「寫手」們也是官僚階級來看，當時官僚的教養，平均水準應該比貴族高。

在一個任何人都能培養對學問的熱情，而且也都有機會發揮所學的社會，進入大學的目的自然格外明確。中世紀的大學是個學習法學、神學和醫學的場所，只有想當律師、神職人員和醫生的人才會繼續升學。雖然這三種職業並不一定要具備大學畢業的資格，但是無可諱言的，擁有大學學歷確實比較有利。

威尼斯到十五世紀初為止並沒有大學，想進大學的人只能到本土的帕多瓦留學。十四世紀到十五世紀時，繼本土的維洛納和特列維索成為威尼斯的領土之後，帕多瓦也被列入共和國的疆域，威尼斯政府就在這時決定，將培植與全球最老的波隆那(Bologna)大學齊名的帕多瓦大學作為全國的最高學府。他們主張大學不應受宗教或世俗任何權力機構的干預，從各國聘請來的優秀教授中，其中也包含了受宗教界議論的加力雷歐．伽利略，而這還不是唯一的例子。

優秀的教授身旁聚集了優秀的學生，他們不僅來自威尼斯，其他像是義大利以外的地區，如日耳曼、法蘭西、英國、瑞典、波蘭等外國留學生的人數也相當多。

但威尼斯政府的要職是不是就此被這些「大學畢業生」占滿了呢？倒也不盡然。一三四三年被選為元首的安得烈．丹多羅以第一位大學畢業生出任元首時，當時社會確實一時蔚為轟動，但後來就沒那麼誇張了，再說，大學出身的元首畢竟是少數。而如果元首都這樣了，貴族的學歷想必也在伯仲之間。或許這也正反映了威尼斯人重視實地訓練的觀念吧。

造訪過佛羅倫斯和威尼斯這兩個文藝復興雙璧的人，姑且不論佛羅倫斯建在亞諾河畔，威尼斯構築於海上的差異，其他關於這兩座城市彼此之間迥異的風格，相信絕對令不少人感到不解。即使是對建築史或美術史涉獵不深的人，要對這些明顯得不能再明顯的差異視若無睹，應該也不容易。

從兩座城市所興建的同一種功能的建築物中，一眼便可看出威尼斯與佛羅倫斯風格的差異。威尼斯的元首官邸和佛羅倫斯的市政廳，是在幾乎同一時期興建的共和國政府大樓，前者內部有元首住處、各部會廳、國會議事堂、法院，甚至監牢；佛羅倫斯則除了法院和監牢設在附近的巴吉洛（Bargello）宮外，整個共和國的中樞也幾乎都在市政廳內。

兩者差異究竟有多大呢？佛羅倫斯的市政廳彷彿要塞：一樓的窗戶設在極高的位置，又小又有鐵柵欄，感覺拒人千里之外。最上層的部份還有要塞特有的守護城牆，如果用中世紀的戰術，從這守護城牆上的洞口倒下熱油或射箭的話，來人很難逼近大樓一步。就警備而言，這樣的建造方法的確是周全。

別誤會，我不是說它蓋得不好看。雖然給人嚴峻的感覺，但也有自己獨特的美。在內鬥不止的佛羅倫斯，只有教堂才能只考慮美觀，因此不要說是政府大樓了，就連分散在舊城鎮的有力人士，例如梅迪奇家族等的豪宅也無不如此，美觀歸美觀，建築時其實都已加入要塞的機能。這是由於佛羅倫斯人在防範外敵之前，必須先防禦本國敵人的緣故。

那麼，威尼斯的元首官邸又是如何呢？相較於佛羅倫斯對市政廳外牆的建石不加修飾，任其裸露的做法，威尼斯政府的大樓外牆則是以精美的玫瑰色和白色的大理石板作為裝飾。

而且，除了這些外觀上的差異，兩者連內部的建築方式也完全不同。

威尼斯元首官邸的一樓是迴廊，現在賣風景明信片的攤位，以前是代書開張營業的地方。為了讓市民有休憩的場所，這裡的牆邊還設置了石頭長椅，不過被當時部份人士過度曲解，竟在這邊聚賭，一度讓政府官員傷透腦筋。往二樓走去，看到的不是整排緊閉的窗戶，而是和一樓一樣通到底的迴廊，如同青蔥花般的威尼斯哥德式拱門，一個接一個，讓人聯想起精巧的蕾絲。整棟建物的最上層也不是守護城牆，而是類似受到阿拉伯影響的梅爾雷特（蕾絲）裝飾。由於梅爾雷特唯一的功用是裝飾，所以如果真有人想從這裡倒下熱油，大概就會淋在一樓和二樓的拱門上，毫無效果可言。由此也可以想見，這座讓觀者甚至興起「小偷如果要潛入一定很容易」聯想的威尼斯政府大樓，當初興建的目的絕對不是防禦。而無須防禦本國人民動亂的威尼斯人的幸運，也就在這座元首官邸中盡表無遺。

作為政權中樞的建築物都已如此開放，威尼斯的統治階級所居住的房屋當然也可以只注意美觀與舒適就好，這點從他們林立在大運河兩岸的豪宅也可得到證實。從最古老的成排細長拱形窗戶到青蔥花型、甚至文藝復興風格的樣式，潮流縱有改變，每一種所展現的開放感與優雅卻是不變。也許你認為這只是因為臨運河邊，所以有充份的安全感，並不能證明什麼，那麼建議你不妨去看看面對小巷的部份，仍是沒有一處讓人有要塞的聯想。

進到房舍後，兩者的差異依舊明顯。從天花板垂掛下來的燈火，在佛羅倫斯是用黑鐵製的燭臺上點著蠟燭；威尼斯則是用當地特產的玻璃，製成微帶數種顏色的花束狀，燭火經過淡色玻璃反射後，映照出來的不只是火光，而是好幾種色光分灑四周。再來看看兩者的地板。相較於佛羅倫斯人在磚頭上滲入油脂；威尼斯卻是鋪上各種顏色的東方大理石，美麗得讓人捨不得用地毯蓋住。在窗戶數目眾多的威尼斯，陽光充份照射，室內顯得明亮有朝氣。那些掛在四周牆上的威尼斯特產的鏡子，想必也是為了讓房間看來更明亮、寬敞而設置的吧。

對於中庭之美，威尼斯人也比佛羅倫斯人來的講究。相較於走幾步路到城外便能坐擁綠意，對於美麗迴廊圍繞的中庭，只極浪費地鋪以幾塊寒傖的石板而毫不以為意的佛羅倫斯人，住在水上的威尼斯人可就沒有這份被綠意環繞的幸運了。也因此，他們對於在狹小的場所蒔花植草、點綴一些小石雕等布置自己庭園的事非常熱衷，努力使家中每個房間都能看到綠意。由上空鳥瞰佛羅倫斯的舊市區，綠意其實不多，但若再看看威尼斯四周的綠點時，便不得不佩服一個浮於海上的都市竟能做得如此徹底。

時至今日，威尼斯仍是一座優雅的都市。在四百年前弱肉強食的時代，這種其他城市所沒有的優雅、安詳，想必讓來到威尼斯的外國人覺得份外珍貴。他們稱威尼斯為「魅力之島」。東方旅人更是在威尼斯的城市中看到祖國的影響力，並在感到親切之餘，一定也留意到西歐特質已經融入其中，渾然一體，儼然又是一種異國情趣。

但若論起對威尼斯異國情調感受最深的，恐怕還是西歐人。不管是頭上綁著各色頭巾，從容專注談著生意，宛如置身祖國般的阿拉伯、土耳其商人，還是一旁運河裡划著貢多拉經過的黑奴、布莊和珠寶店裡所充斥的東方精品，甚或是商業中心利亞托橋附近傳來的阿拉伯文、土耳其文、希臘文等奇特聲響，以及各家各戶細長圓柱並排的輕巧、纖細的窗戶等等，無一不是他們眼中的新奇事物。當然，也沒忘了還有甜美性感的威尼斯婦女。

威尼斯婦女能夠維持好幾個世紀的甜美性感，完全是拜她們自己發明的一項制度所賜。這個制度在十八世紀，因為喜劇作家卡羅·歌德尼（Carlo Goldon）的作品而聞名歐洲，但其實早在十八世紀之前就在威尼斯出現了，只是當時還不是很成熟。這種制度叫做"*Cavaliere Servente*"，直譯就是服務的騎士。

女人都希望自己的先生是個有能力的男人，但有能力的男人沒有空，卻又是古今中外共通的事實。女人在和有能力的男人結婚後，往往才沒享受到多久的幸福，便因為丈夫經常不在家而漸感空虛。這時，有的女人會認命地死了心，待在家裡專心做家事、養兒育女。這種待在家中等候夫婿的女人，可能是賢妻、是良母，但就身為女人來說，卻有讓丈夫過度放心的危險。有能力的男人常娶乏味的女子為妻，這種例子比比皆是。

如果覺得這樣不妥，那麼丈夫是不是到哪都得帶著妻子呢？不過這卻可能造成無法挽回的後果。女人多以熟知丈夫的工作自豪，要她們有機會吹噓卻不吹噓，實在不容易。威尼斯貴族的工作是政治與經商，這兩項同樣都須以保密為前提，如果有個多嘴的妻子同行，難保不會對男人的信譽造成影響。

可話又說回來，把老婆放在家裡的缺點可不能輕忽。對人性時而展現敏銳洞察力的威尼斯男性，想必亦不認為、甚或期待妻子能在沒有男人的情況下依舊保持女人味，於是才認同「服務的騎士」的制度。否則，在沒有先生們的認可下，這種風俗斷無可能持續得如此久且廣泛。

威尼斯記錄中所記載的「服務的騎士」，工作內容如下。不過，這內容指的是十八世紀定型後的制度。

早上，推算夫人們甦醒的時間，前往夫人的房間。接著，針對今天要穿什麼衣服、佩戴什麼寶石，給夫人們提供意見，幫著夫人打點。如果夫人想去教堂彌撒，就伴隨前往。散步時，溫柔地護送。陪同一起購物，提供男人的建言，幫夫人做決定。用餐時經常同桌，在沙龍中的交談也生動應對。陪同下棋、玩牌，陪著去舞會、上劇場，等到夜裡夫人回房休息後才離去。

簡言之，服務的騎士就是要絞盡腦汁，以最細膩的心思對待夫人，為夫人做丈夫該做而無法做的事。當夫人因家中瑣事而操煩時，要能傾聽，盡力支持，時而給予意見，時而提供輕鬆的話題，努力讓夫人覺得歡愉。這不是件輕鬆的工作。

多麼理想的制度啊！義大利其他地方的婦女，如果丈夫非常忙碌，不是照著旁人的建議向神父告誡、祈禱十次，就是用東家長西家短的三姑六婆方式來排悶解憂。即使是有社交機會的婦女，要想像這樣連日受到體貼女人心的男子們的呵護，就連女王也不可能。但在威尼斯，卻有數以千計的女人享受這等待遇。

對她們的丈夫來說，這一定也是理想的制度。不僅可以安心地放下老婆，還不必支薪給這些騎士。而對於擔任這種騎士的年輕貴族來說，也不純粹只是服務，每天跟這些女性接觸，多少也會讓這些年輕人對異性的無謂幻想早日免疫。

造訪威尼斯的法國旅客對這種制度驚訝不已。他們說這些服務的騎士與夫人之間的相處，比起與真正丈夫之間的婚姻生活要多上十倍。最後還不忘加上典型的法國式疑問：騎士們真的只把夫人送回房就回家了嗎？

的確，騎士與丈夫的角色分不清楚的情形多少是有，因而產生的喜劇想必也沒停過，但這實在是不了解女人心的人才會擔心的問題。有沒有肉體關係不是什麼大問題，對女人來說，要保持美麗與活力，往往不是靠著偶爾的肉體關係，而是男人不間斷的讚美與細心的呵護。

中世紀的法國騎士精神以對上帝、貴婦獻上不計代價的愛而聞名。但是試問，遠距離的愛對女人的實質幫助有多少？相較之下，文藝復興時期的威尼斯騎士精神卻不只讓女人幸福，連丈夫也受惠，甚至對年輕人的人生教育也有幫助。這也是為何我以女性的角度觀看世上只有法國騎士精神出名的這件事，深深覺得有欠公平的理由。

尤其，這麼有趣的制度最後竟遭後人拿來當成喜劇的主題嘲笑，甚至以男女間的倫理敗壞為題而大肆批評，本人也有話要說。喜劇經常是誇大的，十八世紀時受到法國流行的影響，男人也戴假髮、化妝、點假痣，但這並非意指當時每位「服務的騎士」全像喜劇作家筆下的突梯模樣。因為如果真的是這樣，那麼幾年前我們每個人不也都成了嬉皮了?!十八世紀的威尼斯男士們大部份也戴假髮，但是不化妝，更沒有點假痣。

觀看佛羅倫斯派畫家的畫作，總讓人不自覺就留神起遠近法或解剖學等細節。然而，站在威尼斯派的畫作前，卻只讓人充份享受到看畫的樂趣，一切艱澀的問題完全不必去在意。威尼斯婦女在這方面和威尼斯的繪畫就很像，她們從頭到腳都是女人。

往後，我大概不會再提到威尼斯的女性了，因為在威尼斯共和國的歷史中，她們從未改變。當威尼斯共和國的男人在迎接都市國家時代告終，面對法國、西班牙、英國、土耳其和日耳曼神聖羅馬帝國等大國群起的時代來臨，奮起保衛威尼斯共和國這個都市國家之際，與這一切無關的女性們，仍舊保持著她們的甜美與性感。對威尼斯的男人來說，比起愛過問政經事務的聰明女子，這種女人或許也才正是最理想的伴侶吧。

威尼斯、抑或是歷史的魅力

高坂正堯

I

威尼斯向來受許多作家的關注，我可以馬上想到好幾部文學作品。莎士比亞的《威尼斯商人》和《奧賽羅》是以威尼斯為題材，歌德的《義大利紀行》中的描繪也極為著名。十九世紀英國的華茲華斯或拜倫等詩人，或是拉斯金、貝塔等評論家，幾乎每個人都會寫到關於威尼斯的事物。當然，畫家的名單也是長長一串。這是理所當然的，因為威尼斯光是外觀，就已經十足激起人們的幻想了。從跨越潟湖、造訪威尼斯的第一步開始，人們便已被這座「漂浮於水空之間的城市」所吸引。

除此之外，也有許多散文式的考據論述，而且時間愈往古代追溯，著作愈多。威尼斯在十八世紀退出國際社會的舞臺，十九世紀更是走入歷史，成為歷史中的城市，但是號稱「地中海女王」的制度確實曾經運轉不休。從原本落於威尼斯之後、後來超越威尼斯的國家人民的態度上，我們不難看出他們對威尼斯制度的有趣觀點。最具代表性的莫過於英國的羅傑·阿舍姆。這位伊麗莎白女王的家教，之後擔任女王大臣的作者，便義憤填膺地以大量描寫妓女來象徵威尼斯的淫亂。他在十六世紀中葉寫了一部小說，書中主角就聽到威尼斯人說，如果有好幾個兄弟，只要有一個人結婚，其他人則共享妻子就行了。這個故事讓書中的主角傻了眼。

但是，同一個時期的阿舍姆在他的旅行記中，卻又很驕傲地提到他所碰到的一名威尼斯大使，他們一起用餐，這名大使的學識和敏銳的政治觀察力讓阿舍姆留下了深刻的印象。在旅行記中，他也多處提及威尼斯政治領導者的賢明，以及嚴格而公正的法律統治。對於威尼斯在狹小的土地上所誕生的偉大，人們除了印象深刻外，當翻開歷史發現它已是文明的中心，自己國家卻還遠落其後，而且這個國家又是如此長壽時，更是令人想要一探它成功的祕訣。所以，儘管阿舍姆耗費唇舌談論威尼斯的墮落，但讚嘆威尼斯偉大的地方卻也隨處可見，這就是阿舍姆旅行記有趣的地方。

換句話說，威尼斯對於近代歐洲，是個幻想與啟示的重要來源。希臘和羅馬的貢獻眾所周知。義大利，尤其威尼斯亦是如此。孟德斯鳩在其名著《法意》中，就以共和時代的羅馬和威尼斯為例，推崇其乃貴族精神的集大成。看來，十八世紀中葉以後，由於對自己漸有自信，法國人和英國人已經開始可以減少嘲諷式的說法，客觀地把威尼斯當作自己的模範學習了。

我並不是說孟德斯鳩比阿舍姆好。對外國的論證抱持偏見，對正題以外的事感嘆或生氣，有時反而有趣，人類不就這麼學習過來的嗎?近代歐洲人有許多事情都是向義大利、尤其是威尼斯學習的，因為它給了人們許多啟示，教導了我們，可說是近代政治和經濟的原型。知道某個人或是某種文明是以什麼為模範成長的，有助於我們對於該人物或文明的了解。了解義大利，也就等於加深我們對近代歐洲，進而對近代的認識。

最近我頓時有個感慨，歐美的優異學者在思考現代的各種問題時，背後總有悠久的歷史知識作為背景，他們所使用的概念裡，包含著過去史實的知識，所以才能衍生出獨特見解與深思的熟慮。百餘年之於數百年的累積相比，我怎會是對手呢。每思及此，內心總不禁喟嘆。不過迨重新振作後，卻更覺得儘管繁雜，但翻閱歷史寶庫確實有其必要。

因此，對於塩野七生女士多本關於義大利的創作甚為暢銷一事，本人實在覺得是種鼓舞。關於這些作品暢銷的原因，我想除了是塩野女士本身的能力優越以外，可能也與今日日本人已有餘裕（儘管仍然不多）閱讀跟現代沒有直接關聯但有趣的歷史有關。現在日本的活力如果能夠持續二、三十年的話，說不定也會產生真正的文明及優良的政治外交。

II

塩野女士每部關於義大利的作品都很有趣，處女作《文藝復興的女性》從女性的觀點出發——或許我這種寫法會令塩野女士不悅——處處可見令人折服的批評。《切撒雷·博爾吉亞(Cesare Borgia)》是從女性角度來看理想的男人形象，所以有些地方著實令人惱火，但也實在學到很多東西。不過，若真要推崇一部作品的話，自然是這本《海都物語》。

理由很簡單，首先，塩野女士直接從當時的威尼斯史籍中取材。有系統地整理、保存國家文件，在現代像樣的國家裡被視為理所當然，可是最早卻是威尼斯人的創舉，如今這些文件都被保存在宏偉的建築物內。以回顧的方式寫成的文章，只能算是事後諸葛，有整理過度之嫌，但顯示與未知的未來抗爭的當時文件，卻能記下人類的不安、躊躇、角力關係，完全是幅活生生的寫照。根據這些資料寫出的作品，當然也會非常生動，不僅具有臨場感，甚至可藉由古今的距離，萃取出智慧的精華。相較之下，缺乏臨場感的東西就不可能做到這一點，無法打動人心。

第二個理由是，塩野女士非常喜歡威尼斯。她住在佛羅倫斯，對於佛羅倫斯人自認比較偉大，但是對威尼斯較為成功的事實卻有著沒來由的愛恨情結一事，有著深刻的體會，並且不介意將它溢於言表。不論歷史或傳記，如果不是作者喜歡的，就不可能有好作品出現。

舉例而言，蘇聯研究專家愛賽克．德意志契，他喜歡托洛斯基，討厭史達林，並且為這兩個人都寫了傳記。儘管關於史達林的著作被公認為較客觀，但給人有趣又發人深省的卻是他喜歡的托洛斯基的傳記。《海都物語》中，塩野女士似乎也有太強調威尼斯好的一面之嫌，但是這樣比較有趣，比起客觀平衡的著作，我們從這本書學到很多，了解到很深的意涵。

我想起美國優秀的——或許是最棒的——歷史學家麥克尼爾，他的專長是研究威尼斯與它對歐洲的影響。據說，他當初立志研究威尼斯是始因於第二次世界大戰，當時他還是個年輕的軍官，從巴爾幹半島北上時，看見當時巴爾幹半島西側，也就是塩野女士筆下的「海上高速公路」的遺蹟，從此便被吸引，開始研究威尼斯，進而成為偉大的歷史學家。老實說，我覺得麥克尼爾也有過於讚美威尼斯的地方。但或許正是如此，麥克尼爾關於威尼斯和那時代的著作才會讓我們如此感動，給予我們許多寶貴的經驗。

III

我們不妨從塩野女士所寫的威尼斯史依序看下去。上冊是威尼斯成功的故事，我們可以從中學習到威尼斯是如何成功，又是怎樣保持長久繁榮的。

經過整理之後，再加上個人的感想，我想第一個原因應該是逆境。沒有人喜歡住在潮溼的潟湖上。威尼斯是羅馬帝國瓦解、蠻族橫行義大利時，由一群逃亡者興建的國家。雖然在亞洲，我們偶爾也可以發現一些民族，他們從內陸被逼到海上或海邊定居，但是並沒有從那裡起步，創造出偉大的文明。換言之，威尼斯的成就是個出類拔萃的例子。

這必須歸功於威尼斯人有不屈不撓的進取心，以及講求合理化的精神——一種少見的組合。他們管理潟湖，並加以改善，讓它變得不僅安全、健康，而且適於活動。塩野女士的威尼斯史從威尼斯的建設開始，我對她的描繪印象十分深刻。一般人在談到土木建築、「水的行政官」等行政主題時，總覺得乏味，但若不能了解居住在潟湖上的難處，就無法了解威尼斯，幸而塩野女士以她輕妙的筆觸解決了這個難題。

第二章以後，威尼斯人從他們建造的安全且健康的根據地向海上發展，船隻的重要性在這個時候成為必然。在本章中，關於威尼斯人如何以較低廉的價格製造可行駛於海上的船隻，以及運用良好的制度來促進航海等技術問題，塩野女士的描寫同樣引人入勝。

以上兩項都是威尼斯成功的基本要素，但成其大功靠的卻是靈活的外交、優良的商業組織，以及穩定的政治制度三項因素，其中又以後面兩項特別重要。威尼斯外交的務實與敏於機先，真是讓許多人印象深刻。原因之一就是，他們的優異情報能力。它使得地中海世界發生的事，能夠在最短的時間內傳到威尼斯，並以密碼寫成情報，而這些保存在今日威尼斯史料館中的文件，也成為了解當時世界的第一手史料。威尼斯當年會將情報立即傳送到其他與威尼斯有來往的大使館，這在今日也許看來理所當然，但卻是當時的一項創舉。也正因為如此，威尼斯的大使們在各地備受尊崇，威尼斯的外交也得以整合運作。

有了正確的情報，威尼斯便能做出正確的外交決策，順利地扮演拜占庭帝國統治下的東地中海地區與西歐之間的仲介人。當然，當時的狀況對威尼斯人有利也不能不提。拜占庭帝國雖然幅員遼闊，但已處於衰退期，無法對外發揮影響力；歐洲的神聖羅馬帝國空有名號卻毫無實力，真正有能耐的是南日耳曼和法國騎士等主要勢力——如果不是此一時空背景的助成，擁有強大海軍和商船隊伍的威尼斯，也許無法獲得來自東西雙方勢力請求協助的立場。所以，或許也可以說，若非世局如此，威尼斯可能無法成功。

但有利的國際環境固然是成功的必要條件，卻不是唯一要件，若想發揮這些條件，還必須靠外交手腕。威尼斯採行立場稍傾拜占庭帝國的政策，以換取獲得在拜占庭帝國疆域內的商業活動自由，導致了與歐洲之間的關係觸礁。另一方面，拜占庭帝國眼見威尼斯日漸成功，心裡也愈發不是滋味，雙方摩擦漸生，到頭來同樣令威尼斯大感棘手。海洋通商的威尼斯最終能夠解決這些課題，主要和他們自始至終抱持的態度——尊重利益，不受宗教等意識型態的言辭左右——有關。

這可以說是現實主義吧。不過，並非所有的現實主義都是以算計為優先考量。像威尼斯人為了保護生死攸關的利益，就沒有逃避戰爭。為了取得制海權，他們不計成本。同時，他們也非常重視信用，在第三章〈第四次十字軍〉的插曲就很有趣。威尼斯受託載運三萬三千五百人，並且完整履行了簽訂的契約，但實際聚集來的十字軍卻只有一萬名。為了運輸而打造的船隻則多出更多，十字軍方面根本無法全額支付八萬五千馬克的費用。

聰明的威尼斯人應該不至於認為法方能夠召募到預計數量的士兵。在十三世紀初，要召募一萬名士兵已經是一大關卡。但即便如此，威尼斯仍然準備了船隻，完全履行契約，顯見他們深知信用的重要性。不過，若從威尼斯派了六千人參加十字軍，並約定征服土地的一半歸他們所有來推測的話，如果威尼斯當初在乎的只是狹隘的商業利害，想必一定不會和第四次十字軍簽訂契約。親自參加以掌握影響力，從而獲得更大利益，這才是威尼斯人真正的打算。如此一來，當他們完全履行準備船隻的契約內容，對方卻無法支付契約規定的金額時，威尼斯的發言權將更為提高。狹隘範圍裡的算計乍看之下無法獲得利益，但卻可以藉由擴大格局來獲取更大的利潤，這十足是通商國家的作風，有其不得不的立場。威尼斯辦到了，因此得以成為立足於小小人工島上的泱泱大國。

IV

這種外交方式，不是光靠優秀的政治家和外交官、遵守現實主義原則就能達到的。歷史上有太多由於君主的情緒和死愛面子，或是民眾的激情，使得明智的發言遭到忽略，人們自招失敗的事例。為了避免這種不幸發生，社會必須要有活力，也要安定。只是，這兩個條件很難同時並存。

對威尼斯而言，擁有許多優秀船員和創設具有現代意義的商業制度恐怕不是最重要的。誠然，利亞托橋周邊的銀行除了提供融資的服務外，同時也是個可信度極高的情報供應站；意譯為「有限合資公司」的 *Colleganza* 制度，除了能夠確保資本，就分散風險而言，它也是個非常優良的制度。然而，這些制度並不是威尼斯獨有，而且就成就而言，威尼斯也不是全球第一。塩野女士便說，威尼斯的穩健成長特徵比起熱那亞和佛羅倫斯都要來得明顯，這也是他們最後勝出的關鍵。

關於威尼斯成功的主要原因，應該還是在於不壓抑商人的活力，但該介入時亦毫不猶豫的政府機制吧。最明顯的證據就是，威尼斯不像熱那亞或佛羅倫斯擁有大商人或是大金融資本家，而是由國有船隊採行定期航路的「慕達」扮演重要的角色。「慕達」制度有許多好處，其中我個人認為最重要的一項就是，任何人都可藉由此一制度參與海外貿易，防止大商人的獨占。

我不打算從單純的平等論來談這個問題，這種做法在絕大多數的情況下只會削減活力。尤其在今日，我們更是能充份體認，若要真以創造公平社會的意識型態從事政治的話，實際上可能會產生許多負面影響。威尼斯不是一支會相信這種不切實際原則的民族，這可從下面即將敘述的政治制度中看得出來。以今日的說法，企業集中確實有許多問題。將人們細分成資本家、經營者、船長和大眾等，很容易造成彼此間的溝通不良，眾人都只看自己眼前的現實面，無法做出正確的判斷。讓只知道紙上作業的經營者來決定貿易的進行方式，注定是要失敗的。

特別是分化的結果將使得原本有意願參與的人數逐漸減少，造成無力感瀰漫整個社會。給予高薪卻得等上頭下令才能行動，底下人們的熱情與智慧還談何展現！但「慕達」制度讓更多的威尼斯人有機會參與海外貿易，這已經成為一項全國運動，人民的活力也才得以維持。

尤其受人矚目的是，這些措施均是「由大商人掌控的政府主動構思、執行」，「而非中小商人為了確保自己的權利，團結一致，要求政府實施的結果」。從中也透露出威尼斯成功的祕訣，關鍵就在於政治，這點正好與許多歐洲觀察家的著眼點不謀而合。

要在商人組成的共和國中搞好政治，絕不是一件容易的事，即使像威尼斯這樣以通商為國家主要業務的國家，也不是交由商人們負責政治就行得通。把這一點說得很清楚的，是我最尊敬的經濟學家熊彼德。他提到資本主義是種經過計算利潤後才運作的社會體，若要順利營運、存活於國際之間，便須仰賴政治、外交等舊有的政治階級。這句話在今日之所以遭人遺忘，可能與我們身處民主主義的社會，總以為每個人均有可能從事政治和外交的幻想有關?!的確，要成為一位優秀的政治家，出身、教育，或職業，都不是絕對要件，從這個角度來看，的確是人人都可成為政治家。但一旦決定從政，就不能不改變行為原理。例如，追求利潤本身雖是個優異的行為，但卻無法成為政治上的原理，兩者所需的能力也不同；說服少數貿易夥伴與領導多數的民眾，完全是兩回事。

威尼斯人似乎很了解這個道理，於是在政治局勢最為艱困的十三世紀末期，基於經濟成功等理由，引進了某種貴族制度。皮耶托．格拉狄尼哥除了增加共和國國會的議員人數外，還將議員改為終身制，在他死後數年，一三二三年時議員更是被改為世襲制。「政治階級」就此產生，負責承擔起威尼斯的政治責任。

這種政治型態不但和當時面對相同問題的其他義大利都市國家不同，在歷史中也不多見。當時義大利其他都市國家「紛紛探尋建立更強勢政治體制的可能性：先有自立為王的僭主制，後又演變成要求教皇或皇帝承認既成事實的君主制，政治上出現激烈的變化」。威尼斯之所以會做出與眾不同的抉擇，原因除了是他們不喜歡由單一個人統治之外，可能也與他們了解直接民主主義的危險性，以及單純的民主主義信仰與僭主制的雙生關係有關。這點可從十二世紀後半威尼斯人決定元首不由市民大會選出，而是改由共和國國會決定的方式看出端倪。由於威尼斯採行議會主義，所以後來才能轉為貴族制。很多人可能沒有發覺，議會主義和貴族制其實是有親戚關係的。

當然，也不是貴族制就一定能順利成事，因為有可能會墮落為寡頭制。換句話說，若要維持良好的貴族制，就得遵守它的基本原理或美德。孟德斯鳩認為，貴族政治的美德就在於「節制的精神」。貴族在租稅上不得享有特權，也不得累積不當的財富。他們必須是「不刻意佯裝高貴，平易近人，與人民穿著同樣的服裝，參與人民所有的快樂」的人，而這些條件，威尼斯的貴族幾乎全部達成。塩野女士所援引的馬基維利等人著作的威尼斯印象記中，也有多處談及相關的內容。威尼斯貴族唯一的特權就是參與政治，這個制度的永續維持，也給威尼斯的政治帶來了安定，無怪乎孟德斯鳩會以此作為貴族政治的典範了。

V

下冊是威尼斯光輝的奮鬥故事。塩野女士並沒有以衰亡的角度切入，所以我也避免使用這個字眼。這是有原因的，因為威尼斯的衰敗不是由於失敗或懶散，它的衰退帶有著強烈的無可避免的必然性。

威尼斯的強敵出現了。被當成嫉妒心和競爭心投射的對象，乃是成功國家的宿命，威尼斯與熱那亞的競爭是個濫觴，但最後威尼斯獲勝，所以影響不大。甚至，與才能優於自己的熱那亞和佛羅倫斯的敵對關係，還成為了提高他們能力的一大刺激。

然而，十五世紀中葉以後，許多規模及性質均迥異於威尼斯的勁敵出現了。在東邊是土耳其，自一四五三年攻克君士坦丁堡後，逐漸擴充勢力範圍。這個在經濟上屬於後起之輩的帝國，能夠動員投入戰力的人數高達數十萬，即使到了十七世紀，依舊有能力攻擊巴爾幹半島、威脅奧地利。在西方則是有葡萄牙、西班牙和法國等擁有廣大領土的君主國家出現，規模雖不如土耳其帝國，但也比威尼斯大上十倍，再加上大砲的技術，法國於一四九四年開始進攻義大利，而且無堅不摧。同時，大西洋航線的發現與開拓，也給地中海貿易路線的壓倒性優勢帶來了隱憂。

前頭花去太多的篇幅，所以接下來細節一概省略。其他的義大利都市國家沒有因為這次打擊而一蹶不振，但的確是開始震盪走下坡。威尼斯並沒有失去獨立的狀態，仍舊維持強國的地位，雖然新航路的開闢造成威尼斯的獨占地位鬆動是個不爭的事實，但影響並非立即顯現，威尼斯仍舊能藉著提振工業，再續繁榮。只是，面對強敵的挑釁，威尼斯可謂一點勝算也沒有。在經濟重心已由地中海世界移往大西洋的趨勢下，威尼斯無可避免地逐漸喪失他們在經濟上的份量。

為什麼威尼斯無法轉型為擁有廣大領土的國家呢？又為什麼不航向大西洋航路呢？理論上，這種疑問的確成立。只是，若以我的方式來比喻的話，國家也是有基因的——塩野女士認為那是「民族的靈魂」，而且這種基因無法違背。先就第二個問題來說，威尼斯沒有所謂的光榮或傳統的原則，他們是個靠著計算利害的合理與否來運作的國家。如同塩野女士所述，大西洋航路只能指望單程的貨運，要威尼斯人轉換跑道到這種行程中來，根本就是不可能。更何況，大西洋和地中海的性質宛如天壤之別，顏色海風，無一相同。威尼斯人適合明亮的地中海，卻與暗黑的大西洋不搭調，威尼斯人沒有向大西洋發展，我倒覺得蠻好的。

成功者因為成功而不敢嘗試大膽改變的情況，經常可從衰亡史中看到，或者也可說是衰亡的主因。但威尼斯已經跨越了這層障礙，卻仍回天乏術。就算是個通商國家，也不能沒有國力作基礎；十六、十七世紀時人口仍舊是英國若干分之一的小國威尼斯，也因此終究競爭失利。

從人口、領土來看，威尼斯都是個小國，這也是它的基本限制。在我認為，威尼斯根本無法轉型。首先，威尼斯的美德是靠制度維持的，而這種制度的前提是人口少。其次，沒有鉅額資本而能保有活力，固然是威尼斯人團結，組成了「威尼斯股份有限公司」，但如果不是人口少，共識可能也不容易達成。威尼斯的共和制＝貴族制，這種制度對一個人口大國來說，就算不是不可能，也絕對是難上加難。幅員廣大的國家需要權力機構，以威尼斯政治制度的微妙制衡，如果加入了類似的權力機構，恐怕無法維持這麼久。由國會全體議員統治的威尼斯政治，即使碰到緊急時權限集中的情形，也不用擔心制度會有遭到濫用的危險。我認為，一個國家的政治型態與該國的規模是有關聯的。尤其我們也不該輕忽，一直到十八世紀為止，政治思想家們始終主張共和國只有在小國才能實現的事實。當然，隨著各國的努力，英國和美國相繼都想出了先人想像不到的政治制度，因而締造了成功的國家。但是，努力也是有限度的。

VI

由於這種背景使然，威尼斯無可避免地喪失在十四、十五世紀時的優越地位。但值得我們注意的卻不是結果，而是威尼斯人在過程中，相當程度地延緩了不可避的事實發生——他們以巧妙的外交手腕躲避、延後戰事，或增加友邦以減輕壓力，然後在萬不得已的情況下，勇敢面對。

在描述威尼斯苦戰的情景，也就是那幕威尼斯處於土耳其和西班牙兩大帝國之間，用盡了所有的外交和軍事力量，不料卻因小事成為土耳其進攻的對象，外交上遲遲不見進展，最後在孤軍奮鬥下終究不保的克里特島攻防戰時，塩野女士的筆觸充滿了情感，甚至不時流於感傷，對威尼斯所犯下的荒謬錯誤與能力不足等處，因此著墨不多。舉例來說，貴族制度中必有的社會停滯已於此時露出端倪，希望苟和的心態盡露，反倒成為被攻擊的對象，這些都是重要因素。雖然，面對不可避免的衰亡結果，這些未必是原因，但威尼斯此時出現了衰敗的徵兆卻是不爭的事實。

感性的描繪、時而感傷的筆觸，絕對不是件壞事。有心貼近歷史，謹慎地不給歷史扣大帽子，不褻瀆歷史的人，一定能夠體會成功雖不是必然，但「盛者必衰」的道理。換言之，沒有只因為環境優渥就能掌握成功的，成功需要能力，以及努力，再加上幸運。成功不會永遠持續，終有衰敗的一日。威尼斯由小小的基礎起步，獲得極大的成功，在締造了兩個世紀的黃金時代以後，又勉強維持了兩個世紀，減緩衰敗的速度，並在這段期間創造出動人的文化。如此偉大的功績，值得我們給予高度的喝采。不論生活腳步變得多快，今日沒有一個案例能夠持續百年以上的黃金時代，這也不禁讓人羨慕威尼斯人的成就。身處下坡時期的威尼斯人心裡有何感想呢？他們是否想到了「盛者必衰」的道理？抑或依然發揮克里特島攻防戰時堅毅不撓的鬥志？還是想要力挽狂瀾而努力不懈呢？

直至掩卷，這些問題仍不停縈繞在我的心弦，這本書就是這麼一本能讓人享受各種歷史想像之樂的書。

國家圖書館出版品預行編目資料

海都物語／塩野七生著;彭士晃譯.－－修訂三版一刷.－－臺北市：三民，2023
面；　公分.－－(塩野七生作品集)

ISBN 978-957-14-7260-7（全套：平裝）
1. 義大利史 2. 威尼斯

745.22　　110012756

塩野七生作品集

海都物語（上）

著作人　塩野七生
譯者　彭士晃

發行人　劉振強
出版者　三民書局股份有限公司
地址　臺北市復興北路 386 號（復北門市）
　　　臺北市重慶南路一段 61 號（重南門市）
電話　(02)25006600
網址　三民網路書店 https://www.sanmin.com.tw

出版日期　初版一刷 2001 年 1 月
　　　　　二版一刷 2017 年 5 月
　　　　　修訂三版一刷 2023 年 6 月
書籍編號　S780970
ISBN　978-957-14-7260-7

三民書局